当代信息技术领域发展动态研究

林易　姜辉　刘雯　主编

郑州大学出版社

图书在版编目(CIP)数据

当代信息技术领域发展动态研究 / 林易，姜辉，刘雯主编. — 郑州 ：郑州大学出版社，2023.6(2025.7 重印)
ISBN 978-7-5645-9694-1

Ⅰ. ①当… Ⅱ. ①林…②姜…③刘… Ⅲ. ①信息技术 - 学科发展 - 研究 Ⅳ. ①G202

中国国家版本馆 CIP 数据核字(2023)第 078891 号

当代信息技术领域发展动态研究
DANGDAI XINXI JISHU LINGYU FAZHAN DONGTAI YANJIU

策划编辑	吴 昊	封面设计	王 微
责任编辑	吴 静	版式设计	苏永生
责任校对	胥丽光	责任监制	朱亚君

出版发行	郑州大学出版社	地 址	河南省郑州市高新技术开发区长椿路 11 号(450001)
经 销	全国新华书店		
发行电话	0371-66966070	网 址	http://www.zzup.cn
印 刷	河北虎彩印刷有限公司		
开 本	787 mm×1 092 mm 1 / 16		
印 张	14.5	字 数	311 千字
版 次	2023 年 6 月第 1 版	印 次	2025 年 7 月第 2 次印刷

书 号	ISBN 978-7-5645-9694-1	定 价	56.00 元

作者名单

主　编　林　易　姜　辉　刘　雯

副主编　王　凯　于　蓉　徐　丹

崔　倩　王　臻

编　委　（按姓氏笔画为序）

于　蓉　王　凯　王　臻

牛雅格　刘　雯　李丙午

何明生　宋德伟　林　易

姜　辉　徐　丹　崔　倩

董　伟

前言

人类历史经历了三次科技革命，加速了人类文明的演化进程，也促成一些世界强国的诞生。进入二十一世纪以来，随着信息技术的高速发展，第四次科技革命已悄然来临，国家间科技竞争的焦点逐步转向数据与信息技术，特别是在近年来，通信、导航、网络安全、大数据与人工智能等领域逐渐成为世界各国科技竞争的主要焦点。科技创新是提高国家综合实力的决定性力量，学习借鉴世界主要强国科技发展的经验，进一步促进我国的自主科技创新，是我国复兴之路和建设现代化强国面临的重大历史使命。

本书聚焦美国、俄罗斯、日本、韩国及欧洲等世界主要科技强国，选取电子通信、测绘导航、网络安全、数学密码、大数据与人工智能等五个热门技术领域，按照国别分别梳理其科技演变历史、发展现状和前沿趋势，从研究机构、重点院校入手分析各国研究实力，收集整理相关的学术期刊、学术会议以及学术交流信息，最后给出多语种对照的常用专业术语表，供学习者参考使用。

在编写过程中，本书有针对性地搜集了近十年相关领域的素材，同时从内容选择上也征求了一些从事相应领域研究的专家意见，力求做到资料全、内容新、重点突出，旨在帮助大学生、特别是研究生跟踪了解世界主要强国在信息学科的多个领域内的科技发展、研究实力、科研动态等信息，提升其科技素养和辩证思维能力，为今后的学术科研打下基础。对于其他科技领域从业者和科技爱好者，本书也能够提供有益的参考。

由于水平有限，错漏之处在所难免，恳请广大读者提出宝贵意见。

编者

二〇二三年三月于郑州

目录

第一章 电子通信

电子通信是电子技术与信息技术相结合的工程领域，是构建现代信息社会最重要的技术基石。电子技术与信息技术的不断发展，促进了现代通信的实现，更是形成了当今社会经济发展的一个重要支柱产业——信息产业。

电子通信最核心的目的就是通信，通信泛指人与人或人与自然之间通过某种行为或媒介进行的信息交流与传递。“烽火戏诸侯”“鸿雁传书”等故事都体现了中国古人曾采用过的通信形式。

第一节　电子通信技术发展概况

一、历史进程

1837 年，美国人萨缪尔·芬利·布里斯·摩尔斯发明了摩尔斯电码和有线电报，划时代地变革了人类的通信方式，电子通信技术也以“有线通信”为起点开始影响并改变人类世界。

而随着 1865 年英国物理学家詹姆斯·克拉克·麦克斯韦奠定电磁理论的基础，1888 年德国物理学家海因里希·鲁道夫·赫兹用实验证明了电磁波的存在，经典电磁理论大厦正式落成，为新的通信载体诞生做好了准备。1896 年，意大利工程师伽利尔摩·马可尼利用电磁波实现了人类历史上首次无线电通信，被誉为“无线电之父”，至此电子通信技术的另一驾马车——“无线通信”也正式开启了它的征程。

在此后的很长一段时间里，有线通信和无线通信都在各自的轨道上发展，相互间并没有走得很近，但始终随着技术的发展在各种维度不断地竞争着。

在有线通信领域，与有线电报的产生不同，有线电话的发明包含了争议甚至丑闻。梅乌奇于 1860 年首次向公众展示了他的发明，并在纽约的意大利语报纸上发表了关于这项发明的介绍。而历史上的 1876 年，苏格兰裔发明家亚历山大·贝尔（Alexander Bell，先后加入加拿大和美国国籍）申请了电话专利，获取了“电话之父”的称号。此后，历史上对电话机的改进和发明还包括:碳粉话筒、电话人工交换板、拨号盘、自动电话交换机、程控电话交换机;等等,使有线电话逐渐走入了寻常百姓家。

贝尔作为一名成功的商人,还有另外一个伟大的成就,那就是成立了贝尔电话公司。贝尔电话公司作为第一家公众电话服务公司,让电话逐步演变为一个面向大规模公众服务的基础社会设施。其后,从贝尔电话公司分离出的 AT&T 构建了公共电话网络(PSTN),并成为延续至20世纪末的电话交换网络的基本形态。直至今日,即便经历数次反垄断分拆,AT&T 仍然是全球范围的通信巨头。AT&T 收购了西方电子公司的一个研究部门,成立了著名的通信技术实验室——贝尔实验室。而贝尔实验室则成为后来通信技术发展的重要引擎,大多数早期的通信技术都奠基于贝尔实验室的科研成果。

而在无线通信领域,在马可尼发明无线电报之后的很长一段时间,无线通信都处于单向通信(单工通信)的状态,即发信方发出信息,收信方接收信息,是一对多的方式。任何人都可以接收到发信方发出的无线电波,掌握密码本的人,才能够解密无线电波的内容;而如果是未加密的明文电波,那任何人都可以获悉报文的内容。广播就是这样一种“一对多”的单工工作方式。广播出现之后,一定程度上取代了报纸,成为人们(富人)获取新闻的最快捷方式。

战争是高新技术的催化剂,通信技术也是如此。

第二次世界大战时期,摩托罗拉公司(创立于 1928 年)开发出了一款跨时代的产品——SCR-300 军用步话机,实现了距离可达 12.9 千米的远距离无线通信。1946 年,贝尔实验室在战地步话机的基础上,制造了世界第一部所谓的“移动通信电话”。不过,虽然称为移动电话,体积却非常庞大,很快便被人遗忘。

此后的无线通信技术,和前面有线通信所遇到的情况一样,受限于电子元器件的技术瓶颈,一直没有什么重大的突破。直到半导体技术逐渐成熟之后,无线通信设备才开始有了高速发展的基础。

1958 年,苏联工程师列昂尼德·库普里扬诺维奇发明了 ЛК-1 型移动电话。20 世纪 60 年代,以摩托罗拉和 AT&T 为代表的科技公司,开始重新对研发移动电话产生兴趣。20 世纪 70 年代,无线通信技术终于迎来了大爆发。

1973 年 4 月,摩托罗拉公司的工程师、手机的发明者马丁·库帕拨打了世界上第一通移动电话,通话另一方是他在贝尔实验室工作的一位对手。对方当时也在研制移动电话,但尚未成功。马丁·库帕发明的手机,是世界上第一部真正意义上的手机,可单人携带并在移动中通话。

手机的发明标志着人类敲开了全民通信时代的大门,也标志着无线通信开始了对有线通信的反超。

二、发展现状

事实上,无论在国际还是国内,通信技术和通信产业都是20世纪80年代以来发展最快的领域之一,这也是人类进入信息社会的重要标志之一,其中最具代表性的集大成者就是无线通信领域的移动通信技术。移动通信技术的诞生和发展,极大地满足了人类对于随时、随地和他人进行信息交互的需求,同时人们对于移动互联不断拓展深化出更多更新的需求,如移动视频通话、移动支付、移动办公等等,这些旺盛的消费及应用诉求又对移动通信技术的发展产生了巨大的牵引,吸引着大量人才和资金的不断注入,形成了强有力的革新引擎。

如前文所言,移动通信技术的诞生可以追溯到20世纪50年代,人们往往将其称为“第0代移动通信”,而不是第1代移动通信。因为这个时代的移动通信技术,并没有建立真正意义上可运营的移动通信业务,它只能被视为固定电话的延伸,且主要应用于车载移动通信中。

当时的摩托罗拉作为一家做汽车收音机的厂商,由于积累了坚实的车载无线通信技术而成为车载移动电话领域的领军企业,在美国伊利诺伊州开通了当时世界上最大的无线通信系统。然而,通信不连续和系统容量小的问题非常严重,不过这也为当时通信技术的发展指明了方向。

20世纪80年代,移动通信迎来了蜂窝通信技术时代,即1G时代。蜂窝移动通信系统,可以把一个天线所覆盖的通信区域分成若干个通信单元(扇区),相邻扇区之间采用不同频率,相隔的扇区可以进行频率的复用,扇区和扇区的连续覆盖构建了整个城市的网络覆盖。该技术使移动通信设备不再依附于一个固定通信设备,移动电话开始有了自己的用户号码,移动通信业务也自此真正拉开序幕。但蜂窝系统的容量依然非常有限,导致基站建设成本分摊到每个用户身上就会非常昂贵。所以,如何使通信更加便宜,就成为当时移动通信技术最核心的演进动力,这促成了2G时代序幕的开启。

在走向2G时代,即数字移动通信时代演进的过程中,涌现了许多通信技术的天才构想,用于降低通信网络的成本,提升通信网络的容量。其中最有代表性的两个技术就是时分多址(Time Division Multiple Access,TDMA)技术和码分多址(Code Division Multiple Access,CDMA)技术。当时流行的GSM就是一种时分多址技术。

TDMA把每个信道按时间切分成若干时间片,每个用户只在某一个被分配的时间片进行通话,这就使得频道容量被虚拟地增加,单个载频可以同时进行多用户的通信。CDMA是将通信内容与固定编码序列进行运算后发送。因为编码序列不同,所以不同用户的通信互不干扰,信道实现共用。

CDMA技术的优势相比于TDMA十分明显:其系统容量大,通话质量高,没有频率干扰,频率规划就更简单,相应建网成本就会更低。纵观整个2G时代,通信技术从根本意义上就是这两种技术标准之间的竞争。

2G到3G的过渡阶段，是通信标准逐渐走向统一的过程。起初各国陆地移动通信系统可以说“七国八制”，目标想法也不尽一致。1996年，在ITU（International Telecommunications Union，国际电信联盟）带领下，产生了大家达成共识的通信系统构建蓝图——IMT-2000，也就是3G（第三代移动通信系统）。后面的4G、5G实际上就是在IMT-2000基础上的演进，从4G命名为IMT-Advanced、5G命名为IMT-2020中也可见一斑。

3G时代大家都认同CDMA代表未来的方向，但欧洲、中国与北美都各有自己的标准：北美是CDMA2000，欧洲是W-CDMA，中国是TD-SCDMA。这是因为美国的高通公司通过多年的技术和商业布局，成为代表当时最先进技术的唯一专利芯片提供商，牢牢地把握了通信标准的制空权，进而成为整个3G时代唯一的通信霸主。高通的成功让世人认识到了标准对未来商业利益的巨大影响，由此引发的标准之争也进入了白热化阶段。标准化组织也形成了分裂，一方面，是欧洲建立在UMTS（Universal Mobile Telecommunications System，全球移动通信系统）技术愿景之上的3GPP（3rd Generation Partnership Project）组织；另一方面，是美国建立在CDMA2000基础之上的3GPP2（3rd Generation Partnership Project 2）组织，中国也开始以自己的通信标准TD-SCDMA参与到通信标准竞争之中。

每一个终端设备厂商都要因CDMA付给高通公司大量的专利费用，于是大家都想尽办法绕开高通公司，这使得CDMA的技术生态越来越小；随着通信业务的发展，CDMA的典型技术弱点也开始暴露：布站成本随着用户数量增加而升高，进而通信质量受到影响，频率资源逐渐紧缺，等等。最终，高通公司于2008年终止了后续超级移动宽频的研发，CDMA移动网络的演进就此中断。

移动通信在21世纪迎来了通信技术标准大统一的4G时代。通信网络的本质目的就是要将人们连接起来，所以通信标准最终走向统一也是一种技术必然。4G时代终结了欧洲UMTS技术、美国CDMA技术标准，以及中国TD-SCDMA技术标准的独立发展，最终形成了统一全球的长期演进（Long Term Evolution，LTE）技术标准。LTE采用了正交频分多址技术（OFDMA），在信道利用上基本达到了极致，极大地提高了频率资源使用率，拓展了信道的容量，大大提升了信道的数据通信能力。

人们从2.5G时代开始发现，除了打电话以外，手机开始可以接收越来越多的非语音通信内容，短信、彩信等开始成为通信业务成长的动力。随着这种数据业务的发展，互联网世界开始和通信世界走向融合。3G时代所出现的以iPhone为代表的智能手机，是集音乐播放、收音机、照相、游戏、电子书等功能为一身的计算终端，需要更高带宽、更高质量的网络支持。“移动网络用于传送数据，移动终端集成一切电子设备”的新认知开始出现。

在后4G时代，这种需求变得越来越强烈，移动终端不仅集成了随身电子设备，而且移动网络开始将各种电子设备纳入服务范畴。

相对于无线通信跌宕起伏的时代变迁，有线通信也是另辟蹊径，艰难而坚定地前行着，并同无线通信技术一起造福着人类。

1966 年，英籍华裔科学家高锟开创性地提出，光导纤维可以在通信上应用，从此打开了光通信世界的大门。光纤通信利用光波作载波，以光纤作为传输介质将信息从一处传至另一处，被称之为“有线”光通信。几十年来，光纤以其传输频带宽、抗干扰性高和信号衰减小，而远优于电缆、微波通信的传输，已成为主要的世界通信传输方式。可以说，如果不是光纤，我们不可能有现在这么快的网速，也就不会有所谓的移动互联网生活。

三、前沿趋势

2009 年，物联网概念出现，并以远远高于移动互联网的增速形成汹涌浪潮。2020 年全球物联网的连接数量超过 500 亿，这使得移动网络的本质发生了根本变化，它不再是仅仅满足人们的日常通信、娱乐、信息服务的需求，而是要广泛应用于各种设备之间的数据传输需求。网络因此从满足单一的数据传输特征需求，演变成需要满足不同类型的广泛连接特征需求。网络能力的多特征极化，也成为 5G 时代的显著需求。

面向 5G，ITU 组织建立了如下的工作机制：2018 年 10 月，5G 标准开始征集，任何相关厂家和标准组织都可以提交建议。截至 2019 年 10 月底，ITU 正式发布 5G 的所有标准。至此，我们正式迎来软件定义网络的 5G 时代。

为了满足 5G 通信网络对于不同连接特征的需求，5G 网络采用了很多新的无线通信技术，其中最具代表性的就是波束赋形（Beamforming），大规模天线阵列（Massive MIMO），以及毫米波通信（mmWave）。

实际上这些技术也并非 5G 所独创，在 5G 之前的各种通信标准之中，就有类似技术的实现，但正是由于 ITU 的通信标准形成机制使得 5G 成为博采众长的集大成者。

（一）关键技术 1：大规模天线阵列与波束赋形

大规模天线阵列（Massive MIMO）与波束赋形（Beamforming），是 5G 多特征极化的重要支撑。

大规模天线阵列（Massive MIMO）是指一根天线有很多的天线头。每个天线头可以与移动设备进行独立的输入输出信号通信，这相当于为基站和终端之间建立了众多通道，天线头越多，通信信道就越多。在 5G 时代，天线可以拥有 256 个天线头，远远多于 4G 时代 MIMO 的 16 个天线头。这就大大提升了单位网络面积能够支撑的设备容量。

建立在 Massive MIMO 技术基础之上的波束赋形（Beamforming）技术，可以使得天线头的载波频率能够以极小的扇区夹角，以几乎直线的方式对准通信终端建立无线通信通道。想象一下，如果众多的天线头都对准各自终端设备同时进行通信，这将会是一种什么状况。不仅如此，这些通道还可以聚合，或者独占，使通信的带宽和可靠性得到不同的结果。

或者我们假想有非常多的车道，它们既可以聚合形成一条非常宽阔的道路，也可以将车道细分支撑更多的车辆，还可以让某些车辆跑在固定的车道上增强其可靠性。这种灵活动态规划车道的能力，正如5G的通信网络可以按照场景的需求，实现大规模通信设备连接、超稳定低延迟连接或是超高带宽连接的能力。

(二)关键技术2：毫米波通信

对未来的通信发展而言，毫米波通信应用于移动通信网络是最具深远意义的技术演进。这应该是5G的核心所在，但毫米波产品目前在产品化上也是最不成熟的。大多数初始5G网络建设瞄准的也是Sub-6G频段，而非20G以上的毫米波频段。

毫米波指的是波长为1～10 mm，频率为30～300 GHz的电磁波，它具有如下明显的优点：

(1)毫米波带宽极高：有200G以上的潜力，可以承载已知的任何应用。

(2)毫米波的波束极窄：1°～5°的波束宽度，测形、测速及定位精度高。

(3)毫米波的信道安全：毫米波散射性弱，因此通信安全性高。

(4)毫米波的元器件小：毫米波器件小，因此通信设备更容易小型化。

尽管如此，毫米波也有着难以避免的缺陷：

(1)毫米波的信号衰落快：受大气衰减和吸收影响，无法进行广域覆盖。

(2)毫米波的信号穿透力低：能够穿透烟雾、灰尘等，但难以穿透固体材料。

(3)毫米波的器件加工精度高：非常小的加工瑕疵都会对毫米波设备性能造成很大影响。

毫米波技术是实现5G网络超高带宽的基础条件，只有在毫米波的载频上才可能实现5G超高带宽的数据传输能力，而毫米波的缺陷也正是5G网络建设面临并需要解决的问题。

(三)关键技术3：软件定义网络(SDN)与网络功能虚拟化(NFV)

在网络技术领域，5G将采用基于SDN(Soft Defined Network，软件定义网络)和NFV(Network Function Virtualization，网络功能虚拟化)的新型网络架构。

SDN最早由美国斯坦福大学提出，其设计理念是在网络设备中只保留简单的数据转发功能，通过集中控制以软件编程的方式实现对网络设备的控制。SDN并不是一个具体的技术，而是集中新型网络架构，是一种网络设计的理念，SDN的典型架构可分为应用层、控制层、数据转发层(转发层)三个层面。

基于SDN思想，核心网网关设备的控制功能和转发功能将进一步分离，转发面将专注于业务数据的路由转发，具有简单、稳定和高性能特性，以满足未来海量移动流量的转发需求；控制面采用逻辑集中的方式实现统一的策略控制，保证灵活的移动流量调度和连接管理。控制面和转发面的分离，使网络架构更加扁平化，网关设备可采用分布式的部署方式，从而有效降低业务传输时延。控制面功能和转发面功能能够分别独立演进，从而提升网络整体系统的灵活性和效率。

NFV 则源于运营商在通用 IT 平台上通过软件实现网络功能从而替代专用平台的尝试，目的就是降低网络设备的成本。其实质是将网络功能从专用硬件设备中剥离出来，实现软件和硬件解耦后的各自独立，基于通用的计算、存储、网络设备并根据需要实现网络功能及其动态灵活的部署，从而加快网络部署和调整的速度，降低业务部署的复杂度，提高网络设备的统一化、通用化、适配性等。

总之，SDN/NFV 以其在灵活性、支持快速创新方面的优势成为 5G 关键技术之一，是网络架构演进的重要方向。

第二节　电子通信技术研究实力

电子电气工程（EE）是一个很宽泛的概念，在教学与科研领域电子电气工程（EE）被简要归纳为：通信与网络、信号处理、系统控制、电子学与集成电路、电力、计算机科学与工程、光子学与光学、电磁学、微结构、材料与装置等几个子方向，此处列出与电子通信相关度较高的专业设置。

（1）通信与网络：主要包括无线网络与光网络、移动网络、量子与兴通信、信息理论、网络安全、网络协议与体系结构、交互式通信、INTERNET 运行性能建模与分析、分布式高速缓存系统、开放式可编程网络、路由算法、多点传送协议、网络电话学、带宽高效调制与编码系统、网络中的差错控制理论及应用、多维信息与通讯理论、快速传送连接、服务质量评价、网络仿真工具、网络分析、神经网络；信息的特征提取、传送、存储及各种介质下的信息网络化问题，包括大气、空间、光纤、电缆等介质等。通信与网络专业方向与信号处理、计算机、控制与光学等广泛交叉。

（2）信号处理：信号处理技术是现代电子电气工程的基础，包括声音与语言信号处理、图像与视频信号处理、生物医学成像与可视化、成像阵列与阵列信号处理、自适应与随时间变化的信号处理、信号处理理论、大规模集成电路体系结构、实时软件、统计信号处理、非线性信号处理与非线性系统标识、滤波器库与小波变换理论、无序信号处理、分形与形态信号处理。

（3）系统控制：系统控制包括鲁棒与最优控制、鲁棒多变量控制系统、大规模动态系统、多变量系统的标识、制造系统、最小最大控制与动态游戏、用于控制与信号处理的自适应系统、随机系统、线性与非线性评估的设计、随机与自适应控制等等。

（4）电子学与集成电路：包括微电子学与微机械学、纳电子学、超导电路、电路仿真与装置建模、集成电路设计、大规模集成电路中的信号处理、易于制造的集成电路设计、集成电路设计方法学、A/D 与 D/A 转换器、数字与模拟电路、数字无线系统、RF 电路、高电子迁移三极管、雪崩光电管、声控电荷传输装置、封装技术、材料生长及其特征化。

（5）电力技术：主要包括电气材料学与半导体学、电力电子及装置、电机、电动车辆、电力系统动态及稳定性、电力系统经济性运行、实时控制、电能转换、高电压工程等。

(6)计算机科学与工程:涉及领域较宽广,包括计算机图形学、计算机视觉技术、口语系统、医学机器人、医学视觉、移动机器人学、应用人工智能、有生物灵感的机器人及其模型;医疗决策系统、计算机辅助自动化、计算机体系结构、网络与移动系统、并行与分布式操作系统、编程方法学、可编程系统研究、超级计算技术、复杂性理论、计算与生物学、密码学与信息安全、分布式系统理论、先进网络体系结构、并行编辑器与运行时间系统、并行输入输出与磁盘结构、并行系统、分布式数据库和交易系统、在线分析处理与数据开采中的性能分析。

(7)光子学与光学:包括光电子学装置、超快电子学、非线性光学、微光子学、三维视觉、兴通信、软 X 光与远紫外线光学、光印刷学、光数据处理、兴通信、光计算、光数据存储、光系统设计与全息摄影、体全息摄影研究、复合光数字数据处理、图像处理与材料光学特性研究。

(8)电磁学:包括卫星通信、微波电子学、遥感、射电天文学、雷达天线、电磁波理论及应用、无线电与光系统、光学与量子电子学、短波激光、光信息处理、超导电子学、微波磁学、电磁场与生物媒介的相互作用、微波与毫米波电路、微波数字电路设计、用于地球遥感的卫星成像处理、子毫米波大气成像辐射线测定、矢量有限元、材料电气特性测量方法、金属零件缺陷定位。

(9)微结构:包括卫星通信、微波电子学、作为微电子学革命的发源学科、固体电子学技术,现在又产生了另一个新的重要的技术领域——微机电系统 MEMS(Micro-Electro-Mechanical Systems)。MEMS 是一个极端多学科交叉的领域,对许多工程与科学领域有重大影响,尤其是电气工程、机械工程、生物工程,等等。最近的研究表明微加工为推动化学工程、材料工程、生物学、物理化学的前沿发展提供了强大的工具。MEMS 的最基础方面是微制备技术的加工知识,制造微小结构的方法。

(10)材料与装置:这一学科包括光电子装置仿真,纳结构电子学,半导体与微电子学,磁性材料、介电材料与光材料及其装置,固态物理及其应用,小型机械结构及其激励器,微机械与纳机械装置,物理、化学和生物传感器,装置物理学及其特征化,设备建模与仿真,纳制备与新装置,微细加工,超导电子学。

一、研究机构

作为当今全球发展最快的产业之一,电子通信技术在知识经济的发展过程中处于非常重要的地位,它在世界各国的发展也呈现快速但各具特色的样貌。

(一)美国电子通信技术研究机构

作为全球电子通信技术的发源地,美国拥有英特尔、高通、思科、苹果、微软、甲骨文、谷歌等知名企业,主导着全球电子通信技术和产业的发展进程,其研究实力也长期走在世界前列。

从产业创新能力来看,美国较早布局电子通信领域,产业创新能力较强,龙头企业掌握信息通信业话语权并始终占据产业价值链高端。福布斯 2019 年全球上市科技公司排名前十的企业中有 8 家都是来自美国的信息相关龙头企业,并且电子通信领域重大技术创新和产业化实现大都出自美国,从第一台计算机、第一部手机的成功研制和商用,到人工智能技术的兴起和发展,美国始终领跑全球。普华永道思略特发布 2018 年度全球创新 1000 强报告中,美国有 28 家公司上榜"全球信息技术上市公司研发投入 50 强",主要分布在半导体和设备、软件、互联网软件和服务、硬件存储和外设等领域。半导体作为集设计、研发、生产于一体的高新技术产业,属于资本密集型行业,2018 年美国半导体人均研发投资超 18 万美元,研发支出占销售收入比重为 17.4%,高于欧洲的 13.9%,而日本、中国、韩国分别为 8.8%、8.4%和 7.3%。

1. 电气与电子工程师协会

电气与电子工程师协会(Institute of Electrical and Electronics Engineers,简称 IEEE),总部位于美国纽约,是一个国际性的电子技术与信息科学工程师的协会,也是全球最大的非营利性专业技术学会。

电气与电子工程师协会(IEEE)由美国电气工程师协会(AIEE)和无线电工程师协会(IRE)于 1963 年合并而成,在全球拥有 43 万多名会员。会员类别分为会士(Fellow)、高级会员(Senior Member)、会员(Member)、准会员(Associate Member)和学生会员(Student Member)。IEEE 大部分成员是电子工程师、计算机工程师和计算机科学家。

作为全球最大的专业技术组织,IEEE 致力于电气、电子、计算机工程和与科学有关的领域的开发和研究,在太空、计算机、电信、生物医学、电力及消费性电子产品等领域已制定了 1300 多个行业标准,现已发展成为具有较大影响力的国际学术组织,在电气及电子工程、计算机、通信等领域发表的技术文献数量占全球同类文献的 30%。

2. 贝尔实验室

诺基亚贝尔实验室(Nokia Bell Labs,以下简称贝尔实验室)成立于 1925 年,前身是由美国电话电报公司(AT&T)和西方电气公司(Western Electric Company)几个工程部门合并组成。

贝尔实验室,是以电话专利的获得者亚历山大·格拉汉姆·贝尔(Alexander Graham Bell)的名字命名的。从成立至今,贝尔实验室经历了数次资源整合及研究工作的重组。第二次世界大战期间,贝尔实验室的资源多用于军事电子、雷达、磁学、声学和密码学等项目。战后繁荣时期,贝尔实验室致力于实现为每个美国人提供"通用电话服务",研究重点放在了语音、数据和电视的宽带微波传输、跨洋电话电缆和自动交换系统上。20 世纪 60 年代,计算技术兴起,贝尔实验室随即开展软件和固态电子学等方面的研究,向着数字通信系统和卫星技术领域迈进。20 世纪 70 年代,贝尔实验室设计了能够进行数字信号处理,并同时具备计算机存储功能的新型微芯片,开创了微电子技术的新纪元。

20世纪80年代,数字网络开始取代过时的模拟系统,贝尔实验室对这一转变也起到了至关重要的作用。20世纪90年代,互联网诞生,贝尔实验室的研究重点随之转移到了通过有线和无线网络提供对语音、数据和视频的即时访问。1996年,AT&T将贝尔实验室的大部分及其设备制造业务剥离到朗讯科技(AT&T保留了少量研究人员组建AT&T实验室),大多数开发部门被整合到朗讯科技的业务部门,但研究职能仍在贝尔实验室内。2007年,在朗讯科技和阿尔卡特合并一年后,贝尔实验室和阿尔卡特的前研究创新部门合并为一个单一的组织。2016年,诺基亚收购了阿尔卡特朗讯,同时也将贝尔实验室收入囊中。

贝尔实验室的工作可以大致分为三个类别:基础研究,系统工程和应用开发。在基础研究方面主要从事电信技术的基础理论研究,包括数学、物理学、材料科学、行为科学和计算机编程理论。系统工程主要研究构成电信网络的高度复杂系统。应用开发是贝尔实验室最大的部门,负责设计构成贝尔系统电信网络的设备和软件。成立至今,贝尔实验室已经获得诺贝尔奖9项,IEEE荣誉奖章22项,美国国家科学奖13项,美国国家技术创新奖11项,查尔斯·斯塔克·德雷珀奖(美国工程学界最高奖项之一)5项,其他大大小小的荣誉奖项更是不计其数。在过去的一个世纪,贝尔实验室为全世界带来了许多创新技术与产品。晶体管、激光器、发光二极管、数字交换机、通信卫星、蜂窝移动通信设备、长途电视传送、仿真语言、立体声录音、通信网、太阳能电池等许多伟大发明都诞生于此。

3. 思科系统公司

1984年12月,思科系统公司(Cisco Systems, Inc.)在美国成立,创始人是斯坦福大学的一对教师夫妇:计算机系的计算机中心主任莱昂纳德·波萨克(Leonard Bosack)和商学院的计算机中心主任桑蒂·勒纳(Sandy Lerner)。1986年思科生产了第一台路由器,让不同类型的网络可以可靠地互相连接,掀起了一场通信革命。

思科的经营范围几乎覆盖了网络建设的每个部分:组成互联网和数据传送的路由器、交换机等网络设备市场几乎都由思科公司控制。由于网络信息每四个月就增加一倍,需要更新、更快的网络传输设备支撑,这意味着思科的市场还在不断膨胀,从而使思科成了最受欢迎、增长最快的公司。如今思科系统公司已成为公认的全球网络互联解决方案的领先厂商,其提供的解决方案是世界各地成千上万的公司、大学、企业和政府部门建立互联网的基础,用户遍及电信、金融、服务、零售等行业以及政府部门和教育机构等。同时,思科系统公司也是建立网络的中坚力量,互联网上近80%的信息流量经由思科系统公司的产品传递。思科已经成为毋庸置疑的网络领导者。

4. 美国高通公司

高通公司(Qualcomm)创立于1985年,总部设于美国加利福尼亚州圣迭戈市,是全球领先的无线科技创新者,也是5G研发、商用与实现规模化的推动力量。高通在基础科技领域的发明创新变革了世界连接、计算和沟通的方式。把手机连接到互联网,高通的发明开启了移动互联时代,每一台 3G、4G 和 5G 智能手机中都有高通的影子。另外,高通还致力于包括手机、汽车、移动计算、网络设备和物联网等在内的各行各业的变革,在终端互联的道路上做出了卓越贡献。

高通连续 10 余年入选"《财富》全球 500 强";自 2000 年起连续被《金融时报》评为"全球最有价值 500 强企业"之一。在《财富》2019"改变世界的公司"榜单中,高通因其对无线技术发展的巨大贡献和对 5G 的推动,位列第一。高通还被《快公司》(Fast Company)评选为"2020 年全球最具创新力公司"。自 2016 年起,高通中国连续四年荣获由《经济观察报》和北京大学联合主办评选的"中国最受尊敬企业"称号,体现了高通在企业运营、技术创新、社会责任及美誉度等多方面的卓越表现。

(二)俄罗斯电子通信技术研究机构

苏联的传统电子信息领域成绩突出,在模拟信号、电磁场、卫星通信、雷达技术、声呐技术、信号处理、远程通信等方面都做出了相当瞩目的成绩。俄罗斯当今的电子通信技术延续了苏联相当多的成果积累。

1. 俄罗斯科学院信息技术问题研究所

俄罗斯科学院信息技术问题研究所(Институтпроблем информатики РАН)是俄罗斯科学院下属的研究机构,成立于 1983 年,主要从事信息技术领域的基础研究和软件系统及技术设备的应用开发工作。

该研究所研究方向包括物理—数学学科,信息技术,人工智能、样品识别系统、多标准决策,自动化系统、复杂指挥和操作系统研究的数学方法,神经信息学和生物信息学,信息—通信系统和网络一体化,结构学、新一代信息—计算综合体系统和软件,微电子元件基础、纳米电子和量子计算机,微电子和纳米电子料,真空电子学,大地科学,社会科学,经济—数学模拟理论和方法。研究所下设信息技术和管理统计问题部、信息技术结构化和资料搜索部、管理信息技术部、有前景计算机体系结构部、应用软件系统的基础问题部、专用信息系统自动化问题部、信息—通信系统系统研究部、科技业务信息保障技术实验室、计算机语言和文本处理认知技术实验室、教育信息化问题实验室、信息系统结构方法和设备实验室、功能模拟和微处理系统测试实验室、应用网络系统实验室、信息和通信系统安全保障问题实验室、信息化方法学基础实验室。

2. 俄罗斯科学院无线电工程与电子研究所

俄罗斯科学院无线电工程与电子研究所(Институт радиотехники и электроники РАН)是俄罗斯科学院下属的研究机构,成立于 1953 年。该所的主楼是原莫斯科大学物理系所在地,首任所长是尤里·古里亚耶夫院士。1955 年研究所成立了弗良金分部,后来陆续建立了萨拉托夫分部和乌里扬诺夫斯克分部。

该研究所研究方向包括生物医学与电子学、影响无线电系统工作的气体因素、计算物理学、混沌动态学、基于混沌动态学的信息与通信技术、磁共振与固体自旋弛豫、非线性动力学、低维纳米结构、材料光学和机械性能、开放式信息系统、等离子化学技术、微电子与纳米电子学、雷达与空间无线电物理、远程无线电物理方法研究地表及大气层、编程语言、超导辐射热测量仪、接收和处理信息超导装置、远程医疗、氧化物薄膜电子产品、磁现象物理、电磁层析成像。

3. 俄罗斯科学院圣彼得堡科学中心

俄罗斯科学院圣彼得堡科学中心(Санкт-Петербургский научный центр РАН)成立于1984年,组建时位于当时的列宁格勒,当时名为俄罗斯科学院列宁格勒科学中心(即现在的俄罗斯科学院圣彼得堡科学中心)。目前,在圣彼得堡市和列宁格勒州有圣彼得堡科学中心下属的60多个俄罗斯科学院系统的机构、组织和企业,员工总数达到13 200人。在圣彼得堡科学中心的研究机构中,有两个超大规模的研究所:一个是约飞技术物理研究所,另一个是彼得堡康斯坦丁诺夫核物理研究所。这里我们着重介绍一下约飞物理技术研究所。

约飞物理技术研究所(Институт физических исследований РАН)是苏联与现在俄罗斯整个物理科学的领路人,同时,也是世界物理科学发展的重要研究基地。它与俄罗斯莫斯科的普通物理研究所构成了当今俄罗斯的物理学研究核心平台。苏联共计有18位诺贝尔奖获得者,其中,有4位诺贝尔奖获得者来自约飞物理技术研究所。如今该研究所的研究方向主要包括:①固态电子学方向,主要有超快反应过程与非线性光子现象、晶体和半导体杂质和缺陷、无形半导体、固态和固态装置理论、半导体装置物理、应用数学和数学理论、光电子学、全息摄影、半导体感光材料、超导等研究室。②固态物理方向,主要有为光学过程和浓缩物质的光谱学、光电导、核磁共振、晶体声震、动力理论、超导特性、流变、晶体生长、晶体缺陷研究室。③等离子体物理和原子物理学方向,主要有高温等离子体、低温等离子体、超声波流动、原子磁性、原子光谱学研究室。④电介质和半导体物理方向,主要有铁电和磁性物理、电磁流、光纤和光学计算中的非线性光学、中子散射,固态理论硅碳合物研究,最后,该所在航天领域也取得了很大成绩。与俄罗斯宇航局合作,该所在空间晶体生长、空间材料变化等领域有所建树,其中,著名的登月车就是该所的科研杰作。另外,该所在分子束外延、CVD薄膜生长等研究领域中也都获得国际同行的高度赞誉。

4. 俄罗斯科学院空间物理与无线电波研究所

俄罗斯科学院空间物理与无线电波研究所(Институт космофизических исследований и распространения радиоволн ДВО РАН,简称IKIR)隶属于俄罗斯科学院远东分院,该所是在20世纪60年代末磁电离层观测站的基础上组建。1987年更为现名。该研究所还在马加丹、萨哈林、堪察加半岛和哈巴罗夫斯克边疆区设有五个观测站,以及两个勘测队。该研究所主要研究太阳地球物理学、无线电波传输问题、无线物理学和声学观测生态环境的方法等课题。

5. 牵牛星海军电子工程科研所

位于莫斯科的牵牛星（Альтаир）海军电子工程科研所是俄罗斯从事海军无线电电子装备开发的龙头企业之一，是俄罗斯航空导弹系统开发商。它成立于1933年，当时名为全苏遥控和通信研究所，其主要任务是为苏军研制新的电子装备，首批产品有：地面目标和飞行器遥控系统、红外测向仪、火炮射击指挥仪。

苏联卫国战争开始时该研究所已形成一支专业水准较高的设计队伍，确立了研究方向，建成了一批实验室和试制车间。1942年该研究所开始涉足雷达的研发，第一个产品是名叫尤皮特-1的分米波舰炮火控雷达，尤皮特（Юпитер）是一个罗马神的名字，随后很快又为驱逐舰主炮研发了尤皮特-2火控雷达，并为岸防炮兵研发了马尔斯-3火控雷达，马尔斯（Марс）也是一个神的名字。与此同时牵牛星科研所还在努力研发舰载通用搜索雷达，礁（Риф）就是其研发的第一种搜索雷达，该雷达可用于小型军舰、鱼雷艇和扫雷舰，随后又研发了闪光（Зарница）和安加拉（Ангара）两型搜索雷达。该科研所在苏联时期研制的系统从战技指标和其他一些参数来看，今天仍优于西方同类产品，因此它们能占领国际市场。该科研所已获得了许多有利可图的出口合同。牵牛星科研所还在不断改进其已研发的产品，以提升它们的战技性能。暗礁-M舰空导弹已装备部队，风平浪静-1已通过了各部门的联合试验。

20世纪80年代后，俄罗斯的媒体称牵牛星科研所为牵牛星科研生产联合体，2003年其正式名称为牵牛星海军电子工程科研所股份公司。

6. 俄罗斯中央无线电技术科学研究院

俄罗斯中央无线电技术科学研究院（ФГУП ЦНИРТИ）于1943年根据阿科谢里·伊万诺维奇·别尔科的提议成立，别尔科被任命为第一任院长，该研究院仍是俄罗斯研制雷达的主要科研中心。目前，中央无线电技术科学研究院仍是研制各种平台上用的无线电侦察和无线电抑制设备的领先科研院，该院还研制反恐怖活动用的专用设备。该科研院积极参与国际合作的研发项目包括：无线电侦察和监控设备、机载无线电抑制设备、主动和被动超高频技术的元器件和模块；等等。

中央无线电技术科学研究院在研制无线电电子系统方面取得的成就有：机载无线电侦察系统和设备，M-55 PTP型和CC PP型新一代机载无线电电子系统，该系统可保证有效地探测和发现可在宽频带工作的正在辐射的无线电电子设备。

为了执行反恐怖任务，中央无线电技术科学研究院研制并生产了名叫泉水的非线性雷达，用于无接触地探测各类隐藏的埋入装置，还生产了名叫电唱收音两用机的仪器，用于阻塞无线电控制的爆炸装置。该研究院按国际标准用国产材料建造了多个一流的宽带微波暗室，用于测量抗扰性和干扰辐射。

中央无线电技术科学研究院确定了几个多种经营的发展战略方向，目前正在研制和生产有竞争力的产品，其中包括：在特殊环境下搜寻遇难者的电视搜寻系统；医用诊断仪，包括传染病和寄生虫病病原体的自动诊断仪；车组（铁路、汽车和地铁）和集装箱的自动识别系统;等等。

7. 斯科尔科沃科学技术研究院

斯科尔科沃科学技术研究院(Skolkovo Tech)是一所私立研究型大学,位于俄罗斯莫斯科近郊的斯科尔科沃地区。该研究院是与麻省理工学院于 2011 年共同创办的,它致力于对下一代的研究人员和企业家进行教育,推动科学知识进步,并培养技术创新来解决俄罗斯乃至全球在新世纪所面临的关键问题。

2020 年 9 月 17 日各大媒体报道,该研究院的科学家们开发了一种技术,并研制出了用于开发俄罗斯第六代通信系统(6G)组件的设备。斯科尔科沃科学技术研究院研制的设备为开发 6G 系统组件开辟了新的前景,特别是太赫兹到光波段的信号转换器。第六代领域的研究是在"国家技术倡议"无线通信技术与物联网能力中心活动框架内进行的。该院在研发过程中依靠的是先进的科学和实验室设施以及与俄罗斯领先公司的生产联系。新设备可允许模拟波长为 1.5 μm 的光辐射,频率为 10 GHz 的电信号。报告称,未来计划将频率范围扩大到数百吉赫兹(GHz),并增加制造元件的范围。此外,正在考虑扩大此类设备在第六代网络光纤部分基础设施生产中的应用范围的可能性。

(三)法国电子通信技术研究机构

电子信息产业是法国国民经济的重要组成部分。2011 年,其年营业收入达 2 480 亿欧元,约占法国国内生产总值的 5.2%;法国网民约占总人口的 60%,达到 3 800 万,95% 的企业接入了互联网。法国电子信息产业增加值在欧洲国家中排名第三,约占增加值的 14%。法国在电子信息领域的研发投入处于欧洲上游水平,但落后于韩国和美国。法国电子政务应用在欧洲排名第三,电信基础设施完善,92% 的企业接入了宽带,高于欧洲平均水平。但在国际电信联盟(ITU)公布的信息社会发展指数排名中,法国排名不高。2010 年,法国排在第 18 位,良好的外部环境为通信工程专业的发展打下了坚实的基础。

法国在微电子学学科方向处于世界领先地位,并长期在欧洲排名第一,法国有许多世界著名的大型企业和研究机构,如法国国立计算机及自动化研究所(INRIA)以及 Soitec 公司等。此外,法国的宽带和电信服务市场较发达,拥有许多大型跨国公司,如法国电信、阿尔卡特公司、赛峰、泰雷兹等。

1. 法国国家电信研究中心

法国国家电信研究中心 CNET France(Centre National d'Études des Telecommunication)成立于 1944 年,总部地址位于:33-40,rue du General Leclerc,92131 Issy-les-Moulineaux,是法国邮电部所属的研究机构,也是在法国与汤姆逊(Thomson)公司齐名的从事半导体器件与应用研究最有代表性的国家研究中心。该研究中心还下设巴黎 A 中心、巴黎 B 中心、拉尼翁 A 中心、拉尼翁 B 中心、雷纳中心等。机构规模虽然不如美国电话电报公司(American Telephone & Telegraph,简称 AT&T 公司)、阿尔卡特朗讯贝尔实验室(Alcatel-Lucent Bell Labs)庞大,但是设备先进配套,人员精干。

法国国家电信研究中心主要工作分为研究和技术鉴定两部分，研究部分包括从事以应用数学、信息技术、固体物理、地球环境物理为内容的基础研究，以工艺安排、元器件设计制造、新系统设计和应用为内容的应用研究；技术部分包括正在开发的工业装备的技术鉴定、新设备使用的技术指导。该研究中心在光通信应用发展上有较宽的研究领域，有以Ⅲ-V族超晶格为代表的材料与物理基础研究工作、各种半导体激光器、探测器件的研究、非线性光学器件和光双稳器件的研究以及光电子集成的研究等。各研究中心每年有相当数量国际水平的论文发表在第一流国际杂志上，注重研究成果的实用性。

法国国家电信研究中心与电子工业界的联系十分密切，有的研究项目是与工业界共同进行的，许多研究成果也转让给工业厂家。研究中心向阿尔卡特公司（Alcatel）转让了用于分布式网络的1.55 μm和1.3 μm激光器、LiNbO3调制器以及反应式离子刻蚀技术，向彼施涅集团公司（Pechiney Group）的特种金属子公司转让了制造光电子器件及高速逻辑器件所需关键材料——磷化铟生成技术，向SGS—汤姆逊微电子公司转让了视频信号取样解码电路FILDEM。FILDEM的电特性为TTL兼容，最高工作频率30 MHz，最大输出电容10 μμF，功耗400 mW（27兆赫时），其芯片面积为25 mm^2，约3万管位。这是CNS用CMOS2微米工艺研制的处理彩色图像数字信号系列电路中的一种。该系列电路均可以64 kb/s速率传输彩色静止图像，可用于D2-MAC/包标准接收器及数字可视电话等。该系列的其他电路如TRI-DEC为8位3路彩色视频信号电压输出数/模转换器，CRV为采用双层多晶硅工艺的彩色视频信号恢复电路。总而言之，法国国家电信研究中心（CNET）的微电子研究活动基本上是面向通信领域的，有很强的实用性。

2. 法国格勒诺布尔科学城

格勒诺布尔（Grenoble）是法国名声显赫的科学城，集中了许多国家或国际专业化科学研究中心，是一个新型的科研基地。依托其在微电子、材料科学、核能和计算机科学等领域取得的重大突破，被誉为“欧洲的硅谷”，曾经有6位科学家因在格勒诺布尔开展原创性工作而获得诺贝尔奖。这里是法国外省科研机构最密集的城市，拥有众多世界知名的研究所、实验室及跨国公司的研发中心，围绕欧洲同步辐射装置（ESRF）和属于劳厄-朗之万研究所（ILL）的高通量核反应堆RHF（High-Flux Reactor）形成了格勒诺布尔核研究中心（CEA-G）、法国国家电信研究中心（CNET France）、生物结构研究所（IBS）等研究机构。现有固定研究人员6 000人，每年流动研究人员约20 000人，每年经费预算8亿欧元（2017年）。

格勒诺布尔素有在科研和学术方面进行国际合作的优良传统，每年大量的国际性学术会议在此召开。这里的科研主要有三大技术领域：信息及通信技术、生物技术及新能源技术。其中，信息及通信技术领域涵盖微技术和纳米技术、信息及电子；生物技术领域涵盖健康工程学、医疗图像学、神经学、肿瘤学及生物芯片；新能源技术领域涵盖太阳能光伏、燃料电池及智能电网。它拥有欧洲首个微技术和纳米技术研究中心，也是世界三大微技术和纳米技术研究中心之一（美国纽约东菲什基尔和中国台湾新竹），还有享誉世界的核能研究中心,其通信设施建设在法国数一数二。

3.法国电信集团

法国电信集团(France telecom)是世界领先的电信运营商之一,2005 年 6 月推出的 NExT 战略(New Experience in Telecommunications 即“电信业务新体验”)将集团全业务运营商的概念进一步延伸,致力于将其打造成欧洲新业务的先锋代表。2006 年 6 月以来,法国电信计划统一品牌架构,把集团在全球的移动、宽带、整合服务和企业业务和品牌统一为 Orange,在法国、英国、荷兰和西班牙同时代表开展互联网、电视和无线电话业务,而 Orange Business Service(Orange 企业服务)已经在全球范围内成为为大企业提供通信服务的品牌。法国电信是欧洲第二大无线电话和互联网运营商,同时还是世界第一大为跨国公司提供通信服务的运营商。法国电信(NYSE:FTE)在巴黎和纽约交易所上市。

Orange Labs 是集团发展的强大支柱,在世界三大洲建立了 17 个研发分支机构,其中包括 8 个海外研发分支,分布在伦敦、旧金山、波士顿、东京、华沙、北京、首尔、新德里和西班牙。Orange Labs 拥有 4 200 多名研发人员,至今已创造了 8 000 多项专利。凭借其先进技术,被公认为世界三大电信研发中心之一。

法国电信北京研发中心(Orange Labs Beijing)成立于 2004 年 7 月,致力于为集团提供来自中国的创新。北京研发中心主要侧重于以下 6 个领域的研究:①创新终端;②开源技术;③数据网络;④语音和自然语言处理;⑤无线系统以及应用创新;⑥多媒体及增值服务。除此之外,研发中心还密切关注中国电信市场的变化,为集团其他子公司进入中国市场提供咨询帮助。法国电信北京研发中心拥有 100 多名研究人员。

4.阿尔卡特公司

阿尔卡特公司(Alcatel)创建于 1898 年,总部设在巴黎。阿尔卡特是电信系统和设备以及相关电缆和部件领域的世界领导者。它的业务遍及全球 130 多个国家,拥有 120 000 名员工。阿尔卡特通信部面向通信运营商、服务供应商、企业及消费者,提供从主干网到用户终端产品的全方位解决方案与服务。在 IP/ATM 交换系统、SDH/SONET 传输系统、移动通信系统、无线本地环路系统、卫星通信系统、ADSL 接入系统、因特网终端设备等方面,阿尔卡特具有绝对优势。目前,阿尔卡特的语音、数据和多媒体信息通信系统处于世界领导地位。

阿尔卡特是当今世界上第一大电信基础设施供应商,也是最早扎根于中国,与中国通信业长期合作的强大合作伙伴。阿尔卡特早在 20 世纪 80 年代初期就认识到中国市场的重要性。这在当时的跨国公司里实属罕见。

1984 年,阿尔卡特的第一家合资企业上海贝尔有限公司正式成立了。

1994 年,阿尔卡特组建了阿尔卡特中国有限公司,负责协调与支持其在中国的业务活动。

2000 年初,阿尔卡特将其亚太区总部迁至上海,成为第一家将亚太区总部设在中国的国际性电信公司。

2001 年 10 月，阿尔卡特与中国信息产业部签署谅解备忘录，决定将阿尔卡特在华的主要业务包括大部分合资企业与上海贝尔公司合并，以建立中国通信领域的第一家股份制企业——上海贝尔阿尔卡特股份有限公司。

2002 年 5 月 28 日，得益于中国政府和阿尔卡特公司总部的大力支持，上海贝尔阿尔卡特股份有限公司正式成立。与此同时，阿尔卡特还直接从事在中国的卫星、交通自动化、海底网络、手机等方面的业务。

阿尔卡特致力于为通信运营商、企业和消费者提供融合话音与数据的端到端解决方案。阿尔卡特通过其中国公司与上海贝尔阿尔卡特两大企业，为客户提供全方位的解决方案，包括宽带接入、传输、移动、话音网络、卫星、海底网络、城市交通自动化系统及手机等。是唯一可以提供陆、海、空通信网络的企业，在中外电信企业中独树一帜。

阿尔卡特和朗讯科技于 2006 年 11 月 30 日宣布完成合并，新成立公司为阿尔卡特朗讯（Alcatel-Lucent），并于 2006 年 12 月 1 日起，作为世界领先的通信方案提供商运作。

5. 法国国家信息与自动化研究所

法国国家信息与自动化研究所，又名法国国立计算机及自动化研究院（Institut national de Recherche en Informatique et en Automatique，简称 INRIA），其重点研究领域为计算机科学、控制理论及应用数学。该研究院于 1967 年在巴黎附近的罗克库尔创立，为法国国家科研机构，直属于法国研究部和法国经济财政工业部。INRIA 是世界著名的科研机构，其科研实力在世界大学和科研机构的计算机领域中排名前列。

6. 法国 Soitec 公司

该公司是设计及制造创新半导体材料的全球领先企业，提供 FD-SOI、Photonics-SOI 和 Imager-SOI 等数字应用产品，以及 RF-SOI 和 Power-SOI 等通信和电源应用产品，未来还将提供非硅衬底产品。2020 年，得益于智能手机、物联网、边缘计算、汽车、数据中心等市场的快速发展，Soitec 实现销售收入 6 亿欧元，是过去三年销售额的 2.5 倍，年增长率高达 28%。而最值得关注的是 Soitec 在 SOI 之外的相关领域也取得了突破性进展。根据 Soitec 的内部报告，目前由于智能手机/移动应用、汽车、云计算和物联网消费者众多，对产品价格、性能及可靠性都相当敏感，因此这也是 Soitec 未来特别专注的科技领域。

7. 法国泰雷兹集团

法国泰雷兹集团（THALES）源于 1879 年的法国汤姆逊（THOMSON）集团，是设计、开发和生产航空、防御及信息技术服务产品的专业电子高科技公司，同时是法国最大的防务类机械电子科技公司。公司总部设在法国，研发设在美国硅谷和法国巴黎及俄罗斯。THALES 公司 2006 年有员工 6 万多人，年总收入约 176 亿欧元。泰雷兹公司是欧洲第一大战斗系统（包括侦察系统、火控系统和操纵系统）生产集团，是一家超大型跨国企业，在全球五大洲 9 个国家设有 13 个分公司。2015 年，该公司军品出售总收入近 80 亿美元，在全球军工企业百强中列第 10 位，在法国排名第一。

泰雷兹集团目前将微电子制造和解决方案作为其主要业务之一。涵盖了包括放射学、射频、微波源、培训和仿真、激光和微电子解决方案，用于科学、工业、空间、国防、汽车、铁路和能源转换平台。泰雷兹一直是用于工业应用的高能二极管泵送和闪灯泵纳秒激光器的设计、开发和制造的世界领导者，拥有功率高达10兆瓦的世界最为先进的超短波激光系统。目前与我国北京大学、美国的NASA等高校和机构均建立了稳定的合作关系。值得一提的是，目前泰雷兹集团声称其在微电子领域的核心技术满足三个共同要求：集成密度高、性能可靠性高和稳健性高，同时也在积极向更自主的功能和低消耗做转型。

8. 亚创集团

法国亚创（Altran）集团是一家提供创新和高科技工程咨询服务的外商独资公司。其主业是工程和研发服务，该集团在汽车、航空、国防、能源、金融、生命科学、铁路和电信等领域，为客户提供尖端创新的高科技服务，并为越来越多的企业提供工程外包服务和解决方案。2016年，亚创集团的营收达到21.2亿欧元，在全球拥有超过3万名员工，并同时在20多个国家运营。自2006年以来，Altran亚创中国已向汽车、电信和半导体行业的主要参与者提供了相应的服务。

（四）日本电子通信技术研究机构

1. 日本电子技术实验室

1875年，日本政府在工部省成立了绝缘体实验室（Gaishi Shikensho），主要负责测试采购的设备绝缘体，1885年，该实验室转交给电信省，1891年，绝缘体实验室变成电气实验室，研究领域也扩大了，包括发电和电力应用方面的研究。实验室的早期工作包括电缆网的设计及监督其建设（其中包括通往中国台湾的海底电报电缆），为改进电话服务质量而进行的继电器和电池方面的研究，无线通信试验和电力传输改进，以及后来对真空管的研究。从第一次世界大战开始到第二次世界大战结束，实验室的研究还包括无线广播、传真机、电视和高频电波，其中一些研究是在与军方的合作下完成的。日本战败后，实验室进行改组，实验室剩下的电气研究部分被转移到通产省，成为它里面的工业科学技术厅（Kogyo Gijustu In）的一个研究所。该研究所起初被称为电气实验室，但后来改名为电子技术实验室（Denshi Gijutsu Sogo Kenkyusho 或 Densoken）。

2. 海军技术研究所

1923年，日本海军整合了下属的几个实验室，下设八个部门：物理学、化学、电学、无线电、造船、材料、声学和实验心理学。其中，电学部门和无线电部门的一个主要研究主题是雷达的开发，并研发出日本第一部米波雷达。海军技术研究所在日本的技术发展中所起的作用依然不可小觑。第二次世界大战结束后，该研究所被解散，但许多研究人员转至私有部门，这些研究人员在日本电气设备和电子工业发展中扮演着重要角色。这些人包括领导NEC公司研发工作并成为副董事长的大内淳义（Ohuchi Atsuyoshi），以及成为富士通公司董事长的清宫博(Kiyomiya Hiroshi),在它的鼎盛时期,海军技术研究所也邀请外部研究人员参与研究,包括几位大学教授,例如东北大学的渡边靖(Watanabe Yasushi),他后来帮助电气实验室开始研究晶体管;大阪大学的浅田常三郎(Asada Tsunesaburo),他推荐其学生盛田昭夫加入海军技术研究所。另外还包括几位来自其他研究所的研究人员,例如日本广播协会研究所的高柳健次郎(Takayanagi Kenjiro),他是电视机领域的世界级先驱之一。高柳及其研究团队的几个成员后来跳槽到日本胜利公司(JVC),在开发电视机及录像机的过程中发挥了重要作用。高柳本人后来成为JVC公司的副总裁。其中一个原来跟随他并跳槽到JVC公司的职员宍道一郎(Shinji Ichiro)后来也成为董事长。日本测量工具公司(Nihon Sokuteiki)是陆军和海军的供应商之一,其董事长是井深大(Ibuka Masaru)。众所周知,井深大是继电器和其他一些电气设备的发明者,并经常参与海军技术研究所的研讨会。第二次世界大战结束后,井深大开设了自己的公司,在海军技术研究所认识井深大的一些人加入了这家公司。

3. 通产省电子技术综合研究所

通产省电子技术综合研究所创办于1891年,前身是邮政省的电气试验所,1948年分成电子部门和电气通信部门两部分,电力部门变成工业技术院电气试验所,电气通信部门变成日本电信电话公司电气通信研究所。1970年改名为电子技术综合研究所,是日本通产省工业技术院的下属研究所,也是日本最大的国立研究所,职员总数近800人,其中研究人员在600名左右。1976年该所的科研经费就达65亿日元。该所下属11个研究分部和大阪分所,它们是基础部、材料部、电子器件部、图像信息部、电子计算机部、软件部、控制部、无线电电子部、量子技术部、极端技术部、能源部等。

4. 日本电信电话公司电气通信研究所

起源于1875年工部省的绝缘体实验室、电信省的电气实验室。日本战败之后,电气实验室于1948年改组,通讯研究从电气研究中分离出来,变成电气通讯实验室(Denki Tsushin Kenkyusho),成为日本电信电话公社(Nihon Denshin Denwa Kosha)的一个研究机构。日本电信电话公社是根据盟军命令从电信省分离出来的一家国有公司,后来在1985年被私有化为日本电报电话股份有限公司(Nihon Denshin Denwa Kabushiki Kaisha;NTT)。

5. 邮电省日本通信综合研究所

前身是日本电波研究所(RRL),它属于日本邮电部管辖,是日本唯一的关于信息通信和电波研究的国立研究机关。其研究领域非常广泛,涉及信息通信、环境科学、材料科学、生物信息等诸多基础性学科。该所始建于1896年,1988年从电波研究所更名为通信综合研究所,旨在从事基础和应用双重研究。

6. 通产省日本产业的技术综合开发机构

成立于1980年,是日本规模最大的核心性研究开发机构和公立研究开发管理机构,承担着日本的一部分经济产业行政业务,主要目标是负责解决能源和环境问题;以及促进科技产品的转化。隶属于通产省，它起初是为了开发能够替代石油的新能源技术而设立的，1998 年将研究范围扩大到产业技术。研究项目包括电子与信息技术、机械系统技术、航空与空间技术、纳米和材料技术、生物和医疗技术、化学物质管理、燃料电池与氢能技术、能源与环境技术等方面。

7. 总务省国家信息与通信技术研究所

其历史可以追溯到 1896 年 10 月日本通信省的“电气试验所”成立无线电通信研究部门。1948 年 6 月，“电波物理研究所”划归文部省管辖。1952 年 8 月，邮政省成立“电波研究所”，并于 1988 年更名为“通信综合研究所”。2001 年，该研究所随着日本政府机构的调整划归总务省，并成为独立行政法人。主要设有下一代网络技术、通用通信技术、信息通信安全技术等基础研究部门，并为信息通信行业的创业者提供信息，并对创业和基础设施的建设提供资助和业务支持。

8. 东京大学杉浦研究室

研究室以信号处理、网络传输协议、理论数值计算、网络协定、信息安全等研究为基础，目标是创造未来新型的无线通信技术。主要研究课题：IOT 通信、基于室内 LED 照明的可见光通信系统、车辆间 P2P 通信等研究内容。以基于室内 LED 照明的可见光通信系统课题为例，使用安装在室内的 LED 灯为切入点实现用户间终端高速无线信息传输的技术。因电磁波在可见光的频率范围内具有高线性度并且信道矩阵的秩保持较低，所以不能有效地执行多源传输。在这项研究中，通过执行适当的接收过滤来恢复信道等级，并启用全等级的高速传输。

9. 东京大学喜连川研究室

研究室方向主要包括高性能数据库处理、数据挖掘及可视化、数理统计分析、自然语言处理、机器学习等。主要研究课题：超大规模数据时代的高级数据库核心技术研究；用于超大规模网络空间和现实世界数据的交互式分析系统；自然语言处理/计算语言学；解析人类的心理认知及社会的运动模式等研究内容（以超大规模数据时代的高级数据库核心技术研究课题为例）；致力于创建新的数据库核心技术，以实现超大规模数据时代所需的高速、节能等目标。在重点关注系统软件的同时，还尝试将其与高级应用程序软件集成。近年来，研究室已经成功开发了超高速数据库引擎，并逐渐在社会上的各个地方投入实际使用。

10. 东京大学佐藤研究室

研究内容主要包括计算机视觉的多个领域，如模式识别、超分等。主要研究课题：实时指尖跟踪和手势识别、基于色彩和谐度的照片审美质量分类、基于第一人称运动视频的快速无监督自我行为学习等。研究内容：专注于研究计算机视觉，致力于测量和理解人类行为，以及建模和理解物体和场景的模式及外观。如第一人称视觉、基于物理模型的计算机视觉、照明与反射性模型等。

11. 名古屋大学福塚友和研究室

该研究室是在2018年10月落成的新实验室。研究旨在构建有助于电能和化学能相互转化的能量转换装置。特别是正在进行关于锂离子电池和下一代可充电电池的基础研究。主要研究课题包括:研究用于后置锂离子电池的新型固体电解质、硫化物全固态锂离子二次电池的碳阳极研究、锂离子电池电极中的离子传输研究、利用路易斯酸-路易斯碱的相互作用研究可充电电池的新型电解质、高安全性水性锂离子电池的研究、新型石墨插层化合物的合成。

12. 名古屋大学塩川和夫研究室

研究室主要利用最新的无线电和光学技术对地球周围的空间和高层大气的变化进行观察研究。研究课题包括:磁层和电离层的电动力学研究、低温层—中间层相互作用的研究、离子外流现象的研究等。

13. 名古屋大学三好由纯研究室

研究内容主要包括基于信息学的地球科学、空间等离子体物理学和空间天气研究。主要研究课题:通过分析卫星数据研究地球空间环境和太阳大气层,通过计算机模拟研究地球空间环境和太阳大气层、空间等离子体多尺度和多物理现象,通过数据同化研究空间环境变化,通过机器学习(AI)研究空间环境变化。

(五)韩国电子通信技术研究机构

1. 韩国电子通信研究院

韩国电子通信研究院(Electronics and Telecommunications Research Institute,简称ETRI;한국전자통신연구원)是韩国电子信息通信方面规模最大的研究机构,它的前身机构是专为半导体、计算机等电子领域的专业研究而成立的韩国电子技术研究所(KIET,1976)和韩国电信研究所(KETRI,1981),1985年合并为韩国电子通信研究所(ETRI),成为韩国信息通信专业研究机构,根据韩国《电信基本法》,1997年1月31日韩国电子通信研究所正式更名为韩国电子通信研究院。

研究院以为国家创造新价值、增强产业竞争力、开拓新市场为目标,研究开发包括信息通信在内的广泛的数字化创新技术,以“打造未来社会的国家智能化综合研究机构”为展望。目前,研究院共有354家初创公司、12家研究所公司和10家技术控股公司,共为韩国培养了约3 800名IT专业人员,经济影响达3 739 623万亿韩元,韩国电子通信研究院为韩国的科技进步与经济发展做出重大的贡献。

主要部门介绍:韩国电子通信研究院的研究部门、行政部门有人工智能研究所,通信与媒体研究所,智能融合研究所,ICT创意实验室,KSB融合研究团,SDF融合研究组,DMC融合研究团,大庆圈研究中心,湖南地区研究中心,首尔SW-SoC融合R&BD中心,中小企业事业化本部,规划总部,行政总部,公共关系部。

韩国电子通信研究院从成立至今,研究成果丰硕,代表性研究成果如下:

- 1986 年，开发 TDX 全电子交换器，开启了一户一电时代；
- 1989 年，从 4M DRAM 开发开始，成功开发 16M、64M 和 256M DRAM；
- 1996 年，CDMA 成为手机强国的基石，全球首次实现商业化；
- 2004 年，地面 DMB 全球首次开发，实验广播成功；
- 2010 年，第四代移动通信 LTE 高级世界首创；
- 2011 年，双目地面 3D 电视全球首创；
- 2012 年，便携式韩—英自动通译技术（GenieTalk）开发；
- 2013 年，开发基于数据库呼叫的智能英语学习系统；
- 2014 年，开发乐团（OCES+3.2 Tera）光纤互联网技术，确保用户 10 Gbps 的速度；
- 2015 年，基于 RoF 的移动前端技术（高活动 ESCoRT）开发；
- 2016 年，光—线—数据包集成交换系统开发；
- 2017 年，开发高性能语言智能软件“外展大脑”；
- 2018 年，超高清移动广播技术开发；
- 2019 年，开发 25Gbps 级触觉互联网技术“TIC-TOC”；
- 2020 年，开发视觉智能源技术平台“深度视图”。

另外，有四项成果被列为韩国光复 70 周年代表性成果，分别是：1986 年 TDX-1 商业化，1989 年 DRAM 存储器半导体，1996 年 CDMA 商业化和 2004 年 WiBro。

此外，研究院的研发影响波及很大，研究成果带动国家经济增长 374 兆元（韩元），其中，十大代表成果带动 248 兆元（韩元），截至 2019 年底，研究院专利申请数量 14 653 件（5 年累计），SCI 论文 952 篇（5 年累计）。

2. 通信与媒体研究所

通信与媒体研究所（통신미디어연구소）主要研究“通信、媒体、无线电/卫星”三大领域，即 5G 和 Post 5G（5G+，6G）移动通信，这是国家增长的基本基础设施，旨在实现日常数字化的超真实感、虚拟广播内容，以及对于超链接时代至关重要的无线电和卫星领域，力图打造在通信、媒体、传播、卫星领域具有世界领先竞争力的“全球技术研究者”。

在通信领域，有利用 5G 解决社会问题，向其他产业开发 5G 技术融合和 Post 5G 源技术的未来移动通信研究本部和以信息、知识为中心的网络技术和开发超高速、超广域网、超低延迟光网络技术的网络研究本部。

在媒体领域，有媒体研究总部，开发打破虚拟和现实界限的超真实感服务技术和未来广播、媒体源和标准技术，开发数字技术和未来源技术，以实现以人类为中心的数字时代。

在无线电和卫星领域，有无线电和卫星研究总部，通过频率、无线电环境分析、卫星通信和广播领域的研究和发展，支持韩国的通信政策，并开发下一代无线电和卫星技术。

3. DMC 融合研究团

DMC 融合研究团（DMC 융합연구단）由 15 个机构组成，研究院与纳米综合技术学

院和韩国纳米技术研究院合作，通过与韩国机械研究院、富京大学和忠南大学的技术合作，致力于国防材料和部件的开发。此外，研究团还与IvyWorks、韦维斯、奥迪泰克、艾克斯和杜布尤、伊特罗尼克斯、泽尼特尔信息通信、尤特尔、杰姆泽科和特鲁温等公司合作，推动已开发研究成果的业务化。DMC融合研究团的重点研究领域是开发用于监控侦察雷达的GaN MMIC的RF集成回路国产化和平台建设，开发电子雷管的高压开关和光传感器国产化及平台建设，以及开发核心防散件模块集成封装技术，将开发的部件安装到系统中。该研究团的最终目标是通过提供国防关键部件代工服务和建立半导体平台，建立适用于武器系统的材料部件自立方案。

4. 知识共享

知识共享平台是韩国电子通信研究院ETRI研究成果的传播平台，旨在根据研究人员的任务、部门等信息，无缝共享、发布相关研究信息和成果信息。具体内容分为以下几大板块：最近的论文、最新专利、ETRI Journal、电子通信趋势分析和单行本。

5. 韩国科学技术研究院

韩国科学技术研究院（Korea Institute of Science and Technology，简称KIST；한국과학기술연구원）的前身是1966年2月成立的财团法人韩国科学技术研究所（KIST），于1989年6月正式命名为韩国科学技术研究院，并于2004年划归韩国科学技术部创新本部主管。KIST是韩国国家级科技信息基础设施的中心，是韩国科技知识的心脏，通过建设科技信息研发的基础设施来提高国家竞争力，致力于推动国家科技工业；综合采集分析和管理科技工业数据；研究技术、政策和信息管理标准化；开发管理科技研发的基础设施。主要功能包括收集管理科技信息以发展完善自身的服务体系，发展知识信息数据库和推动电子信息化，研究分析国际与地方的科技发展趋势，开发管理高性能的研究网络，发展高性能的计算基础设施及其应用技术。KIST研究部门为4个部、7个研究所，即生物与医疗融合研究总部、先进材料技术研究本部、清洁新技术研究总部、研究资源和数据支持总部，脑科学研究所、下一代半导体研究所、AI机器人研究所、气候和环境研究所、江陵分院天然物研究所、全北分院复合材料技术研究所、欧洲研究所。

6. 下一代半导体研究所

下一代半导体研究所（차세대반도체연구소）隶属于韩国科学技术研究院，通过开发下一代半导体材料—器件—结构设计源技术，引领可转换超高性能、低功耗、智能半导体技术的发展。旨在引领人工智能半导体和新计算所需的半导体材料、器件、工艺和设计的关键技术开发。

代表性研究成果：

· 1971年2月，开发韩国首款台式袖珍电子计算机；

· 1975年10月，开发韩国首款迷你电脑"世宗1号"；

· 1999年7月，韩国首部人类机器人"圣淘沙"诞生；

· 2005 年 1 月，开发网络基础“人形”；

· 2009 年 9 月，开发全球首款新一代半导体自旋晶体管技术；

· 2010 年 11 月，韩机器人英语助教入选《时代周刊》50 大发明；

· 2013 年 11 月，首次开发柔性存储器；

· 2014 年 12 月，开发下一代微手术机器人；

· 2018 年 1 月，解决未来量子计算机实施和验证方法；

· 2019 年 10 月，开发基于人工智能的人脸识别技术。

7. 韩国电子信息通信产业振兴会

韩国电子信息通信产业振兴会（KEA；한국전자통신산업진흥회）成立于 1976 年 4 月 20 日，是韩国历史最悠久、组织规模最大的工商协会，共有 800 多个会员企业，三星、LG 等世界著名企业都是 KEA 的会员。韩国电子信息通信产业振兴会（KEA）旨在为电子和 IT 行业的发展创造环境，并为会员公司提供支持。作为 IT 行业的代表组织，KEA 为会员提供企业管理所需的信息，以及专利纠纷、环境法规、能源管理相关领域的专家咨询和访问培训。

KEA 为会员企业提供“电子行业信息”，包括行业和政策趋势、国家关键统计数据、进出口统计数据、技术和政策资料、海外技术法规趋势和标准化趋势等信息。

KEA 还承担人才培养和资格认证业务，通过“数字转型学院”运营，培养行业 AI 融合领导者和数字转型规划和运营人员，包括电子和通信领域的员工。开设的课程有：

（1）应用人工智能（AI）技术的电子和通信行业课程。

（2）（领导者课程）AI 概念，AI 引进成功和失败案例，AI 引进法律、制度注意事项，等等。

（3）（中层管理人员课程）规划新的项目，以利用 AI 基础能力和应用案例，AI 融合项目实践和 AI 融合实现数字化转型，基于 AI 的业务应用研讨会，等等。

（4）（AI 融合专家课程）增强人工智能引进的开发、咨询能力，基于项目（PBL）的学习，开发人工智能核心技术，提高咨询能力，等等。

二、重点院校

（一）美国电子通信技术重点院校

1. 麻省理工学院

麻省理工学院（Massachusetts Institute of Technology，简称 MIT），中文简称“麻省理工”。位于美国马萨诸塞州波士顿都市区剑桥市，主校区依查尔斯河而建，是一所世界著名私立研究型大学。麻省理工学院创立于 1861 年，早期侧重应用科学及工程学，在第二次世界大战后，麻省理工学院倚靠美国国防科技的研发需要而迅速崛起。麻省理工学院的校友、教职工及研究人员中，共产生了97位诺贝尔奖得主（世界第五）、8位菲尔兹奖得主（世界第七）以及26位图灵奖得主（世界第二）。在2019年公布的QS电气电子工程专业世界排名中，麻省理工学院排名第一。

2. 斯坦福大学

斯坦福大学，成立于1885年，全名小利兰·斯坦福大学（Leland Stanford Junior University），简称“斯坦福”，位于美国加州旧金山湾区南部帕罗奥多市境内，临近高科技园区硅谷（Silicon Valley），是私立研究型大学。

斯坦福大学与旧金山北湾的加州大学伯克利分校共同构成了美国西部的学术中心，并负责运行管理SLAC国家加速器实验室、胡佛研究所等机构。截至2021年4月，共有84位斯坦福大学的校友、教授及研究人员曾获得诺贝尔奖（世界第七）、29位曾获得图灵奖（世界第一）、8位曾获得过菲尔兹奖（世界第七）。

斯坦福大学为硅谷的形成和崛起奠定了坚实的人才基础，培养了众多高科技公司的领导者，其中包括惠普、谷歌、雅虎、耐克、罗技、Snapchat、美国艺电公司、太阳微、NVIDIA、思科及LinkedIn等公司的创办人。在2019年公布的QS电气电子工程专业世界排名中，斯坦福大学排名第二。

3. 加州大学伯克利分校

加利福尼亚大学伯克利分校（University of California，Berkeley），简称“伯克利”，坐落于美国旧金山湾区的伯克利市，是世界最顶尖的公立研究型大学，位列2021年USNews世界大学排名第4位，2021年软科学世界大学学术排名第5位，被誉为“公立常春藤”，在学术界享有盛誉。截至2021年10月4日，伯克利校友、教授及研究人员中共产生了111位诺贝尔奖得主（世界第三）、14位菲尔兹奖得主（世界第四）和25位图灵奖得主（世界第三）。

4. 佐治亚理工学院

佐治亚理工学院（Georgia Institute of Technology），又称“乔治亚理工学院”，1885年建校，坐落于佐治亚州首府亚特兰大，是世界顶尖的研究型大学，美国大学协会成员，公立常春藤名校之一。

佐治亚理工学院与麻省理工学院（MIT）、加州理工学院（Caltech）并称为美国三大理工学院，是美国南部最好的理工类院校之一。在世界大学理工科排名中（工程与技术领域），THE榜单2020年全球第九位，2021年全球第十二位；QS榜单2021年全球第十三位。佐治亚理工学院的校友、教职工及研究人员中包括数十位院士，多位诺贝尔奖、普利策奖等国际奖项得主。

5. 加州理工学院

加州理工学院（California Institute of Technology）创立于1891年，位于美国加利福尼亚州洛杉矶东北郊的帕萨迪纳，是世界最顶尖的私立研究型大学之一。加州理工学院的规模很小，全校学生2 000人左右，是一所典型的精英学府。截至2020年10月，该校的校友、教授及研究人员中产生了76位诺贝尔奖得主(世界第八),为世界大学诺贝尔奖得主密度之冠。此外,加州理工学院还产生了6位图灵奖得主(世界第九)以及4位菲尔兹奖得主(世界第十六)。

6. 加利福尼亚大学洛杉矶分校

加利福尼亚大学洛杉矶分校(University of California at Los Angeles)是位于美国洛杉矶的公立研究型大学,是环太平洋大学联盟和国际公立大学论坛成员,也是公立常春藤学校。多年来蝉联美国申请人数最多的大学榜榜首,也是录取难度最高的大学之一。加利福尼亚大学洛杉矶分校被《美国新闻与世界报道》《泰晤士高等教育》《华尔街日报》等多家权威报刊评为美国第一公立大学,2018年《福布斯》最具价值大学排名全美第一位,2020年QS毕业生就业力排名世界第三位。2020—2021年度,UCLA位列软科世界大学学术排名第十三位,USNews世界大学排名第十四位,泰晤士高等教育世界大学排名第十五位。

(二)俄罗斯电子通信技术重点院校

1. 莫斯科国立大学

莫斯科国立大学(Московский Государственный Университет имени М. В. Ломоносова,简称МГУ),全称"莫斯科国立米哈伊尔·瓦西里耶维奇·罗蒙诺索夫大学",中文简称"莫斯科大学",于1755年由沙皇俄国教育家米哈伊尔·瓦西里耶维奇·罗蒙诺索夫倡议并创办,是俄罗斯联邦规模最大、历史最悠久的综合性研究型高等院校,欧洲顶尖、世界著名的高等学府,是国际公立大学论坛、欧洲首都大学联盟、欧洲大学协会成员。

相关院系以计算数学与控制论系为例。计算数学与控制论系是人类知识急剧发展的应用数学和信息学领域主要数学与科研中心。本系培养与教育、科学、工业、经济和管理的计算技术应用相关的众多问题专家。现该系有250多位教授和教师,其中80位国家博士,8位俄罗斯科学院院士和10位通讯院士。

2. 圣彼得堡国立大学

圣彼得堡国立大学(Санкт-ПетербургскийГосударственный Университет),是俄罗斯第一所大学,于1724年由彼得大帝敕令与彼得堡科学院一道创建,与莫斯科国立大学并列俄罗斯最高学府,是科英布拉集团、欧洲大学基金会、欧洲大学协会成员。

相关院系以数学—力学系为例。数学—力学系专业有物理专业、无线电物理和电子学专业、固体物理学专业、地球物理学专业、计算物理专业。

3. 圣彼得堡国立电工大学

圣彼得堡国立电工大学(Санкт-ПетербургскийГосударственный Электротехнический Университет)创建于1886年,前身是俄罗斯邮政电报部的技术学校。1891年改为皇家电工学院,即欧洲第一个电工领域的专业性高等院校。世界上无线电的发明人A. C.波波夫曾任学院的教师和第一任院长。

相关院系有无线电技术系、电子技术系、自动化和计算技术系、电子物理系、船舶无线电电子技术及自动化系等。

(1)无线电技术系,创建于1945年。从1902年A. C. 波波夫创建了无线电报实验室开始,对无线电技术的研究就已开始。主要研究方向:无线电电子、科学仪器制造、周围环境及紧急状态的无线电监控系统。

(2)电子技术系,创建于1946年,为俄国电子工业的建立起了重大作用。主要研究方向:无线电电子、固体物理及电子、科学仪器制造、对自然资源及生态进行研究的方法和仪器、超高频低温电子学、基础数学模型。

(3)自动化和计算技术系,主要研究方向:信息学、自动化、机器人技术及控制、质量证明及保证、计算系统及其应用。

(4)电子物理系,主要研究方向:无线电电子、固体物理与电子学、质量证明与保证、医学、人类工程学及生态学中的生物工程系统。

(5)船舶无线电电子技术及自动化系,其第一批教研室创立于20世纪30年代。主要研究方向:无线电电子、自然资源及生态研究的方法及仪器、周围环境及紧急状态的无线电监察系统。

4. 莫斯科国立鲍曼技术大学

莫斯科国立鲍曼技术大学(Московский государственный технический университет им. Н. Э. Баумана),是一所与莫斯科国立罗蒙诺所夫大学齐名的俄罗斯高等院校,世界最优秀的大学之一,拥有180多年的建校史,并用牺牲在此的革命家、与列宁并肩战斗过的尼古拉·埃内斯托维奇·鲍曼来命名。鲍曼大学是俄罗斯理工科类院校的最高学府,是俄罗斯最古老且成就最高的技术类大学,为俄罗斯培养了许多优秀的科技人才,在俄罗斯具有极高的声望。它在俄罗斯的地位类似于美国的麻省理工学院和我国的清华大学。

相关院系有信息及系统控制系、无线电及激光技术系等。

(1)信息及系统控制系,主要专业:定位、稳定及搜寻系统及仪器,信息测量工艺与技术,计算机、计算系统及网络,信息与管理自动化处理系统,计算机及自动化系统程序设计。

(2)无线电及激光技术系,主要专业:光电仪器及系统、无线电设备设计与工艺、无线电系统。

5. 圣彼得堡国立精密机械和光学学院

圣彼得堡国立精密机械和光学学院(Университет ИТМО),成立于1900年,前身是列宁格勒精密仪器与光学技术学校(1920年),后来在1930年发展成为列宁格勒国立精密机械和光学学院。长久以来,学院遵循打造、培养高级专业工程师人才,储蓄后备力量的发展道路,从1980年,LITMO为国民经济和科学研究发展输出了大量高技术人才。目前,学校已跻身于俄罗斯高等院校信息工程领域中的主流高等院校。学校多次获得大学生编程世界锦标赛(ACM International Collegiate Programming Contest)冠军,2013 年世界编程锦标赛在圣彼得堡圣光机举办。学校是欧洲大学协会(European University Association,EUA)正式会员,圣光机为上海合作组织主要组织者。

相关院系:计算机技术与管理、管理系统和机器人学院、软件工程与计算机工程学院、安全信息技术学院、光子学院、纳米电子学院信息技术和编程学院、通信技术学院。

相关专业:信息及计算机工艺、编程技术、电工学及电子学。

学校创立的高质新技术系统、仪器、工艺及材料包括:光电子探测与测量系统、光电子电传导系统、急速激光、复合聚合材料、医学激光系统、工业及生态应用的光学感应控制设备、顶级计算技术系统、汽车动力机及交通自动装置数字管理系统、光电子航天配置系统等。

6. 莫斯科国立通信与信息技术大学

莫斯科国立通信与信息技术大学创建于 1921 年,当时名为莫斯科国际通信电子技术学院,几经易名,1992 年学校改为现名。学校主要在通信、信息技术、无线电技术、经济学等领域培养高素质的人才,在俄罗斯享有盛誉。学校现有 5 个系:网络与通信系统、信息工艺技术、广播与电视、经济管理、应用技术,共有 18 个专家专业和 7 个学士专业,主要专业有:安全通信系统、网络与交换系统、多路通信系统、计算技术与自动化系统的软件保证、技术工艺和制造自动化、信息系统和技术、广播技术、视听技术、移动物体通信工具、广播通讯、广播和电视、会计、分析和审计、应用信息学(经济学)、经济学和管理、应用数学。

(三)法国电子通信技术重点院校

1. 巴黎综合理工大学

巴黎综合理工大学(École Polytechnique),别称 X,起源于 1794 年创立的法国工程师大学校,创立时校名为“中央公共工程学院”。它隶属于法国国防部,是法国最顶尖且最负盛名的工程师大学,在法国各类院校中常年排名第一,被誉为法国精英教育模式的巅峰。巴黎综合理工大学于 1794 年法国大革命时期创立,最初校名为“中央公共工程学院”,于 1804 年拿破仑一世将其变成一所军事学院,如今综合理工大学仍隶属于法国国防部。

2. 巴黎高等电信学院

巴黎高等电信学院(Télécom Paris)创立于 1878 年,原名为国立巴黎高等电信学院(ENST),是法国第一所主要从事信息科学与技术高等教学与研究的学校,现隶属于巴黎理工学院,并且是巴黎高科、矿业电信学校联盟。巴黎高等电信学院悠久的历史、高水平的教学质量使它成为当今法国乃至欧洲著名的电子通信技术学院。

3. 南巴黎电信学院

南巴黎电信学院(Télécom SudParis)是法国工业部直属院校,成立于 1979 年,是法国著名的电子通信技术学院，大学校（CGE）成员、电讯学院集团（GET）成员。是世界上为数不多的专门以信息和电信为特色的大学之一。

4. 巴黎中央理工-高等电力学院

巴黎中央理工-高等电力学院（Centrale Supélec），是欧洲顶尖工科大学（Top Industrial Managers for Europe，简称 T. I. M. E.）联盟成员，2015 年 1 月由法国两所著名工程师学校，巴黎中央理工学院（École Centrale Paris）和高等电力学院（Supélec）合并而成，现已并入巴黎—萨克雷大学（Université Paris-Saclay）。

5. 巴黎电子信息学校

巴黎电子信息学校（École d' Ingénieurs des Technologies de l' Information et du Management，EFREI），是一所高等工程师学校（"大学校"），该校成立于 1936 年，EFREI 是法国高等专业学院会议（CGE）的成员之一，并有资格颁发受法国教育部及法国全国工程师职衔委员会（CTI）认可的工程师文凭。学院专门培养信息通信技术领域的精英人才。被誉为"个人电脑之父"的世界最早的个人电脑 Micral 的发明者 Andre Truong，就是 EFREI 培养的优秀工程师中的一员。

6. 巴黎—萨克雷大学

巴黎—萨克雷大学（Université Paris-Saclay）在 2020 年 8 月软科世界大学学术排名中，位居全球第十四，欧洲第三。对应的大专业方向为电子学、电子工程、自动化等三个方向，在无线通信系统、自动化及信号和图片处理、集成电路系统、虚拟现实和人工智能等领域有着较强的实力。学校拥有实验室 275 个，相当于 13% 的法国科研能力。截至 2021 年底，据其官网显示，巴黎—萨克雷大学拥有 9 000 名教师和研究人员，11 000 名技术和行政人员，在校学生约有 4.8 万人（其中包括研究生 9 000 人和博士生 4 600 人），共十个校区，分布在法兰西岛大区。

此外，中法两国的高校和企业也在电子通信等相关领域共建了联合实验室和研发中心，具体如下所述：

（1）法国南特综合理工学院和华南理工大学共同组建了中法工程师学院-信息与通信实验室（SFIEER），主要从事数字通信信号处理、声音信号处理、人机界面、图像视频处理等。中法工程师学院的目标是：一方面促进中法学生到对方国家的交流学习，另一方面开展工程师和专业硕士双文凭的联合培养项目。学院鼓励两个学校在信息通信科技领域的研究合作，积极参与联合申请双方国家相关的项目征集，并推动联合培养博士生和共同发表论文。

（2）2014 年 9 月华为宣布法国芯片研发中心成立。华为法国芯片研发中心将聚焦芯片设计和嵌入式电子设备的研发，着重致力于提升智能手机摄像头质量、开发优秀的图像信号处理器，以期增强华为在微电子和软件领域的专业优势。

（四）日本电子通信技术重点院校

相比较中国的电子信息领域相关专业，日本高校相关信息专业主要冠以"情报"（与中文的“信息”相对应)，但由于高校院系设置及专业划分的不同，相关专业名称也各有不同，如电子信息工程、通信工程、电子信息与电气工程、信息与通信工程等等。一般而言，情报系主要设置计算机科学、数理情报学、电子电气工程、控制工学、通信情报工学、智能机械情报学等相关专业。涉及的专业课包括数值计算、离散数学、数据结构与算法、形式语言、计算机结构、操作系统、信号与信息处理、电子电气、防御系统理论、通信原理、机器学习等。作为20世纪50年代兴起的新兴学科，特别是随着互联网以及人工智能的飞速发展，情报系相关课程在日本大学中也受到了越来越多的重视，情报系在整个理工学研究学科中占有更加举足轻重的位置。同时，情报系本科及大学院毕业生在日本就职相较其他专业来说要简单很多，IT从业人员在日本薪酬待遇也相当可观。

具体情报系相关专业研究内容为:

(1)计算机科学，研究方向包括计算机基础理论、计算机系统构建、编程语言论、计算机硬件结构、操作系统、图形可视化、人机互动、机器学习等多个研究方向。

(2)数理情报学，以情报处理相关的数学及理论研究为主，主要包括数理模型分析、数理优化法、数值解析、概率与统计、算法分析、离散构造、几何数理分析、情报加密、计算复杂性分析等多个研究方向。

(3)电子电气工程，其中电子工程以弱电分析为主，主要包括数字电路分析、模拟电路分析、数字信号处理(DSP)、集成电路、信息论等研究方向;电气工学以强电分析为主，主要研究方向包括电磁学、强电回路分析、通信原理、量子力学、控制理论、光控电路等。

(4)控制工学，对应国内自动化专业，主要涉及的研究方向包括情报物理学、系统控制理论、系统信号处理、生理工学、智能感应器、集成智能控制系统、图像与声音的识别与合成、现实增强(AR)等。

(5)通信情报工学，对应国内的通信工程专业，主要围绕各种有线及无线通信方式以及相关基础知识展开，主要的研究方向包括通信原理分析、加密无线通信、计算机构造、电子情报学、智能信息处理、信息网络分析、多媒体信号处理、人机互动、多媒体网络构建等。

(6)智能机械情报学，主要研究情报分析与处理在机器人平台的应用，研究方向也主要分为机器人/机械控制理论与情报分析两大块。与情报系关联的专业方向主要包括人机互动、人工智能、脑信号处理、生命体系统工学、机器学习、算法与数据结构等。

1. 东京大学

东京大学(とうきょうだいがく　東京大学)是日本文部科学省“超级国际化大学计划”A类顶尖名校，是东亚研究型大学协会、亚洲大学联盟、全球大学校长论坛、学术研究恳谈会、卓越研究生院计划、领先研究生院计划、日瑞Mirai项目等组织成员。东京大学成立于1877年，由“东京开成学校”与“东京医学校”在明治维新期间合并改制而成，初设法学、理学、文学、医学四个学部和一所大学预备学校，是日本第一所国立综合性大学，其部分科系最早可以溯源到灵元天皇时期;学校于1886年更名为“帝国大学”，这也是日本建立的第一所帝国大学；1897 年，其易名为“东京帝国大学”；1947 年 9 月，正式定名为“东京大学”。东京大学本科教育的一个重要特色是前两年不分专业，专注于基础课程教育，为以后的专业学习打下坚实基础；后两年致力于专业课程教育。东京大学工学部下设 16 个系、11 个附属设施（2 个研究所、9 个中心），围绕电子与信息领域主要设有情报通信工程、电气与电子工程 2 个专业系。

情报通信工程系旨在培养能够在计算机/信息处理（硬件和软件）、信息网络、通信系统、信号处理和媒体技术领域创造新技术的人才。从硬件与软件、信息与通信两个维度对院系现有研究方向进行划分：在硬件维度上，主要研究半导体以及集成电路等方向；在软件维度上，通信方面主要研究计算机网络等方向，信息方面主要研究高性能计算以及人工智能应用等方向。

电气与电子工程系旨在培养电气电子专门人才，利用电力、电子和对社会问题、工业问题和价值创造的广泛接触，开展领先的学术研究，并为各种现实问题提供解决方案。电气与电子工程系设有电气电子工学和融合情报学两个大方向：电气电子工学主要以电磁学和电路为主要研究内容，涉及物理、生物、环境等多个领域；融合情报学则是在电气电子工学和情报通信的基础上，为了打破硬件和软件之间的细分化而设立的课程方向。

2. 京都大学

京都大学（きょうとだいがく　京都大學）是日本文部科学省“超级国际化大学计划”A 类顶尖名校，指定国立大学、学术研究恳谈会、旧帝国大学、东亚研究型大学协会成员。作为一所百年世界名校，京都大学起源于 1861 年（文久元年），二战后正式更名为“京都大学”，2004 年改组为国立大学法人京都大学。作为日本最高学府之一，京都大学在全球享有极高的声誉，在日本被誉为“科学家的摇篮”。截至 2020 年，共有 19 位诺贝尔奖得主与京都大学存在某种程度的关联，其中校友和教授共 11 位，位列亚洲第一。世界上第一位黄种人诺贝尔奖得主汤川秀树亦为该校教授。京都大学工程学院下设 6 个系，围绕电子与信息领域主要设有电气电子工程系、情报系 2 个专业系。

（1）电气电子工程系旨在培养能源、通信、信息、电子和系统控制等各个领域工程师和研究人员。电气和电子工程系的第一至第二学年开展包括数学、物理、电磁学、电路、电子电路、半导体工程、计算机和信息处理在内的基础课程学习，在第三至第四学年区分领域分别设置专业科目，比如：在电能方面，主要学习电力电子学、电机和发电机等能量转换装置和逆变器、超导现象及其应用、放电现象、电磁场分析方法以及大型电力系统的分析和设计等；在系统控制方面，主要学习网络理论、系统优化理论、自动控制理论、混沌等非线性现象分析方法、数字控制、智能系统等；在通信网络方面，主要学习信息理论、通信系统、信息传输工程、信息通信网络的机制和光通信工程等；在计算机方面，主要学习计算机硬件结构、计算机软件、计算机系统、数字信息处理、图像处理等应用、可视化应用等。

（2）情报系旨在培养成为信息社会核心的工程师和研究人员，以数学和物理为基础，将信息学的理论与实践有机地结合起来，培养学生认知未知问题的物理结构并将其应用于实际问题的能力,以及使用先进技术设计和利用先进信息系统的能力。学生主要学习信息与通信理论、计算理论、逻辑电路设计、计算算法的设计与分析、计算机软硬件构成原理与各种技术、计算机语言、语音图像信息处理、人工智能与知识工程、计算机网络、信息系统及其构建方法、媒体处理与各种应用等内容。

3. 东京工业大学

东京工业大学(とうきょうこうぎょうだいがく　東京工業大学),是一所专攻工程技术与自然科学的日本顶尖、世界一流的研究型理工大学,是日本“超级国际化大学计划”A类顶尖名校,也是日本八所大学工学系联合会、学术研究悬谈会、东亚研究型大学协会等学术组织的重要成员。东京工业大学在学术研究和教育教学方面不仅在日本国内,在国外也享有极高的盛誉,被誉为“理工科综合大学的领跑者”,并在拥有强大的科学技术基础上,力图超越传统的科学框架。东京工业大学成立于1881年(明治14年),前身为东京工学院,在关东大地震后于1929年升格为东京工业大学。按照“世界上最好的科学与工程大学”的长期目标,东京工业大学主要培养能够在科技领域发挥积极作用的人才,提供能够解决全球问题、为社会做出贡献的研究成果。东京工业大学工程学院下设5个系,围绕电子与信息领域主要设有电气电子系、情报通信系2个系。

(1)电气电子系旨在培养能够支持电气和电子相关领域发展并推动研发的原创工程师和研究人员。在电力、通信、电路、信号处理、材料和设备等电气电子工程领域,主要学习电磁学、电路系统、应用数学等基本理论,学习通信、电力、电路、物理和设备制造等专业科目知识。

(2)情报通信系旨在培养能够在信息与通信工程领域和行业政策领域提供专业知识支持、具有领导才能的工程师和研究人员。围绕开展基础技术研究和应用系统开发、支持持续先进的信息通信社会发展的需要,主要学习从通信集成电路技术到大规模网络系统的领域知识,内容包括移动电话和互联网通信网络、计算机硬件和软件设计等方面。

(五)韩国电子通信技术重点院校

1. 韩国科学技术院

韩国科学技术院(한국과학기술원)是在韩国政府通过科学技术实现经济发展的目标下,于1971年成立的韩国国内第一个以研究为中心的理工科特殊研究生院。政府决定制订科学技术院设立和运营特别法。韩国科学技术院培养具有深博理论和应用能力的科技人才,开展科技创新基础研究、融合研究。通过产学研合作,为创造新价值做出贡献,引领国家经济发展,其教育、研究和创新将进一步推动韩国的经济发展和科学水平的提升。

韩国科学技术院设有自然科学学院、生命科技学院、技术学院、人文社会融合科学学院、商学院、融合人才学院、IT学院等。其中,技术学院设有电气与电子工程学院、计算机学院、工业与系统工程系、AI研究生院等。

韩国科学技术院的研究院目前由六个学科实验室组成:生物融合实验室、IT融合实验室、机器人实验室、纳米融合实验室、健康科学实验室和人工智能实验室,以及三个研究中心,包括I-Space、索迪·阿拉姆科-KAIST CO2管理中心和FIRIC,用于分析第四次工业革命期间的主要政策和技术趋势。

韩国科学技术院还有150个研究组织,与电子通信相关的有半导体设计培训中心、半导体系统设计应用研究中心、无人安全机器人研究中心、机械智能和机器人多机构支持研究组、KAIST-三星电子产学合作中心、先进制造职能创新中心、超智能通信/计算融合研究中心、存储研究中心、人工智能半导体系统研究中心等。

2. 国立首尔大学计算机工学系

国立首尔大学计算机工学系(국립서울대학교컴퓨터공학부)的历史始于1963年应用数学系的成立。1975年3月,自然科学学院计算统计系成立。计算统计系在两年后的1977年3月,将硕士课程分为计算科学专业和统计专业。1978年12月,技术学院电子计算系成立。1979年1月更名为电子计算器工程系,1980年3月成立研究生院。1989年3月,该系更名为理工学院计算机工学系。1977年,自然科学大学计算统计系的硕士课程被分为计算科学专业和统计专业。2000年,在"工科大学计算机工程系"和"自然科学学院计算科学专业"合并后,更名为计算机工学系,并一直延续至今。

国立首尔大学计算机工学系本科课程强调,计算机领域的教学和研究内容需要基于工程和科学基础知识的逻辑推理和独创性思维能力。由于计算机软件和硬件有着非常密切的有机联系,因此,在硬件和软件方面,注重共同学习专业知识,并在此基础上获得计算机结构、操作系统、数据库、编程语言、计算机通信、计算机使用设计、人工智能、算法、自然语言处理、多媒体系统、对象导向系统、分布式系统、实时系统等专业知识,并开展新的理论建立和实验研究。

计算机产业作为代表性的技术和人才密集型产业,被韩国政府指定为国策产业之一,在国家层面得到支持和培育。新的计算机技术正在推动整个行业的发展,包括开发引领未来的人工智能技术、开发高性能计算机、开发下一代互联网和通信技术以及人类友好的智能软件技术。因此,工业界对计算机高级专业人员的需求急剧增加,国立首尔大学计算机工学系努力成为高级计算机技术研究和人才培养的中心。

3. 国立首尔科技大学

国立首尔科技大学(국립서울과학기술대학교)成立于1910年,是一所大型国立综合大学,在由韩国产业通商资源部、韩国产业技术振兴院和工科教育创新协会主办的2015年工科教育杯中荣获"年度大学"第1名,在全国65所高校中被评选为最佳工科教育学院。

电气和信息工程(EIE)是首尔国立科技大学最活跃的系之一。EIE为电气工程师提供本科和研究生学习课程,为电力电子、自动控制、机器人、半导体、信号处理、电信和嵌入式系统等众多领域的发展提供领导力。针对当前行业需求,EIE 提供可再生能源、显示设备、软件系统和生物技术课程。

电子和 IT 媒体工程部的成立旨在培养创新人才,引领下一代成熟的 IT 行业,这是电子信息工程和 IT 媒体工程部门有效整合的结果。IT 行业从根本上改变了现代社会的方方面面,特别是在电子、电信、广播、多媒体等领域。互联网和其他技术的融合使现代社会向一个新时代转变,为了有效满足现代工业的各种要求,电子与 IT 媒体工程系的课程将从电子工程和 IT 媒体工程要领的要点细化基础开始,为每个专业提供各自领域的深入课程。电子和 IT 媒体工程部的目标不仅在于培养发展领域高素质的人才,也是为了培养先进的研发行业。

三、代表人物

1. 戴维·福尼

戴维·福尼(G. David Forney, Jr.)于 1940 年 3 月 6 日出生于纽约州纽约市。他于 1961 年以优异的成绩获得普林斯顿大学电气工程学士学位,并于 1963 年和 1965 年分别获得麻省理工学院电气工程硕士和理学博士学位。

因在编码、调制、数据通信调制解调器方面的独创性贡献,于 1970 年获得 IEEE 信息理论团体奖论文奖、1972 年获得 IEEE Browder J. Thompson 纪念奖、1984 年获得 IEEE 百年奖、1990 年和 2009 年获得 IEEE Donald G. Fink 奖、1992 年获得 IEEE Edison 奖,以及 2016 年获得 IEEE 荣誉勋章。1973 年,他被选为 IEEE 研究员,1983 年,他被选为美国国家工程院院士。

2. 米莉·德雷斯尔豪斯

米莉·德雷斯尔豪斯(Mildred S. Dresselhaus)1930 年 11 月 11 日生于美国纽约,曾任职于享有世界最高学府、理工科圣地之称的美国麻省理工学院。为美国科学院院士、美国工程院院士、美国艺术科学院院士。被誉为麻省理工学院的最高荣誉——“镇院教授”(institute professor)。德雷斯尔豪斯教授以 80 岁高龄仍然同时任职于麻省理工学院物理学系、电子工程学与计算机工程学系。其先后同时担任了美国科学促进会(American Association for the Advancement of Science)主席、美国科学院(US National Academy of Sciences)财政总长、美国物理学会(American Physical Society)主席、美国能源部(US Department of Energy)科技主任。

3. 欧文·雅各布斯

欧文·雅各布斯(Irwin Mark Jacobs)1933 年 10 月 18 日出生于马萨诸塞州的新贝德福德。美国高通(Qualcomm)公司创始人之一、前董事长,是码分多址(CDMA)数字无线技术的先驱,拥有 14 项 CDMA 专利,现已退休。其子保罗·雅各布(Paul E. Jacobs)已接任高通董事长一职。

欧文 1956 年获得康奈尔大学电气工程系（EE）学士学位，1959 年获得麻省理工学院（MIT）电气工程博士。1959 年博士毕业后，雅各布斯在麻省理工学院中担任助手和电子工程系助理教授。在麻省理工学院工作中，雅各布斯与他人合作完成了一本关于数字通信原理的教科书，并于 1965 年出版，直至今日，该书仍被许多专业人士使用。1966—1972 年，雅各布斯在加利福尼亚大学圣迭戈分校（UCSD）担任计算机科学和工程教授。

4. 亚历山大·斯捷潘诺维奇·波波夫

亚历山大·斯捷潘诺维奇·波波夫（Александр Степанович Попов；Alexander Stepanovich Popov），俄国著名物理学家、发明家，无线电通信的奠基人之一，天线的发明人，电磁波研究的先驱。1889 年，波波夫成功地重复了赫兹的实验。在一次公开的讲演中，他提出了可以用电磁波进行无线电通信的设想。1894 年，波波夫制成了一台无线电接收机，他第一次在接收机上使用了天线，这也是世界上的第一根天线。1895 年 5 月 7 日，波波夫设计了世界上第一台无线电接收机，为无线电的运用奠定了基础。50 年后，取代沙皇俄国的苏联政府将 5 月 7 日定为“无线电节”，沿用至今。1896 年 3 月 24 日，俄国物理化学协会年会上，波波夫正式进行无线电传播莫尔斯电报的表演。在海军的配合下，波波夫于 1899 年实现了无线电 50 千米远通信的目标，此举意味着无线电完全可以运用到战争中。1901 年，他研发的无线电收发两用机，成功运用于陆军。

1906 年 1 月 16 日，波波夫因脑出血突发而去世，享年 47 岁。由于诺贝尔奖奖金只发给活着的科学家，波波夫没有获得这个荣誉。

5. 帕维尔·希林

帕维尔·希林（Павел Шиллинг；Pavel Shilling），俄罗斯电气工程科学家，出生于 1786 年。1828 年，希林使用沿着两个位置之间拉伸的电线传递的电流推出了他的第一个原型电报。1832 年，希林在公寓的两个不同房间的两个电报之间进行了短距离传输。这是一种使用电力远距离传输信息的装置。发送方使用不同强度和方向的电流发送信号，接收方使用特殊表对其进行解密。他是第一个实施信号传输二进制系统的人。席克宁展示了他在圣彼得堡的沙皇的电报模型。1835 年，希林在波恩的科学家大会上进行展示。1836 年，英国政府试图购买希林的设计，但希林向俄罗斯提供了它。希林的模型在一个 5 公里的实验地上测试了一些在圣彼得堡的海军部建筑物周围铺设的水下电缆，并被批准测试在彼得霍夫皇宫之间的电报和喀琅施塔得的海军基地。

1837 年，希林去世。他的发明由英国物理学家进行改进，之后在世界各地建立电报站。希林保证了全球的通信，并为无线电、电话和移动通信奠定了基础。

6. 鲍里斯·雅可比

鲍里斯·雅可比（Борис Якоби；Boris Jakobi），1801 年出生在德国波茨坦一个富裕的犹太家庭，他的父亲是普鲁士国王的私人会计，犹太银行家西蒙·雅可比。弟弟是德国著名数学家卡尔·雅可比。1834 年,雅可比在科尼格斯堡(现在的加里宁格勒)发明了世界上第一个电动机。后来,他接受尼古拉一世的邀请,前往俄罗斯发展。1837 年,鲍里斯·雅可比移居俄罗斯圣彼得堡,并一直生活在那里。在圣彼得堡,他被视为上宾,备受尊重。他一到就被分配了 5 万卢布(当年相当于 10 个部长一年的工资)用于开发。雅可比没有让人失望,一年后他就取得了重大的成功——发明了电镀技术。1841 年,雅可比为俄国沙皇制作了一个电传打字机:尼古拉一世可以在他的冬宫办公室,与隔着广场另一侧建筑里的官员交流。因为鲍里斯·雅可比的巨大贡献,他被沙皇授予贵族头衔。1874 年,鲍里期·雅可比在圣彼得堡去世。

7. 德米特里·布尔科夫

德米特里·布尔科夫(Дмитрий Бурков;Dmitry Burkov),出生于 1960 年 4 月 12 日,早在学生时期就已经从事网络研究。20 世纪 80 年代后期和他人共同创办了 Demos,这是俄罗斯最早的互联网服务提供商(ISP),是名副其实的互联网先驱性人物。后来曾担任俄罗斯最古老的 ISP 之一 Relcom 的董事。1995 年,他参与创建了俄罗斯第一个互联网流量交换中心 MSK-IX(Moscow Internet Exchange)。他还为俄罗斯顶级域名.RU 和.РФ 的发展做出了重要贡献。德米特里·布尔科夫还与俄罗斯最重要的几家电信运营商(Comstar、Rostelecom 和 RTComm)有着深度的合作关系,被誉为"俄罗斯互联网之父"。

8. 亚伯兰·约飞

亚伯兰·约飞(Абрам Иоффе;Abram Ioffe),苏联物理学家。苏联电子工程和高级物理奠基人。1880 年 10 月 29 日生于俄国波尔塔瓦省,1960 年 10 月 14 日在列宁格勒逝世,俄罗斯科学院约飞物理技术研究所的奠基人和首任所长。约飞 1902 年毕业于圣彼得堡工业院。他本人在超硬、合金和电子导体等领域做出了重大贡献。1920 年当选为俄罗斯科学院院士,1955 年获得苏联社会主义劳动英雄称号。约飞前半生在资本主义社会学习和实践,而后半生在社会主义时期从事科学研究和行政管理。他的工作在十月革命后得到了列宁的重视,之后也受到苏联历届领导人的关心。由于他和他所建立的研究所的巨大影响和当时苏联科学发展的需要,该所派生出了 20 多个研究所,如半导体技术物理所、晶体所等,包含有量子金属、电子材料、光电子、纤维电子、光子和量子反应理论等研究室。

约飞毕生致力于固体物理的研究,他在慕尼黑时期除了完成关于研究石英的博士论文外,还做了电解质的导电机制和晶体强度方面的工作,这些都是当时亟待解决的问题。20 世纪 30 年代初,他就指出半导体材料是电子技术的新材料,他和 Я. И. 夫伦克耳在半导体的导电性的研究中提出阻挡层的概念,他对有关半导体中的两种载流子和它们的迁移率的研究开辟了人们对 N 型和 P 型半导体的研究方向。他从开发新能源着眼,研究半导体的光电转换以及半导体制冷,这些在当时都是开创性的工作。

9. 天野浩

天野浩(Hiroshi Amano;あまの ひろし),1960 年生于日本静冈县滨松市,博士学位,

毕业于名古屋大学，是日本的电子工程学专家，诺贝尔物理学奖得主。现任名古屋大学电气电子情报工学科教授，名古屋大学未来材料系统研究所附属未来电子学集成研究中心总负责人，外籍中国工程院院士。2014 年，时任名古屋大学教授的天野浩，因"发明高亮度蓝色发光二极管"，与赤崎勇共同获得了 2014 年诺贝尔物理学奖。

10. 末松安晴

末松安晴（Yasuharu Suematsu；すえまつ やすはる），1940 年出生，东京工业大学荣誉教授，是日本著名的光通信技术专家，20 世纪 60 年代开始研究光通信技术，1981 年开发出了即使用于长途通信损耗也很小的稳定的半导体激光，为实现大陆间的大容量光纤通信作出了贡献，也建立了互联网等信息技术的基础。2014 年，由于开发出了对于大容量长距离光纤通信所不可或缺的半导体激光，末松安晴获得电子、信息、通信领域"日本国际奖"。

11. 吉田进

吉田进（Susumu Yosida；よしだ すすみ），京都大学教授，曾任日本电子信息通信学会会长、日本学术会议会员。目前担任第五代移动推进论坛会长、日本总务省电波监理审议会会长等职，是日本信息通信领域权威人物。

12. 杉浦孔明

杉浦孔明（Koumei Sugiura；すぎうら こうめい），京都大学信息工程学博士，日本国立研究院信息通信研究所主任研究员，现任 RoboCup Federation 理事，京都大学、同志社大学特任讲师，玉川大学特别研究员，是日本智能语音领域的国宝级人物，研究智能语音的发展和未来、无人驾驶技术在未来的实际应用等问题。

13. 让・皮埃尔

让・皮埃尔（Jean-Pierre Talpin）是 INRIA（Institut National de Recherche en Informatique et en Automatique）法国国家信息与自动化研究所的高级研究员。他毕业于巴黎六大学，并在巴黎矿业学院获得博士学位。让・皮埃尔在慕尼黑的欧洲计算机工业研究中心工作了 3 年，并加入了国际计算机工业协会。2000—2012 年，他领导 INRIA 项目团队 ESPresso，目前是 INRIA 项目团队 TEA 的主席（TEA 的含义是"时间、事件和架构"。TEA 感兴趣的是正式模拟网络物理系统的时效并发性和组合，并开发工具，使用逻辑、类型和验证理论支持模块化系统验证）。让・皮埃尔获 2004 年 ACM SIGPLAN 奖和 2012 年 ACM-IEEE LICS 时间测试奖。

14. 纳夫内特・达拉尔

纳夫内特・达拉尔（Navneet Dalal）是 INRIA 的研究员。他首次提出了 HOG 方法。这篇文章被发表在 2005 年的 IEEE CVPR 上。他们主要是将这种方法应用在静态图像中的行人检测上，但在后来，他们也将其应用在电影和视频中的行人检测，以及静态图像中的车辆和常见动物的检测，目前已经是图像处理方面的经典算法，单篇论文被引用次数达到 2.9 万次。

15. **西蒙·德莱奥尼布斯**

西蒙·德莱奥尼布斯(Simon Deleonibus)博士曾任法国原子能委员会电子与信息技术实验室硅技术器件研究中心首席科学家,2016 年 1 月退休,现任 IEEE EDS(英语:Institut of Electrical and Electronics Engineers ;法语:Institut des ingénieurs électriciens et éléctroniciens)电气电子工程师学会秘书及第 8 区主席,对纳米级 CMOS 器件和工艺技术做出贡献和引导,他所发明的接触插头原理成为半导体产业在互连过程中广泛使用的标准。

第三节 电子通信技术学术交流

一、学术期刊

1.《**IEEE 通讯杂志**》

《IEEE 通讯杂志》(*IEEE Communications Magazine*),由电气与电子工程师协会(IEEE)出版并管理,是自 1979 年开始发行的月刊,提供通信各方面的及时信息:每月专题文章描述技术、系统、服务、市场趋势、开发方法、监管和政策问题以及重大全球事件。国际刊号:ISSN 0163-6804。

2.《**IEEE 网络**》

《IEEE 网络》(*IEEE Network*),是由 IEEE 出版管理的双月刊,其内容涵盖:网络协议和架构;方案设计与验证;通信软件及其开发与测试;网络控制和信号;网络管理;实际网络实施,包括局域网(LAN)、城域网(MAN)和广域网(WAN);集成(语音/数据)网络和网络组件中的交换和处理等。国际刊号:ISSN 0890-8044。

3.《**IEEE 无线通信**》

《IEEE 无线通信》(*IEEE Wireless Communications*),是由 IEEE 出版管理的双月刊,旨在服务通信和网络领域。它涵盖了与所有媒体(以及媒体组合)和所有协议层的个性化、位置独立通信相关的技术和政策问题。包括有线和无线通信、计算、通信设备和个人服务。该期刊能够提供高质量文章,涉及个人、位置独立通信和计算领域的革命性技术进步。国际刊号:ISSN 1536-1284。

4.《**IEEE 通信领域杂志**》

《IEEE 通信领域杂志》(*IEEE Journal on Selected Areas in Communications*,简称 JSAC),是由 IEEE 于 1983 年出版发行并管理的月刊,论文涵盖整个通信和网络领域,包括:无线

通信网络的网络编码、医疗保健的无线通信、网络基础设施配置、人体局域网的技术及应用、水下无线通信网络、通信系统中的博弈论等。国际刊号：ISSN 0733-8716。

5.《俄罗斯电气工程》

《俄罗斯电气工程》(*Russian Electrical Engineering*)，是为电气工程行业设计，出版该行业相关的新型设备的设计利用以及提高现有设备运行效率方式的最新研究成果。该期刊为同行评审期刊，使用单个盲对等审查格式。审稿人团队包括来自14个国家(塞尔维亚、丹麦、罗马尼亚、土耳其、波兰、日本、荷兰、德国、美国、中国、阿尔及利亚、保加利亚、乌克兰、俄罗斯)的50多个专家。国际刊号：ISSN 1068-3712。

6.《俄罗斯工程研究》

《俄罗斯工程研究》(*Russian Engineering Research*)，是俄罗斯机械和生产工程行业最有历史的期刊，涵盖了机械工程、新技术和机器设计工具的不同分支机构发展等内容。尤其关注生产线布局、工业机器、质量控制和工艺工程、机器组件的运动分析，以及计算机化的综合制造系统等方面的研究。该期刊为同行评审期刊，使用单个盲对等审查格式。采用订阅式的出版模式。国际刊号：ISSN 1934-8088(电子)，ISSN 1068-798X(印刷)。

7.《日本的电子与通信》

《日本的电子与通信》(*Electr Commun Jpn /Electronics and Communications in Japan*，简称ECJ)，由日本电气工程师学会(IEEJ)主办，由Wiley-Blackwell(全文电子)出版或管理，SCI源刊。该期刊是日本电气工程师学会(IEEJ)的学术论文期刊之一，分多个独立卷出版，每年出版12期。ECJ的目标是在高度多样化和复杂的电气和电子工程领域以及相关学科提供世界级的研究，重点是电子电路、控制和通信。该期刊重点关注电子理论和电路、控制理论、通信、密码学、机器人、传感器和执行器、微型机械、图像分析和信号分析等领域。国际刊号：ISSN 1942-9533。

8.《日本电气工程》

《日本电气工程》(*Electrical and Electronic Engineering in Japan*，简称EEJ)，由日本电气工程师学会(IEEJ)主办，SCI源刊。该期刊是《日本电气工程师学会会刊》的译本，每年出版16期，主要介绍电气工程的原始研究成果，特别关注电力的科学、技术和应用，如发电、输电和转换，电气铁路(包括磁悬浮装置)，电机，开关，电力经济学。国际刊号：ISSN 0424-7760。

9.《信息处理杂志》

《信息处理杂志》(*Journal of Information Processing*)，由日本信息处理学会(IPSJ)创办于1992年，该期刊是日本信息处理学会的官方会刊，每年聚焦信息科学领域前沿技术出版专辑。该期刊重点关注信息基础设施建设、信息安全与防护、移动通信、人工智能、文本识别、语言处理、图像分析、传感器等领域。国际刊号：ISSN 1882-6652。

10.《韩国通信学会论文杂志》

《韩国通信学会论文杂志》(*The Journal of Korean Institute of Communications and Information Sciences*,简称 J-KICS),是由韩国通信学会(KICS)自 1976 年发行的月刊杂志,是韩国信息通信领域历史最悠久的国文-英文混合论文。目前,该论文杂志每年出版 400 多篇论文,分为一般性论文(通信理论和系统/网络以及服务/融合技术/实施论文)和专题论文。国际刊号:ISSN 2287-3880(电子),ISSN 1226-4717(印刷)。

11.《半导体技术与科学》

《半导体技术与科学》(*Journal of Semiconductor Technology and Science*),是由韩国大韩电子工学会发行的双月学术期刊。于 2001 年创刊至今,国际刊号:ISSN 1598-1657(印刷),ISSN 2233-4866(电子),收录于 KCI、SCIE、SCOPUS。

12.《电力电子学杂志》

《电力电子学杂志》(*Journal of Power Electronic*,简称 JPE),是由韩国电力电子学会每月发行一次的学术期刊。从 2001 年创刊至今,收录于 KCI、SCIE、SCOPUS。《电力电子学杂志》发表具有高技术水平、实践与理论相适应的论文。它涵盖了电力电子领域的各种应用和设备。范围包括以下内容:低功率转换器、大功率转换器、电机驱动器、电网和电力质量、能源管理系统、设备与组件、消费电力电子、新兴电力电子等。每份手稿将由至少两名专门从事电力电子领域的匿名评论者进行同行评审。JPE 评论员由 JPE 编辑委员会根据他们在电力电子领域的职业和贡献进行选择。有关手稿准备和研究道德规范的更多详细信息,请访问 https://jpels. org/。国际刊号:ISSN 1598-2092。

13.《电气工程与技术杂志》

《电气工程与技术杂志》(*Journal of Electrical Engineering & Technology*,简称 JEET),是韩国电气工程师学会(KIEE)每两个月出版一期的期刊,于 2006 年 3 月出版第一期,该杂志的出版范围包括电气工程和技术领域的问题。其中包括电力工程、电气机械和能量转换系统、电物理和应用、信息和控制以及电气设施的技术。基于新方法实施的论文、与五个范围相关具有创造性和创新性的电气工程特别受欢迎,但不限于上述主题。《电气工程与技术杂志》出版物严格遵守 KIEE(http://www. kiee. or. kr)的一般研究道德规范。所有论文都将由至少三名独立审查员审查,所有接受论文的作者都必须接受版权转让。

二、学术会议

1. 通信国际会议

IEEE 通信国际会议(IEEE International Conference on Communications,简称 IEEE ICC)是 IEEE 通信协会的两个旗舰会议(ICC 和 GLOBECOM)之一。每年,来自 70 多个国家的近 2 000 名与会者参加 IEEE ICC,会议包括主题演讲会、技术论文会议、创新教程和研讨会，以及参与行业会议。这项为期 5 天的活动吸引了来自行业和学术界的观众，了解通信和网络技术的最新研究和创新，分享想法和最佳实践，并就未来项目进行合作。

2. 全球电信会议

IEEE 全球电信会议（IEEE Global Telecommunications Conference，简称 GLOBECOM）是 IEEE 通信协会另一个旗舰会议，致力于推动通信行业全方面创新。每年都会有 3 000 多名科研人员及其管理层在年会上提交项目会议的提案。经过同行评审，会议会遴选出最佳提案，其中包括专门为推进技术而设计的技术论文、教程、研讨会、行业会议，以及为所有用户提供前所未有的高速、无缝和经济高效的全球电信服务的系统和基础设施。

3. ACM 移动计算和网络国际会议

ACM 移动计算和网络国际会议（ACM International Conference on Mobile Computing and Networking，简称 ACM MobiCom）由 ACM SIGMOBILE 赞助，致力于解决移动计算、无线和移动网络领域的问题。MobiCom 会议是解决支持移动计算机和无线网络共生的网络、系统、算法和应用程序的首要国际论坛。MobiCom 是一个高度选择性的会议，集中讨论移动计算、无线和移动网络物理层及以上的所有问题。

4. IEEE 军事通信会议

IEEE 军事通信会议（IEEE Military Communications Conference，简称 IEEE MILCOM）为高级军事和工业领袖以及杰出的研究人员提供了一个平台，用于描述多个领域协调行动背后的问题和解决方案。主题演讲、小组讨论、演讲和重点交流确保所有人都能在活动主题演讲中发言并发挥作用。政府、行业和学术界帮助定义多领域指挥和控制，参与这一重要对话、独特的会议和重要事件。

5. 俄罗斯互联网论坛

由俄罗斯电子通信协会（RAEC）主办。论坛以圆桌会议、小组讨论等形式开展。与会者将讨论人工智能、大数据、地理数据服务、数字化转型、移动营销、一般数据保护条例（GDPR）等议题。此外，论坛期间还举行展览，由俄罗斯国内外企业展出自己的产品和研究成果。据俄罗斯电子通信协会（RAEC）官方数据显示，每年有 600 余人在论坛上发表演讲。

6. 亚太通信大会

亚太通信大会（APCC）是由中国通信学会、韩国信息通信协会（KICS）、日本电子信息通信工程师协会所属通信协会（IEICE-CS）、IEEE-ComSoc 共同主办的国际学术会议，已连续召开 24 届，旨在更好地发展亚太地区的通信技术，加强国际交流与合作。会议有公开出版的论文集，全文进入 EI 检索。

7. 信息网络科学学会

由日本通信协会“NetSci 研究组”和 NOLTA 协会“复杂通信科学研究专家委员会

(CCS)”共同主办的定期研讨会,智能环境和传感器网络研究组(ASN 研究组)作为赞助加入。

8. 日本电子、信息和通信工程师学会年会规划研讨会

由日本通信协会“NetSci 研究组”、信息网络研究专家委员会(IN)、智能环境与传感器网络研究专家委员会(ASN)和 NOLTA 协会“复杂通信科学研究专家委员会(CCS)”共同主办的定期研讨会,主要围绕通信、网络、计算机科学和复杂系统等领域以及信息网络未来发展等问题,为顶尖研究人员提供研讨交流平台。

9. 网络科学/CCS 研讨会联合研讨会

由日本通信协会“NetSci 研究组”和 NOLTA 协会“复杂通信科学研究专家委员会(CCS)”共同主办的定期研讨会,主要为网络信息科学领域跨学科研讨提供交流平台。

10. 频率资源开发研讨会

由日本国家信息与通信技术研究所(NICT)与无线电行业协会(ARIB)共同主办,主要围绕导致这些新频率使用的无线通信技术,由产业界、学术界和政府专家就技术和标准化趋势、应用和政策发表演讲。

11. 无线技术园(WTP)展览和讲座

由国家信息与通信技术研究所主办,是日本最大的专业活动之一,活动专注于无线通信技术的研发,通过展览和研讨会展示无线领域的最新技术和最新研究成果,并创造新的业务。

12. NICT/EMC-net 研讨会

由日本国家信息与通信技术研究所主办,针对当今的信息社会中所有电气和电子设备都具有通信功能的特点,为确保个人便携式无线终端、电子设备、家用电器和电磁能源使用的“安全和保障”,围绕 EMC 技术发展开展的学术交流活动。

13. 空间 ICT 促进研讨会

由国家信息与通信技术研究所与日本宇宙航空研究开发机构主办,致力于建立一个由与卫星通信有关的公司、机构和用户广泛参与的社区,为不同领域提供一个全面讨论的场所,为空间通信技术的多方面发展做出贡献,并找到与先进的地面通信技术协调的方向。

14. 韩国信息电子通信技术学会

韩国信息电子通信技术学会成立于 2008 年 2 月 28 日,成立宗旨是为实现信息化社会,对信息通信相关技术研究、分析、应用和利用,促进国内外相关机构和团体广泛的学术交流和信息交换,使相关专业者之间拓宽专业知识,共同分享国家间的信息通信技术发展。KIIECT 定期召开学术研究讨论会和学术会议,发行学术杂志、图书及其他刊物,促进相关专家合作交流和技术共享,研究制定标准和规格,开设信息技术相关学科教育课程开发研究及培训工作,等等。

15. 韩国通信学会

韩国通信学会成立于1974年10月19日，是由260 000名会员、50个以上会员公司、8个国内支部、5个海外支部、5个协会以及30多个专门研究会共同组成的韩国国内ICT领域最大的学会。学会旨在通过开展相关领域的学术活动，促进通信科学的理论系统化和普遍化，从而促进通信领域的发展以及国家发展和国际合作。主要工作有：举办信息通信领域相关的国内外学术大会，运营信息通信及相关技术交流的研究会，出版论文集和技术信息杂志，与国内外信息通信相关团体、政府下属机关及出资研究所进行交流和合作，对优秀学术研究和技术开发进行奖励表彰，制定技术标准及规格，等等。

三、其他信息

在电子通信技术学术交流方面，除了上述学术期刊、学术会议之外，还广泛存在如博览会、展会、设立专项基金项目等多种形式，具体如下所述。

1. 俄罗斯通信与信息电子展

俄罗斯通信和信息电子展（SVIAZ ICT）是由俄罗斯国家杜马、俄罗斯联邦通信与大众传媒部、俄罗斯联邦工业和贸易部、俄罗斯联邦通信局共同主办和指导的。是俄罗斯和地区最专业、规模最大的通信与信息技术展，是世界领先的通信和网络制造商以及服务商的展示平台，迄今共举办了33届。历届展览会吸引了来自俄罗斯、韩国、日本、中国、土耳其、荷兰、新加坡、德国以及白俄罗斯、乌克兰、阿塞拜疆、亚美尼亚等国家的多家企业参展，集中展示了通信领域“高精尖”技术以及针对俄罗斯地区研发的产品和服务。

2. 与俄罗斯基础研究基金会合作交流项目

根据国家自然科学基金委员会（NSFC）与俄罗斯基础研究基金会（RFBR）双边合作协议，从2016年开始，我国国家自然科学基金委员会与俄罗斯基础研究基金会共同征集和资助合作交流项目。经过发布通告、收到申请、初步审查、与俄方核对清单等流程，确定有效申请的项目数并进行公布。

3. 日本电子通信学会优秀研究成果奖

日本电子通信学会优秀研究成果奖由日本电子信息通信学会（IEICE）的各分部在日本主办的科研奖项，主要奖励在电子、信息、通信等领域作出优秀研究成果的学生。每年由该学会按照地区分布设有的十个分部（北海道、东北、东京、信越、东海、北陆、关西、中国、四国、九州）各自评审及颁发。优秀研究成果奖作为一项兼具学术性、权威性和荣誉性的奖项，具体是由电子信息通信学会各分部的日本权威专家所组成的评审委员会，按照各分部的遴选原则，对于所属地区的大学在校生所做出的研究成果进行严格的评审之后，由各分部向做出优秀研究成果的学生进行颁发。

第四节　电子通信技术专业术语

有关电子通信技术方面的专业术语非常多，我们根据使用频率，经过筛选，给出了如下比较常用的、多语种对照的电子通信技术专业术语表，供大家学习参考。

表1：多语种对照电子通信技术专业术语表

	汉语	英语	俄语	日语	韩语	法语
1	电信	telecommunications	электросвязь	電信（でんしん）	전신	télécommunications
2	无线电技术	radio technology	радиотехника	無線通信技術（むせんつうしんぎじゅつ）	무선전신 기술	radio-électricité
3	电子学	electronics	электроника	電子工学（でんしこうがく）	전자공학	électronique
4	半导体	semiconductor	полупроведник	半導体（はんどうたい）	반도체	semi-conducteur
5	遥控	remote control	телемеханика	遠隔操作（えんかくそうさ）；リモートコントロール；リモコン	리모트 컨트롤	télécommande
6	微电子	microelectronics	микроэлектроника	マイクロエレクトロニクス	마이크로 전자	microélectronique
7	射频	radio frequency	радиочастота	無線周波数（むせんしゅうはすう）	무선주파수	radiofréquence
8	载波	carrier	несущая волна	搬送波（はんそうは）	반송파	onde porteuse
9	载波传输	carrier transmission	передача с несущей волной	搬送波伝送（はんそうはでんそう）	반송파 전송	transmission porteuse
10	载波电流	carrier current	несущий ток	搬送電流（はんそうでんりゅう）	반송파 전류	courant porteur
11	音频	audio frequency	частота голоса	オーディオ周波数（しゅうはすう）；可聴周波数（かちょうしゅうはすう）	가청 주파수	fréquence audio
12	话频	telephone frequency	телефонная частота	音声の周波数（おんせいのしゅうはすう）	전화 주파수	fréquence téléphonique

续表 1

	汉语	英语	俄语	日语	韩语	法语
13	信号	signal	сигнал	信号(しんごう)	신호	signal
14	信道	channel	канал	通信路(つうしんろ);チャネル	신호전송 통로	canal
15	信噪比	signal to noise ratio (SNR)	отношение сигнал-шум	信号対雑音比(しんごうたいざつおんひ);SN 比(エスエヌひ);信号雑音比(しんごうざつおんひ)	신호 대 잡음비	rapport signal sur bruit
16	波段	wave band	диапазон	周波数帯(しゅうはすうたい);バンド	주파수대	bandede fréquence(s)
17	噪声	noise	шум	ノイズ;雑音(雑音)	잡음	bruit
18	噪声电流	noise current	ток шумов	ノイズ電流(でんりゅう)	잡음전류	courant de bruit
19	噪声分析器	noise analyzer	анализатор шума	ノイズアナライザ	잡음분석기	analyseur de bruit
20	失真	distortion	искажение	歪み(ゆがみ);ディストーション	변조	distorsion
21	干扰	interference	помеха	妨害(ぼうがい)	교란	interférence
22	干扰波	interference wave	интерференционный волна	妨害波(ぼうがいは)	교란파	onde d'interférence
23	模拟通信	analog communication	аналоговая связь	アナログ通信(つうしん)	아날로그 통신	communication analogique
24	分贝	decibel	децибел	デシベル	데시벨	décibel
25	屏蔽	shield	экранирование	シールド;遮断(しゃだん)	차폐	blindage
26	滤波器	wave filter	волновой фильтр	ウェーブフィルター	여파기	filtre
27	陷波器	notch filter	отсасывающий фильтр	ノッチフィルター	웨이브 트랩	notch
28	脉冲频率	pulse frequency	импульсная частота	パルス周波数(しゅうはすう)	펄스 주파수	fréquence d'impulsion
29	脉冲调制	pulse modulation	импульсная модуляция	パルス制御(せいぎょ);パルス変調(へんちょう)	펄스 설정	modulation d'impulsion

续表 1

	汉语	英语	俄语	日语	韩语	法语
30	数字信号	digital signal	цифровой сигнал	デジタル信号(しんごう)	디지털신호	signal numérique
31	编码信号	coded signal	кодовый сигнал	エンコード信号(しんごう)	인코딩 신호	signal codé
32	电平	level	уровень	電気レベル(でんき)	레벨	niveau
33	电话交换机	telephone exchange	телефонный коммутатор	電話交換機(でんわこうかんき)	전화 교환기	standard
34	电话信道	telephone channel	телефонный канал	電話チャネル(でんわ)	전화 채널	canal téléphonique
35	电话总局	central telephone exchange	центральная телефонная станция	電話局(でんわきょく)	전화총국	central standard
36	电缆电视	cable TV	кабельное телевидение	ケーブルテレビ	유선 텔레비전	télevison par câble
37	电离层散射	ionospheric scattering	ионосферное отражение	電離層散乱(でんりそうさんらん)	전리층 산란	dispersion ionosphérique
38	电离层传播	ionospheric propagation	ионосферное распространение	電離層伝搬(でんりそうでんぱん)	전리층 전파	propagation ionosphérique
39	天线	antenna	антенна	アンテナ	안테나	antenne
40	接收	receive	приём	受信(じゅしん)	수신	réception
41	接收器	receiver	приёмник	受信機(じゅしんき)	수신기	récepteur
42	接收台	receiving station	приёмная станция	受信局(じゅしんきょく)	수신대	station de réception
43	频段	frequency band	частотный диапазон	周波数バンド(しゅうはすう)	주파수의 구간	bande de fréquence
44	频偏	frequency deviation	отклонение частоты	周波数偏差(しゅうはすうへんさ)	주파수의 편이	écart de fréquence
45	正交调制	quadrature modulation	квадратная модуляция	直角位相振幅変調(ちょっかくいそうしんぷくへんちょう);直交変調(ちょっこうへんちょう)	직교 진폭 변조	modulation en quadrature
46	负反馈	negative feedback	отрицательная обратная связь	負帰還(ふきかん)	네거티브 피드백	contre-réaction
47	辐射电路	radiating circuit	излучающий контур	輻射回路(ふくしゃかいろ)	방사 회로	circuit rayonnant

续表 1

	汉语	英语	俄语	日语	韩语	法语
48	辐射功率	radiant power	мощность излучения	放射束（ほうしゃそく）	방사 출력	puissance rayonnante
49	调制	modulation	модулирование	変調(へんちょう)	변조	modulation
50	通信	communication	связь	通信(つうしん)	통신	communication
51	通信工程	communication engineering	техника связи	通信工事（つうしんこうじ）	통신공학	ingénierie des communications
52	通信速度	communication speed	скорость обмена	通信速度（つうしんそくど）	통신속도	vitesse des communications
53	通信系统	communication system	система связи	通信システム（つうしん）	통신 시스템	système de communication

第二章 测绘导航

第一节　测绘导航技术发展概况

一、历史进程

测绘导航技术有着悠久的历史，最早起源于社会生产需求的测绘技术，始终随着社会的进步而向前发展。在埃及肥沃的河谷与平原上发现的证据表明，早在公元前1400年，就已有地产边界的测定等测量工作。公元前3世纪，我国古代人民已知道天然磁石的磁性，并有了某些形式的磁罗盘。公元前2世纪，司马迁在《史记·夏本纪》中叙述了禹受命治理洪水而进行测量工作的情况，所谓“左准绳，右规矩，载四时，以开九州、通九道、披丸泽、度九山”。这说明在上古时代，我国古代人民为了治水就已经会用简单的测量工具了。

测绘学的主要研究对象是地球，随着人类对地球形状认识的逐步深化，要求精确测定地球的形状和大小，从而促进了测绘学的发展。人类最早对地球的认识为天圆地方，直到公元前6世纪古希腊的毕达哥拉斯(Pythagoras)才提出地球为球形的理论，2个世纪后，亚里士多德(Aristotle)对此做了进一步论证以支持这一学说，此称地圆说。又经过1个世纪，亚历山大的埃拉托斯尼(Eratosthenes)采用在两地观测日影的方法，首次推算出地球子午圈的周长和地球的半径，证实了地圆说，这是测量地球大小“弧度测量法”的初始形式。世界上最早的实地弧度测量发生于公元8世纪，由南宫说在张遂(僧一行)的指导下于开元十二年(724年)4月23日进行了历史上第一次天文大地测量。根据测绳丈量的距离和由日影长度测得的纬度，南宫说推算出了纬度为1°的子午弧长。可惜当时使用的尺长迄今未得到确认，因此无法验证这次弧度测量结果的精度。到17世纪末，为了用地球的精确大小定量证实万有引力定律，英国的牛顿(J. Newton)和荷兰的惠更斯(C. Huy-gens)首次从力学原理提出地球是两极略扁的椭球，称为“地扁说”。18世纪中叶，法国科学院在南美洲的秘鲁和北欧的拉普兰进行弧度测量，证实了“地扁说”。

1743 年,法国的克莱洛(A. C. Clairaul)证明了重力值与地球扁率之间的数学关系,使人们对地球形状有了更进一步的认识,并且为利用地球重力的物理方法研究地球形状奠定了基础。19 世纪初,随着测量精度的提高,通过各处弧度测量结果的研究,法国的拉普拉斯(P. S. Laplace)和德国的高斯(C. F. Gauss)相继指出地球的非椭球性。1849 年,英国的斯托克司(G. G. Stokes)提出由重力测量资料确定地球形状的完整理论和实际的计算方法,称之为斯托克司理论。1873 年,利斯汀(Listing)首次提出大地水准面的概念,即与包围全球的静止海水面相重合的一个重力等位面,并以此大地水准面表示地球形状。直到 1945 年,苏联的莫洛坚斯基(Molodenskey)创立了用地面重力测量数据直接研究真实地球自然表面形状的理论,称之为莫洛坚斯基理论。因此人类对地球形状的认识经历了圆球—椭球—大地水准面—真实地球自然表面的过程。这一认识过程促进了测绘学理论和技术的发展,如距离、角度直至弧度测量技术的进步及确定地球形状理论的创立。

测绘学的主要研究成果之一是地图,地图的演变及其制作方法的进步是测绘学发展的重要标志。公元前 25 世纪至公元前 3 世纪开始出现画在或刻在陶片、铜板等材料上的地图,这些原始地图只是根据文字记述或见闻绘成的极为简单的略图,其可靠性很差。公元前 3 世纪,埃拉托斯尼最先在地图上绘制经纬线。根据我国湖南长沙的马王堆汉墓出土文物记载,公元前 168 年绘在帛上的地图有了方位和比例尺,具有一定的精度。公元 2 世纪,古希腊的托勒密(Ptolemy)在他的巨著《地理学指南》里汇集了当时已明确的有关地球的一般知识,阐述了编制地图的方法,并提出将地球曲面表示为平面的地图投影问题。

100 多年后,我国西晋的裴秀总结前人和自己的制图经验创立了“制图六体”原则,即分率、准望、道里、高下、方邪、迂直,使地图制图有了标准,提高了地图的可靠程度。16 世纪,以荷兰墨卡托(Gerhardus Mercator)的《世界地图集》和我国罗洪先的《广舆图》为代表,总结了 16 世纪以前西方和东方地图学的历史成就。从这一时期起,新的高精度测绘仪器相继发明,测绘精度大为提高,因此可以根据实地测量结果绘制国家规模的地形图。这种地形图不仅有方位和比例尺,精度较高,而且能在地图上描绘出地表形态的细节,并按不同用途将实测地形图缩制编绘成各种比例尺的地图。我国历史上首次使用这样的方法在广大国土上测绘的地形图是清初康熙年间完成的,即全国性大规模的《皇舆全览图》。这次地形图的测绘任务奠定了中国近代地图测绘的基础。从 20 世纪 50 年代开始,地图制图方法出现了巨大的变革,计算机辅助地图制图的研究经历了原理探讨、设备研制、软件设计,到 70 年代已由实验试用阶段发展到较广泛的应用。这不仅使地图制图的精度和速度有了很大的提高,而且地图制图理论不断丰富。进入 80 年代,开始应用一些高速度、高精度新型机助制图设备,并研究机助制图软件建立地图数据库,由单一的机助制图系统发展为多功能、多用途的综合性地图信息系统。

测绘学获取观测数据的工具是测量仪器,测绘学的形成和发展在很大程度上依赖测绘方法和测绘仪器的创造和变革。17 世纪前使用简单的工具,如中国的绳尺、步弓、矩尺等,以测距为主。17 世纪初发明了望远镜。1617 年,荷兰的斯涅耳(W. Snen)首创三角测量法,以代替在地面上直接测量弧长,从此测绘工作不仅量距,而且开始了角度测量。约于 1640 年,英国的加斯科因(W. Gascoigne)在望远镜透镜上加十字丝,用于精确瞄准,这是光学测绘仪器的开端。1730 年,英国西森(Sisson)制成测角用的第一台经纬仪,促进了三角测量的发展。随后陆续出现小平板仪、大平板仪以及水准仪,用于野外直接测绘地形图。16 世纪中叶起,因欧美两洲间的航海需要,许多国家相继研究海上测定经纬度,以确定船位。直到 18 世纪发明了时钟,有关经纬度的测定,尤其是经度测定方法才得到圆满解决,从此开始了大地天文学的系统研究。随着测量仪器和方法不断改进,测量数据精度的提高要求有精确的计算方法。

1806 年和 1809 年,法国的勒让德(A. M. Legendre)和德国的高斯(G. F. Gauss)分别提出了最小二乘准则,为测量平差奠定了基础。19 世纪 50 年代,法国的洛斯达(A. Laussedal)首创摄影测量方法,到 20 世纪初形成地面立体摄影测量技术。随着航空技术的发展,1915 年制造出自动连续航空摄影机,可将航摄像片在立体测图仪上加工成地形图,因而形成了航空摄影测量方法。在这一时期,又先后出现了测定重力值的摆仪和重力仪,使陆地和海洋上的重力测量工作得到迅速发展,为研究地球形状和地球重力场提供了丰富的实测重力数据。可以说,从 17 世纪末到 20 世纪中叶,主要是光学测绘仪器的发展,此时测绘学的传统理论和方法也已发展成熟。到 20 世纪 50 年代,测绘仪器又朝着电子化和自动化的方向发展,1948 年发展起来的电磁波测距仪,可精确测定远达几十千米的距离,相应地在大地测量定位方法中发展了精密导线测量和三边测量。与此同时,随着电子计算机的出现,发明了电子设备和计算机控制相结合的测绘仪器设备,如摄影测量中的解析制图仪等,使测绘工作更为简便、快速和精确。继而在 20 世纪 60 年代又出现了计算机控制的自动绘图机,用以实现地图制图的自动化。1957 年,苏联第一颗人造卫星发射成功,测绘工作从此出现了新的飞跃,发展了卫星测绘工作。卫星定位技术和遥感技术在测绘学中得到广泛应用,形成航天测绘。

1983 年初,陈芳允院士的科研团队提出利用地球静止卫星组建我国的星基快速定位与通信相结合的系统的设想;1989 年 9 月 5 日凌晨 5 点,我国科研人员在库尔勒、南宁等四地,用地面接收机接收我国在轨的通信卫星信号,进行了第一次双星定位试验,结果表明,利用双星定位可实现定位、授时、短文通信三大功能,而且定位精度比当时 GPS 的民用码精度高好几倍。基于这次试验取得的成功,同时为了满足我国各行各业,特别是国防建设对星基导航定位的迫切需求,减少对国外星基导航定位系统的依赖,我国于 1994 年1 月 10 日决定研发双星快速导航定位系统,正式将这种导航定位系统命名为北斗卫星导航系统(BeiDou)。2000 年 10 月 31 日、12 月 20 日,我国在西昌卫星发射中心,用长征 3A 火箭分别将两颗 BeiDou-1 试验卫星 BeiDou-1A、BeiDou-1B 发射升空,成功定点在地球静止轨道(GEO, geostationaryearth orbit)140°E、80°E 处,这两颗 GEO 卫星成功定点后,标志着 BeiDou-1 可以为我国用户提供导航定位服务;2003 年 5 月 24 日,在西昌卫星发射中心,长征 3A 火箭将一颗 BeiDou-1 试验卫星 BeiDou-1C 发射升空,成功定点在 110.5°E 处,作为 BeiDou-1 的第一颗备用星;2003 年 12 月 25 日,BeiDou-1 正式开通,向国内用户提供 PNT 服务;2007 年 2 月 3 日,西昌卫星发射中心用长征 3A 火箭将一颗 BeiDou-1 试验卫星 BeiDou-1D 发射升空,成功定点在 86°E 处,作为 BeiDou-1 的第二颗备用星。

BeiDou-1 的建成,打破了国外卫星导航系统一统天下的局面,实现了我国卫星导航系统从无到有的历史性突破。但 BeiDou-1 采用静止轨道卫星作为转发卫星,需要用户端发送定位申请到地面控制中心进行定位数据处理,经过地面控制中心处理数据后,地面控制中心将用户的坐标发送给用户。这种定位方式的缺点非常明显:①用户终端不仅需要接收卫星的信息,还需要发送定位请求信息,增加了用户端设备硬件;②由于需要用户发送定位请求,这样很容易暴露用户所在位置,不能满足军事设备的保密要求;③从用户发送定位请求到用户接收到定位信息,有一定的时间延迟,满足不了高动态即时用户的需求;④由于通信容量的限制,用户数量也受到一定的限制。为了解决 BeiDou-1 存在的这些问题,2004 年我国启动了 BeiDou-2 工程,经过 8 年艰苦卓绝的工作,我国于 2012 年 12 月 27 日正式开通 BeiDou-2,向中国及中国周边地区提供连续的 PNT 服务。BeiDou-3 的定位原理与 BeiDou-2 一致,只是 BeiDou-3 的导航定位卫星较 BeiDou-2 的导航定位卫星多。其导航卫星的星座结构与 BeiDou-2 的星座结构类似,仍然采用 3 种不同轨道的卫星进行定位。BeiDou-3 采用 3 颗 GEO 卫星、3 颗 IGS 卫星和 24 颗 MEO 卫星共同组成全球系统导航星座。BeiDou-3 的这 30 颗可用卫星,加上 BeiDou-2 目前仍然在轨运行的 5 颗GEO 卫星、5 颗 IGSO 卫星及 5 颗 MEO 卫星,在轨为用户提供服务的卫星数量达到 45 颗,在全球多个国家和地区,用户接收到的 BeiDou 卫星信号已经超过了 GPS 卫星信号数量,尤其是在亚太地区,BeiDou 卫星的可见卫星数量是 GPS 卫星可见数量的两倍左右。

为了能够为用户提供全天候、全天时的导航定位服务,从 20 世纪 70 年代中期起,苏联就开始研究格洛纳斯卫星导航系统(Global Navigation Satellite System,GLONASS)的建设方案,1982 年 10 月 12 日,苏联发射了第一颗 GLONASS 导航卫星,到 1996 年初,建成了由 24 颗第一代 GLONASS 导航卫星组成的 GNSS,可以在全球范围为苏联军方提供全天时、全天候的导航定位服务。1991 年 12 月 25 日,苏联解体,俄罗斯继承了 GLONASS 的所有权。由于第一代 GLONASS 卫星的寿命为 3 年,每年需要进行两次发射才能维持 24 颗卫星构成的完整星座。但是,受 1989 年、1999 年经济危机的影响,俄罗斯用于空间计划的资金减少了 80%。在经济危机的影响下,俄罗斯无力按照一年两次的速度发射 GLONASS 导航卫星,致使在轨的 GLONASS 导航卫星逐年减少,特别是从 1996—1999 年,俄罗斯一直未发射新的 GLONASS 导航卫星。随着第一代 GLONASS 导航卫星的 3 年寿命到期,到 2001 年,GLONASS 仅仅有 7 颗在轨卫星可以正常使用。2000 年初,在弗拉基米尔·普京(Vladimir Putin)担任俄罗斯总统期间,俄罗斯的经济开始复苏,而且普京总统本人也支持 GLONASS 的更新计划。2003 年 12 月 10 日,俄罗斯发射了新设计的第二代GLONASS导航卫星GLONASS-M,2007年5月18日,俄罗斯宣布将精度为10米的GLONASS导航信号对全世界民用用户开放。从2011年开始,GLONASS开始了现代化的工作,于2011年1月26日发射了GLONASS-K1卫星,但由于各种原因,GLONASS的现代化工作一直未按照计划如期发射现代化的导航卫星GLONASS-K2。

二、发展现状

传统测绘学由于相关理论与测量手段相对落后,使得传统测绘学发展具有很多的局限性。如各类观测都在地面作业,观测方式多为手工操作,野外作业和室内数据处理时间持续长,劳动强度大,测量精度低,并且仅限于局部范围的静态测量,从而直接导致测绘学科的应用范围和服务对象比较狭窄。随着空间技术、计算机技术和信息技术以及通信技术的发展及其在各行各业中的不断渗透和融合,测绘学这一古老的学科也焕发出新的生机,出现了以全球卫星导航系统(GNSS)、航天遥感(RS)和地理信息系统(GIS)等技术为代表的现代测绘科学技术,从而使测绘学科从理论到实践发生了根本性的变化。

(一)全球卫星导航系统

全球卫星导航系统(Global Navigation Satellite System,GNSS)利用在空间飞行的卫星不断向地面广播发送具有某种频率并加载了某些特殊定位信息的无线电信号,从而实现定位测量的目的。目前世界上正在运行的有美国的GPS(Global Positioning System)、俄罗斯的GLONASS、中国的北斗,另外欧盟的伽利略(GALILEO)正在研制中。地面用户的GPS接收机同时接收至少3颗以上卫星广播发送的无线电信号,其基本观测值是信号由卫星天线到接收机天线的传播时间,用信号传播速度将信号传播时间换算成距离,然后依据卫星在适当参考框架中的已知坐标确定用户接收机天线的坐标。按照原理,只要同步观测3颗卫星,即可交会出测站的三维坐标。空间定位技术除GNSS之外,还有激光测卫(SLR)、甚长基线干涉测量(VLBI)等。全球卫星导航定位技术的出现使得在大地测量学中又产生了解决大地测量任务的卫星大地测量方法。随着大地测量点位测定精度的日益提高,用卫星大地测量方法可以测定和研究地球的运动状态及其地球物理机制。

(二)航天遥感技术

航天遥感技术(Remote Sensing,RS)是不接触物体本身,用传感器采集目标物的电磁波信息,经处理、分析后识别目标物,揭示其几何、物理性质和相互联系及其变化规律的现代科学技术。一切物体,由于其种类及环境条件不同,因而具有反射或辐射不同波长电磁波的特性。遥感技术就是利用物体的这种电磁波特性,通过观测电磁波来判读和分析地表的目标及现象,进而达到识别物体及物体所在环境条件的技术。由于遥感技术的出现,测绘学科中又出现了航天摄影和航天测绘。前者是在航天飞行器(卫星、航天飞机、宇宙飞船)利用摄影机或其他遥感探测器(传感器)获取地球的图像资料和有关数据的技术,它是航空摄影的发展;后者则是基于航天遥感影像进行测量工作。

(三)数字地图制图技术

数字地图制图技术(Digital Cartography)是根据地图制图原理和地图编辑过程的要求,利用计算机输入、输出等设备,通过数据库技术和图形数字处理方法,实现地图数据的获取、处理、显示、存储和输出。此时地图是以数字形式存储在计算机中,称为数字地图。有了数字地图,就能生成在屏幕上显示的电子地图。数字地图制图的实现,使得地图手工生产方式逐渐被数字化地图生产所取代,节约了人力,缩短了成图周期,提高了生产效率和地图制作质量。

(四)地理信息系统技术

地理信息系统技术(Geographic Information System,GIS)是在计算机软件和硬件支持下,把各种地理信息按照空间分布及属性以一定的格式输入、存储、检索、更新、显示、制图和综合分析应用的技术。它将计算机技术与空间地理分布数据相结合,通过一系列空间操作和分析方法,为地球科学、环境科学和工程设计,乃至政府行政职能和企业经营提供有用的规划、管理和决策信息,并回答用户提出的有关问题。

(五)3S 集成技术

3S 集成技术(Integration of GPS RS and GIS technology)即 GPS、RS、GIS 技术的集成。在 3S 技术的集成中,GPS 主要用于实时、快速地提供目标的空间位置;RS 用于实时、快速地提供大面积地表物体及其环境的几何与物理信息,以及它们的各种变化;GIS 则是对多种来源时空数据(测绘和有关的地理数据)综合处理分析和应用的平台。

(六)卫星重力探测技术

卫星重力探测技术(Satellite Gravimetry)是将卫星当作地球重力场的探测器或传感器,通过对卫星轨道的受摄运动及其参数的变化或者两颗卫星之间的距离变化进行观测,据此了解和研究地球重力场的结构。

(七)虚拟现实模型技术

虚拟现实模型技术(Virtual Reality Technology)它是由计算机组成的高级人机交互系统,构成一个以视觉感受为主,包括听觉、触觉、嗅觉的可感知环境。用户戴上头盔式三维立体显示器、数据手套及立体声耳机等,可以完全沉浸在计算机制造的虚拟世界里。用户在这个环境中可以实现观察、触摸、操作、检测等试验,有身临其境之感。这里应当指出的是,现代测绘技术的发展必须基于信息高速公路(Information Super-Highway,ISH)和计算机网络技术。这两项技术和多 CPU、大容量内存、大规模存储设备的计算机系统的广泛应用,为测绘学的数字化、网络化、信息化创造了条件。目前互联网上的测绘信息已经十分丰富,人们可以通过网络浏览器查阅所需的各类测绘信息,并通过超文本和超媒体链接实现信息共享。

三、前沿趋势

随着空间科学、信息科学和计算机技术的飞速发展，测绘科学技术也进入了一个新时代。目前，国内外测绘科学技术的发展出现了下列主要趋势。

（一）关键技术1：快速高精度空间定位技术

大地测量自采用快速高精度空间定位技术，特别是GPS技术以来，逐步从静态大地测量发展到动态大地测量，作用范围从地球局部区域扩展到全球，研究对象从地球表面几何形态深入到研究地球内部物理结构及其动力学机制，传统大地测量理论和技术将产生重大变革。应用大地测量技术对地壳运动和海平面变化进行精确监测和研究，及时对因环境变化而产生的自然灾害做出精确预报将受到普遍的重视。

（二）关键技术2：数字摄影测量

摄影测量的发展经过模拟摄影测量、解析摄影测量时代，已经于20世纪90年代进入数字摄影测量时代。数字化摄影测量系统已经进入商品化的阶段；将数字摄影测量系统与地理信息系统结合，促进了测绘生产过程的数字化和自动化；利用GPS确定航摄外方位元素，从而实现无地面控制点或少地面控制点的航空摄影测量，摆脱繁重的野外控制测量工作。

（三）关键技术3：遥感影像智能化信息处理

遥感技术正朝向多种传感器、多级分辨率、多频谱、多时相的信息获取和快速实时的智能化信息处理的方向发展。利用遥感技术对大陆、海洋、大气等地球环境的变化进行长期观测和分析，已经与遥感制图、地球资源调查一样成为遥感技术的主要方向。高分辨率卫星摄影系统、高分辨率成像光谱仪、合成孔径雷达等新型传感器及其影像信息处理系统日益受到普遍重视。

（四）关键技术4：地理信息系统

地理信息系统已在某些专业得到应用并进入商品化生产的阶段，计算机技术和通信技术的迅速发展，使GIS向多样化和分布式处理迈进。在侧重信息存储、数据库建立、查询检索、统计分析和自动制图等基本功能的基础上，GIS逐步进入开发分析、评价、预测、决策支持模型以及增加智能化功能的发展阶段。GIS将各种空间信息与自然、社会、经济及其他要素相结合，用于研究局域和全球性问题。光盘存储技术、可视化技术、多媒体技术在GIS中的应用也日益引人注目。GIS、GPS、RS系统集成，满足实时、准实时要求的空间信息处理技术的广泛应用，将大大加快空间信息获取、处理与更新的速度，提高测绘生产的质量和效率，为国民经济建设与社会发展以及管理决策提供更广泛、更有效的服务支持。

（五）关键技术5：地图更新与编辑

地图学的发展呈现出多层次、多领域、多时态、多功能的特点，遥感技术、地理信息系统技术、机助制图技术与多媒体技术的发展将使地图制图学的基本理论、技术方法和手段、工艺过程发生根本性的变化。研究利用遥感技术和其他手段快速更新地图信息，实现地图内容的自动综合，以及研制实用化专题地图设计专家系统、地图自动编辑制版系统和地图信息分析应用专家系统，是当今地图制图技术发展的关键。

（六）关键技术6：海洋测绘

海洋测绘方面，海洋测绘技术发展的总趋势是高精度、全覆盖和全过程自动化。采用以卫星定位技术为核心的多手段组合定位以及用卡尔曼滤波等方法处理提高测量定位精度；研制高精度条带式测深系统、航空航天遥感测深系统等，实现海洋信息全覆盖测量；继续提高海洋测绘自动化程度，建立与海洋测量外业一体化的海洋测量数据库，与海图自动制图系统衔接，建立海图数据库，最终建立海洋测量信息系统。

（七）关键技术7：智能化测绘

如今，数字化测绘生产、服务与应用面临着数据保障实时化、信息处理自动化和服务应用知识化等一系列重大技术瓶颈，制约着测绘地理信息事业的高质量发展。在数字经济向智能经济转型升级的大背景下，数字化测绘迫切需要向智能化测绘转型。智能化测绘通过相应的技术、能力和服务，随时随地解决各行各业的实际问题，满足用户对地理信息的动态需求。智能化测绘体系的建立，将推动测绘数据获取、处理与服务的技术升级，从基于传统测量仪器的几何信息获取拓展到泛在智能传感器支撑的动态感知，从模型、算法为主的数据处理转变为以知识为引导、以算法为基础的混合型智能计算范式，从平台式数据信息服务上升为在线智能知识服务。为了切实推动智能化测绘的创新发展，我们应努力地构建智能化测绘的知识体系，加大智能化测绘技术方法的研究力度，研制智能化测绘的应用系统与仪器装备。

第二节　测绘导航技术研究实力

测绘导航技术是一个很宽泛的概念，在教学与科研领域将测绘导航技术简要归纳为若干子方向：空间大地测量与时空基准、物理大地测量与地球重力场、精密工程测量、数字摄影测量、遥感图像解译、地图制图、地理信息系统、时空大数据分析与可视化、卫星导航、惯性导航、海洋测绘等。

（1）空间大地测量与时空基准：空间大地测量技术的观测对象是各种人造地球卫星信号或河外射电源信号，各种卫星大地测量技术所获得的观测值均与卫地距向量（测站至卫星的向量）有关。卫星大地测量方法有几何法和动力法之分，在几何法中是把卫星当作高空的观测对象，并不去顾及人造地球卫星复杂的轨道运动。而动力法则须研究卫星轨道随时间变化的规律，为此须建立卫星运动模型。最精确有效、贡献最大的空间测量技术主要有：卫星激光测距、甚长基线干涉测量、卫星重力和卫星测高技术、全球卫星导航定位系统技术。

（2）物理大地测量与地球重力场：物理大地测量学也称理论大地测量学，是大地测量学的主要分支之一。研究用物理方法测定地球形状及其外部重力场的学科，又称大地重力学，是根据几何大地测量和重力测量结果研究地球形状的重力学的一个分支学科。物理大地测量学同空间技术、地球物理学和地质学等学科有着密切的联系。它为计算人造地球卫星和远程弹道导弹等空间飞行器的运行轨道，提供精确的地球形状及其外部重力场的数据；还为地球物理学和地质学提供有关地球内部构造和局部特征的信息。

（3）精密工程测量：精密工程测量是指以毫米级或更高精度进行的工程测量。从测量方案设计、实地施测到成果处理和利用的各个阶段中都要利用误差理论进行分析。除常规的测量仪器和方法外，常需设计和制造一些专用的仪器和工具。计量、激光、电子计算机、摄影测量、电子测量技术以及自动化技术等已应用于精密工程测量工作中。

（4）数字摄影测量：数字摄影测量是基于摄影测量的基本原理，从摄影测量与遥感所获取的数据中，采用数字摄影影像或数字化影像，在计算机中进行各种数值、图形和影像处理，以研究目标的几何和物理特性，从而获得各种形式的数字化产品，如数字地图、数字高程模型、数字正射影像、景观图等。

（5）遥感图像解译：遥感图像解译可以归为图像理解系统在复杂自然场景下的自动图像解释。典型的遥感图像解译系统包括三个部分：①如何统计图像中的空间关系；②面向目标的知识表达及其分布式解决方法；③基于知识的图像分割。遥感图像解译关键问题包括模式分类、图像分割、语义获取、语义标记等。

（6）地图制图：地图制图同许多学科都有联系，尤其同测量学、地理学和数学的联系更为密切。测量学给地图制图提供地面控制成果和实测地形原图。地理学为地图制图提供认识和反映地理环境及其空间分布规律的基础。地图制图学的地图投影就是以数学为工具阐明其原理和方法的；地图内容各要素选取指标已运用了数理统计和概率论的概念；计算机辅助地图制图更需要各种应用数学。此外，地图制图学还同 GIS 技术、遥感技术、物理学、化学、色彩学、美学、计算机科学等息息相关。

（7）地理信息系统：地理信息系统是一门综合性学科，结合地理学与地图学以及遥感和计算机科学，已经广泛应用在不同的领域，是用于输入、存储、查询、分析和显示地理数据的计算机系统。GIS 是一种基于计算机的工具，它可以对空间信息进行分析和处理，简而言之，是对地球上存在的现象和发生的事件进行成图和分析。GIS 技术把地图这种独特的视觉化效果和地理分析功能与一般的数据库操作（例如查询和统计分析等）集成在一起。

（8）时空大数据分析与可视化：时空数据是指具有时间元素并随时间变化而变化的

空间数据，是描述地球环境中地物要素信息的一种表达方式。这些时空数据涉及各式各样的数据，如地球环境地物要素的数量、形状、纹理、空间分布特征、内在联系及规律等的数字、文本、图形和图像等，不仅具有明显的空间分布特征，而且具有数据量庞大、非线性等特征。时空数据静态可视化，一般是以二维地图上叠加可以描述时间变化的要素，来描述时空属性数据与空间范围内的变化特征。这些用于表达时空属性数据的要素可以通过不同的符号、注记、标绘符号、统计图表等多种方式来表达，也可以将多个时间的专题地图同时展示进行对比。动态可视化可采用动态地图、三维 GIS 等多种手段展现时空数据，将时空数据在动态变化的地图或三维场景中呈现出来，可以直观生动地表示各种空间信息的变化过程。

(9)卫星导航：卫星导航是指采用导航卫星对地面、海洋、空中和空间用户进行导航定位的技术。卫星导航按测量导航参数的几何定位原理分为测角、时间测距、多普勒测速和组合法等系统，其中测角法和组合法因精度较低等原因没有实际应用。用户利用导航卫星所测得的自身地理位置坐标与其真实的地理位置坐标之差称定位误差，它是卫星导航系统最重要的性能指标。定位精度主要决定于轨道预报精度、导航参数测量精度及其几何放大系数和用户动态特性测量精度。轨道预报精度主要受地球引力场模型影响和其他轨道摄动力影响；导航参数测量精度主要受卫星和用户设备性能、信号在电离层、对流层折射和多路径等误差因素影响，它的几何放大系数由定位期间卫星与用户位置之间的几何关系图形决定；用户的动态特性测量精度是指用户在定位期间的航向、航速和天线高度测量精度。

(10)惯性导航：惯性导航是指通过测量飞行器的加速度，并自动进行积分运算，获得飞行器瞬时速度和瞬时位置数据的技术。组成惯性导航系统的设备都安装在运载体内，工作时不依赖外界信息，也不向外界辐射能量，不易受到干扰，是一种自主式导航系统。惯性导航系统通常由惯性测量装置、计算机、控制显示器等组成。惯性测量装置包括加速度计和陀螺仪，又称惯性导航组合。3 个自由度陀螺仪用来测量飞行器的三个转动运动；3 个加速度计用来测量飞行器的 3 个平移运动的加速度。计算机根据测得的加速度信号计算出飞行器的速度和位置数据。控制显示器显示各种导航参数和实现功能。

(11)海洋测绘：以海洋水体和海底为对象所进行的测量和海图编制工作统称为海洋测绘。它既是测绘科学的一个重要分支，又是一门涉及许多相关科学的综合性学科，是陆地测绘方法在海洋的应用与发展。海洋测绘的主要内容包括：海洋大地测量、海道测量、海底地形测量、海洋专题测量以及航海图、海底地形图、各种海洋专题图和海洋图集等的编制。

一、研究机构

作为当今全球发展最快的产业之一，测绘导航技术在知识经济的发展过程中处于非常重要的地位，它在世界各国的发展也呈现快速但各具特色的样貌。在近现代大部分的局部战争与地区冲突中，军事测绘导航都扮演了极其重要的角色。测绘导航事业的发展历来受到欧美各个国家重视，尤其是以美国、俄罗斯为代表的军事大国。

以美国为例，第一次世界大战和第二次世界大战期间，美军独立发展了许多测绘管理、生产单位，如陆军制图局、海军部海道测量局、空军部航空队制图厂、工兵司令部地形测绘中心、国防测绘学校等。冷战时期，为保障对苏联的导弹瞄准和城市地图需求，在国防情报局领导下，美军测绘部门以“科罗纳”卫星计划为基础，生产了无数的地图、海图、大地测量数据、打击目标数据、空中领航图等，满足了军事与情报保障需要。在国家情报组织内，1961 年，中央情报局设立了国家像片判读中心和地图制图处，拥有各类人员 1 200 名。通过提升高空飞行器图像判读能力解决了国家情报问题。1972 年，分属海陆空 3 军的测绘力量被整合为直属国防部的国防部制图局（DMA），标志着美军测绘保障进入新的发展时期。这一时期，随着高空观测技术和摄影技术的飞快进步，地理影像迅速发展起来。

20 世纪 70 年代，民用遥感卫星的出现开辟了地球研究和制图的新时代。非保密的数据经过处理后可用于分析和预测，为地理信息系统技术提供了原动力，更具现势性及可用性的影像和基于影像的地图进入军事领域成为作战规划工具。20 世纪 80 年代，美国全球卫星导航系统（GPS）进入实用，开启了简单而又可靠、精密导航的时代，价廉又便于携带的卫星接收机可以有效地提供单兵和车辆的位置，取代了作为导航工具的地图的传统职能。20 世纪 90 年代，美军参联会根据海湾战争的经验，提出对未来三军联合作战至关重要的五大能力需求，其中第一需求就是战场态势感知，而达成战场态势感知能力所需的技术主要是：先进的探测技术、全球定位技术、战场空间地理信息的模拟与显示一体化技术。为此，美军测绘部门把纸质产品向数字信息过渡，开发了覆盖全世界的、无缝连接的地形和目标点位数据库，其数据可以作成芯片或软件包供军队携带，或通过电子方式传输、更新，使得地理信息应用于武器产生了一场革命。1996 年，美国成立了国家影像与制图局（NIMA），由此开启了地图与遥感影像相结合，动态、实时或准实时的测绘保障新模式。

相对于美国，俄罗斯的测绘导航研究在苏联时期取得了长足的发展，涌现了一批优秀的测绘科学家，取得了许多举世认可的成绩。除了民用测绘之外，俄罗斯军事测绘是俄罗斯作战技术保障的主要部门之一，在世界军事测绘领域里，俄罗斯军事测绘是一支历史悠久、装备技术精良、保障体系完善的力量，曾有许多独特的创举，例如近代以来，在 1877 年俄土战争（俄罗斯与土耳其战争）中，首次将三角测量应用于炮兵阵地联测；1904—1905 年，俄罗斯首次在气球上实施空中摄影（现代航空摄影的前身）并运用于战场测绘保障准备；第二次世界大战期间，在 1941 年生产出了前线供图车 ПК-4（现代野战测绘保障车的原型）；1942 年生产出了军用地图印刷列车，该列车直接开往德国战场，在列车行进中印刷了大量地图，为苏军攻克柏林战役提供了有力保障。该列车于 2001 年改装成拥有20节车厢的军事测绘综合列车。它迄今仍是世界上独一无二的军事测绘列车,是俄罗斯军事测绘实力的象征。俄军从20世纪60年代就将计算机技术引入制图领域,20世纪70年代初建立了全苏境内大比例尺地图数据库和交互式图像处理的自动化制图系统。1984年建立了全苏第一个数字地图数据库,研制出电子地图和多用途军事地理信息系统,并形成了以全球卫星导航定位系统格洛纳斯、获取大面积战场地理空间信息的航天测图综合体“彗星”卫星和高精度大地测量卫星为基础的对地观测技术体系。

作为世界科技强国之一的日本,在科学技术研究与开发、产业创新等方面的重要力量是国立科研机构,并与从事基础科学研究的国立、私立大学的研究机构、行业协会、企业团体等社会民间组织相结合,共同组成多层级的研究架构。其中,以国立科研机构的研究实力最为突出,在法律、安全、财物保障等多层面享有优势,这种研究体制使得日本在多个领域引领全球技术发展。在测绘导航技术领域,从研究机构层级来看,日本国立科研机构、大学、社会团体三个层级中都有对于测绘技术的研究机构设置,各有侧重,比如顶层的测绘标准统一、测绘技术与仪器的研发、地图的绘制出版、日常生活的实际应用等。日本在测绘领域,分类明确,种类繁多,从应用对象而言,日本将测绘导航技术主要分为大地测绘与海洋测绘两大类,尤其是海洋测量对于日本这样的岛国、海洋资源大国尤为重要。同时,日本的海洋测量技术发展也处于世界先进行列,相关海洋测量产品极为丰富。

(一)美国测绘导航技术研究机构

1. 美国国防高级研究计划局

美国国防高级研究计划局(Defense Advanced Research Projects Agency,简称DARPA),是美国国防部下属的一个行政机构,是在1957年苏联成功发射第一颗人造卫星之后成立的,苏联人造卫星的成功发射引发了美国在技术上落后的深深担忧。1958年,DARPA成立,总部位于弗吉尼亚州阿灵顿县,主要研发用于军事用途的高精尖科技,曾被称为“高级研究计划局”(Advanced Research Projects Agency,简称ARPA),1972年3月改名为DARPA,但在1993年2月又改回原名,至1996年3月再次改名为DARPA。

DARPA的工作人员多为各学科一流专家、学者,其基本任务是专事于“科技引领未来”,开拓新的国防科研领域,为解决中、远期国家安全问题提供高技术储备,研究分析具有潜在军事价值、风险大的高新技术在军事上应用的可能性;按下达的科研计划的目的和要求,对国防部长批准的跨军种的重大预研项目进行技术管理与指导。现如今全世界流行通用的GPS全球定位系统就有DARPA支持的影子。

2. 美国国家地理空间情报局

美国国家地理空间情报局(National Geospatial-Intelligence Agency,简称NGA)的诞生始于“9.11”事件以后,其首要任务是协助情报部门挑选、分析和发布地理空间信息。NGA的前身是美国国家影像与制图局(The National Imagery and Mapping Agency,简称

NIMA)。NIMA 更名为 NGA,反映了美国测绘科技从传统影像制图发展到对地理空间信息的快速获取与监测。目前,美国国家地理空间情报局由局机关、国家地理空间情报学院、西部地理空间情报研究中心、航图厂、印刷厂等单位组成,拥有各类人员 1.45 万名。

NGA 主要提供世界级的地理空间情报(GEOINT),为决策者、作战人员、情报专业人员和第一反应人员提供决定性优势。NGA 是地球空间情报(GEOINT)的主要联邦机构,管理着一个由 400 多个商业和政府关系组成的全球团体。NGA 接受国防部、国家情报局局长和国会的指导和监督,主要任务是适时、精准地提供地理空间情报,保护国家安全目标。

3. 美国国家航空航天局

美国国家航空航天局(NASA)于 1958 年 10 月成立,是美国政府研发机构中最主要的航空航天科研机构,以民用航空航天为主,负责制定、实施美国的太空计划,开展航空科学及太空科学的研究,被广泛认为是世界范围内太空机构的领头羊。其总部位于华盛顿哥伦比亚特区,总部下辖 10 个研究中心,进行航空科研工作的单位主要有 5 个。

NASA 的研究领域主要为航空学研究及探索,包括空间科学(太阳系探索、火星探索、月球探索、宇宙结构和环境),地球学研究(地球系统学、地球学的应用),生物物理研究,航空学(航空技术)。在航空航天方面,NASA 实施的研究计划包括水星计划、双子星计划、阿波罗计划、太空实验室、航天飞机、国际空间站、星座计划等。

(二)英国国防高级研究计划局

1. 英国皇家地理学会

英国皇家地理学会(The Royal Geographical Society)创立于 1830 年,现有会员 16 500 余人,是英国久负盛名的学术团体,也是世界上最大的地理学术团体之一。她的前身是 1827 年成立的“地理学家晚餐俱乐部”,在此基础上,1830 年成立了英国伦敦地理学会(GSL),1859 年后改称皇家地理学会(RGS)。它因资助大型探险活动著称于世,对英国探险的黄金时代起了巨大推动作用。1933 年又成立了英国地理学家协会(IBG)。为了推动地理学的发展,扩大地理研究成果和地理知识的传播,增强学会实力,英国皇家地理学会和英国地理学家协会于 1995 年合并,仍称英国皇家地理学会。

2. 英国地形测量局

英国地形测量局是英国的官方测图机构,成立于 1791 年,最初在英国陆军炮兵局(Board of Ordnance of The British Army)的领导之下。1990 年后,引入商业机制成为民用组织,负责英国全国的测绘工作,包括大地及有关方面的测量,地形测量以及出版根据测量成果编制的地图,并是全世界最大地图制作商之一。

作为国家制图机构,地形测量局是英国原图的管理人,是地理信息的提供者,负责保持决定性的地理空间信息参考系统,以及对地形特征的官方定义。地形测量局的数据库中保存有超过 4 亿个人工及自然地貌特征。军械测撤局决定其数据的标准和质量,以满足现时和长远的国家需要。并且地形测量局的数据也为英国所有其他的地理数据提供了框架,在此基础上,不同来源的地理数据能装配在一起,彼此兼容。

3. 英国地质调查局

英国地质调查局(British Geological Survey)是世界领先的地质调查局和全球地球科学组织,专注于政府公益科学和研究。其使命目标是提供公正独立的地球科学建议及数据,利用其在地球系统科学方面的能力,观察、监测和描述地质环境,收集、分析、解释和展示数据知识。同时,该机构还与其他学术机构、政府、行业和公众建立战略伙伴关系,以谋求发展共享,其研究专注于感知、理解和预测地球行为,并为国家和全球利益提供解决方案。

(三)俄罗斯测绘导航技术研究机构

1. 俄罗斯联邦测绘局

俄罗斯联邦测绘局是介于国家部门和行业部门之间的国家政权的执行机关,负责组织和领导俄罗斯的国家测绘工作,至今已有400多年的历史。早在1598年就编辑出版了《世界大图集》;1739—1749年测绘工作归属于国家地理部管辖,由世界著名的大地测量学家、数学家M.B.莱蒙诺索夫领导;1797年成立了地图库,即测绘局的前身;1822年成立了俄罗斯军事测绘军团和军事测绘学校,并在此基础上形成了国家测绘事业。现代俄罗斯国家测绘史从1919年3月算起,也就是从苏维埃人民委员会颁布关于建立高等大地测量局的法令之日开始。1960年国家测绘局归属到苏联的地质部,1998年归并到土地建设部。现在俄罗斯国家测绘局为国家管理机构,下设远东航测分局、北高加索航测分局、南方航测分局、东西伯利亚航测分局。

俄罗斯联邦测绘局机关包括4个局:测绘业务局、地理信息系统局、财务和国有资产局以及综合事务局。其中测绘业务局主要负责制图和地名、摄影测量和地形测量以及坐标和导航保障工作;地理信息系统局主要负责测绘基金和知识产权管理、地理信息系统与技术、测绘生产组织以及国际合作,下设20个航空大地测量分局和3个联邦矿山测量分局、中央测绘研究所、地图出版社和3个制图工厂、遥感中心、中央测绘基金会、测绘出版社、两个测绘仪器厂、6个地理信息中心、19个国土测绘监督站、4所中等测绘专业教育院校。其中,遥感中心是俄罗斯联邦测绘局在卫星遥感领域的主要生产单位,负责处理俄罗斯空间局提供的遥感影像资料,其档案库存有1972年以来的200多万张覆盖全球太空影像的原始负片,其业务范围包括:研发用于制图的地球空间探测素材的手段、方法、加工处理、分发和使用,GIS系统的开发和维护,为国家经济部门提供现势地图产品,自然资源勘查和环境监测。遥感中心提供的产品和服务有:世界各国各种比例尺地形图的编制和更新,数字和模拟格式的卫星影像图的编制,联邦和地区GIS系统的创建和运行,空间影像的数字处理,专题图的编制,提供1972年以来的档案卫片,编制地图册、挂图和手册,为交通和电信、生态监测、自然资源的使用、规划提供多方面的服务。

2. 俄罗斯科学院地质研究所

俄罗斯科学院地质研究所(Геологический институт РАН)是俄罗斯的国家级科研机构,成立于1930年。该所成立以来属国家级科研机构,已成为地球科学研究领域的权威机构。

该所主要致力于地质构造,地层和岩性等基础性问题研究。研究方向包括:全球及区域地层图绘制,沉积岩和地层同位素地球化学分析,沉积物形成的地质、地球化学和生物因素相互作用,不同类型结构的沉积和成岩特征,陆地和海洋结构主要类型与地球岩石圈的形成和演化地球动力学模型,现代地球动力学,自然灾害和人为灾害预测,板内构造与地球动力学,地壳演变,海洋地质床,沉积盆地,地球史骤变或自然灾害过程、事件的相关性和模型,寒武纪古气候,生物群地质环境、构造、气候、矿化地质史与和生物圈的相互联系。

3. 总参谋部军事测绘局

俄罗斯联邦全军测绘勤务最高权力机关,负责领导全军测绘工作和地面测绘保障。成立于1918年5月,原称苏联武装力量总参谋部军事测绘局,1992年由独联体划归俄罗斯联邦国防部建制,改称现名。

测绘局机关由若干处、科组成,局下设直属测绘勤务部队、测绘保障部队和生产部门,如中央计算队、图库、测绘器材库、测绘仪器修造厂、地图印制厂等。

测绘局拥有许多训练有素的专业干部和多处技术物资基地,组建了许多专业化部队,并形成了分管单位和生产企业的网络。一般的军官培训由安冬诺夫高级军事测绘指挥学校(原列宁格勒高级军事测绘指挥学校)负责,该校设大地、地形和制图专业,学制四年。高级测绘保障军官的培训由古比雪夫军事工程学院测量系负责,该系开设有天文大地、航测和制图专业,学制五年,学员毕业后授军事测绘工程师职称。

4. 第29科学研究所

第29科学研究所成立于1936年,原称是俄罗斯军事测绘勤务科学研究所。1992年划归俄罗斯联邦国防部,并改为现名。研究所内设大地、航测、测绘保障、仪器设计、编辑出版等研究室。

5. 俄罗斯水文局

俄罗斯水文局有近300年的历史。军事导航、海洋水文气象学的形成始于18与19世纪之交。1926年,苏联政府通过了军事和运输船队的发展计划。1939年3月10日,苏联成立了海军测绘水文研究所,后转为国防部导航水文地理研究所,至今已70余年,在此期间其主要担负苏联海军日常训练、作战等航海活动中遇到的各种导航和水文气象问题研究,在军内外的各项科研保障工作中都取得了卓越的成就。

从20世纪50年代后,该研究所主要保障核导弹舰队的建设工作,核潜艇为该舰队的主要战力。在此期间,找到了解决核潜艇远距离导航、核潜艇在北极冰下导航的方法,并解决了在极地区域导弹等武器装备使用时所受环境影响的复杂技术方法。1965 年,海军装备了全纬度综合导航系统并且制定了高纬度航行保障方法的有关规定。在同一时期,第一次在苏联国内建立了全球海洋重力、磁场的测量装备及使用方法,制定了在北极和南极完成海洋水文气象综合调查的方法。这些工作的成果为建立数字化测绘和自动化制图奠定了理论基础,同时生产出了大量海洋调查测量装备,使得海军在进行海洋调查测量时,配备了自动化的综合海洋测绘设施、海底地形区域摄影系统、土壤测量仪、磁测量仪、断面仪、重力仪(比重计)等测量装备。

(四)法国测绘导航技术研究机构

1. 法国国家测绘局

法国国家测绘局(Institut Géographique National français,简称 IGN),又名法国国家地理研究所。法国国家测绘局是法国地理和森林信息领域的国家行政公共机构,由生态部和林业部主管部门进行双重监督。它组建于 1940 年,前身是 1887 年创立的军事地理部门(Service Géographique de l'Armée,简称 SGA)。1941 年成立国家地理科学学校(École Nationaledes Sciences Géographiques,简称 ENSG),为该研究所的测绘人员提供专业培训。根据测绘科学的发展与测绘任务的变化,法国国家测绘局的组织机构经过了多次调整。1966 年转型并重建法国国家测绘局(IGN France)。2012 年法国国家测绘局与国家森林资源清查(Inventaire Forestier National,简称 IFN)合并为国家地理与林业信息研究所(Institut national de l'Information Géographique et Forestière),但仍保留了 IGN 的缩写。在数字技术的应用和对地理定位信息需求迅速发展的时代,该研究所的使命是生产、制图和发行对实施公共政策至关重要的、独立自主的国家地理和林业数据。

法国国家测绘局总局在董事会的领导下,由科学和技术委员会、树木和森林部门委员会和国家地理科学学校(ENSG)组成。法国国家测绘局设立有:秘书长主管的行政部门,下设司法、会计、采购、后勤、监督等处室;人事部门,管理人员编配、招聘、培训等;营销部门,负责商业经营,包括开拓市场、销售测绘产品;通信部门,负责内部及与公众、企业、政府的通信,负责公共关系及与传媒的联系,维护因特网,传播多媒体信息;技术指导与质量控制部门,负责制定持续发展计划,进行创新概念研究,制定技术标准,加强质量控制等;测绘生产指导部门,指导航空及空间测绘、大地测量及水准测量、地图测制、矢量数据库和影像数据库的建立与维护、地图印刷等。法国国家测绘局的组织机构完善、测绘基础设施完备,在大地测量、遥感测绘、导航定位、地图制图等领域有一定的优势,有专门的测绘专业人员培养院校和机制,下属有 4 个实验室,5 个生产中心和 1 所专业学校,此外,还有国际合作管理部门以及测绘生产中心。

法国国家测绘局的研究工作由四个实验室承担,即地理信息及自动化绘图概念实验室(COGIT),专精于地理信息系统与地图学的研究,特别是地图信息在使用上的问题研究;大地测量研究实验室(LAREG),主要研究方向包括太空测地学以及地球动力学,提供及维护国际地表参考系统(ITRF);光学、电子技术及微信息技术实验室(LOEMI),负责航空摄影仪新部件的设计与开发，研究数字摄像机的改进问题，多波段摄像机波段的叠置，GPS 高程测量精度的改善；立体测绘图像处理及分析法实验室（MATIS），专研摄影和图像处理，将初级的激光或照片数据，以全自动或半自动的方法转换成地理学数据，高分辨率航空和空间影像框架的自动化修复。这些实验室的研究方向涵盖了法国国家测绘局大部分的活动，即地理信息的生产、分发及应用，其研究范围从专业的测量仪器，到太空测地学，甚至自动化绘图等，具有高度多样性。

测绘总局与生产基地在圣芒德（Saint-Mandé）；5 个领土局分布在里昂（Lyon）、南特和卡昂办事处（Nantes et son agence de Caen）、普罗旺斯地区艾克斯（Aix-en-Provence）、南锡和里尔办事处（Nancy et son agence de Lille）和波尔多（Bordeaux）；卫星图像处理中心在图卢兹（Toulouse）；航摄基地在博韦-蒂莱（Beauvais-Tillé）；森林和环境统计信息处在韦尔尼松河畔诺让（Nogent-sur-Vernisson）；后勤和生产基地设在谢尔河畔自由城（Villefranche-sur-Cher；Loir-et-Cher）；培训中心位于马恩拉瓦莱（Marne-la-Vallée）的国家地理科学学校（École Nationale des Sciences Géographiques，简称 ENSG-GEO），进行遥感测绘、地理信息系统、地图测绘等方面的科学研究。

法国国家测绘局的中心任务是指导地理领域的研究与教学，并更新地理资料。这些信息的收集由大地测量学部门、航空摄影部门、数据库和制图部门负责。主要任务包括：在法国境内建立并维护一个大地测量网和一个水准测量网；进行航空摄影与维护；建立并更新基础地形图及衍生图；实施航空航天远程探测；给地形图资料排序并制作专题图；实施上面提到的活动中有利于公众利益的研究。

通过国际间的交流与合作来拓展市场，是法国测绘走向世界的重要途径。法国国家测绘局参与了前欧共体的欧洲区域地图生产项目，该项目的目的是建立普通的小比例尺地形图数据库。数据库实际覆盖了 36 个国家，超过了欧共体的疆界。法国国家测绘局承担了欧洲西南部区域测绘的协调与实施工作，包括技术支持、数据验证、区域整合，通过合作，法国国家测绘局获得了完整的欧洲区域地图数据库。自 1940 年成立以来，法国国家测绘局通过其专业的多样性，在地理信息方面的长期经验以及对初始和持续培训的重视，获得了不可否认的专业知识。其专业性和可靠性得到了地理数据世界和用户社区的认可，他们将其视为值得信赖的国家合作伙伴。

2. 法国国家空间研究中心

法国国家空间研究中心（Center National d'Etudes Spatiales，简称 CNES），又名法国航天局，成立于 1961 年，总部设在巴黎，是法国政府在欧洲负责制定和执行法国国家空间政策的机构。国家空间研究中心的主要机构有图卢兹空间中心和圭亚那空间中心。图卢兹空间中心位于法国图卢兹市，成立于 1968 年，是目前欧洲最大的技术中心，主要任务是与科学和产业界的合作伙伴共同设计和开展空间计划。位于南美洲东北部的法属圭亚那（Guyane française）空间中心是重要的航天发射中心。

航天测绘是跨部门的大型工程。法国航天局（CNES）、法国空间大地测量研究院

（GRGS）和法国国家测绘局（IGN）为满足航天高精度定轨和地面目标精确定位的新需求共同研制开发了卫星多普勒定轨与无线电导航系统（Doppler Orbitography and Radio-positioning Integrated by Satellite，简称 DORIS），它以卫星为平台，能十分精确地确定运载卫星的方位。定轨数据与雷达测高数据结合，能够测制高精度的海洋地形图。国家测绘局负责系统发射站点的安装、维护、数据采集分析与产品制作，空间大地测量研究院为大地测量和地球物理探测提供支持，法国航天局利用军民两用摄影测量卫星（SPOT）图像测制了大量测绘产品，也在开发航天测绘技术方面卓有建树。DORIS 除了用于定轨，还广泛地应用于大地测量、地球物理、地球自转、大气科学等各个领域。

法国是欧盟国家中最早研究开发测绘卫星的国家，其测绘卫星技术在欧洲也处于领先地位。法国最早的地球观测系统（Systeme Probatoire d' Observation de la Terre，简称 SPOT），发射于 1986 年的 SPOT-1 卫星是世界第一颗商业遥感测绘卫星。目前已经发射了 SPOT1-7 号卫星，为全球用户提供具有高分辨率和大幅宽的光学卫星影像，在地理制图、农业林业、水利环保、地质勘探等领域都发挥了重要的作用。

继 SPOT 系列卫星之后，法国自 2001 年开始研制开发了具有更高分辨率的新一代军民两用光学成像卫星“昴宿星”（Pleiades），以应对国际卫星遥感数据市场的发展，满足民用及国防对地球观测卫星的需求。Pleiades 卫星星座由法国国家航天局（CNES）负责研制，分别于 2011 年和 2012 年连续发射了 2 颗 Pleiades 卫星 Pleiades1A 和 Pleiades1B。2012 年 12 月发射的 Pleiades1B 分辨率为 0.5 m，该卫星每天向法国部队和全球商业用户提供 1 000 幅高分辨率影像，与 2011 年 12 月发射的 Pleiades1A 共同组成双子星座，实现全球覆盖，每天可对地球上任意位置进行观测，为军民用户提供感兴趣的区域影像，具有规律的侦察能力和双倍覆盖。此外，两颗“昴宿星”还与 SPOT-6/7 卫星相互补充，构成完整的光学卫星星座，满足侦察、情报、测绘、灾难救援等多种需求。Pleiades 项目是 SPOT 卫星的后续任务，军事应用由法国国防部负责，民用和商业应用由斯波特图像公司负责。

2019 年法国国家航天局与欧洲空中客车（Airbus）合作开发“3D 光学星座”（Constellation Optique 3D，简称 CO3D）项目，构建全球高分辨率数字地表模型（DSM）。预计在 2022 年底发射、由空中客车制造的 CO3D 星座由四颗相同的卫星组成，每天将在全球范围内提供 50 厘米分辨率的立体图像。获得的数据会为空中客车运营的云处理系统提供支持，并整合法国航天局的算法，以生成地球陆地板块的先进 3D 地图。这些灵活的卫星开创了一代高度创新的全电动平台，将开辟一种新的图像获取、处理和传输方式。与四颗 Pleiades Neo 卫星一起，CO3D 星座将为高分辨率影像提供无与伦比的刷新率。新一代光学卫星星座 CO3D 体现了法国的雄心和独创性，开启了地球观测的新纪元。它将提供更高的刷新率、更优的性能和更好的抗冲击性。法国航天局和空中客车的合作关系完美展现了法国在对地观测领域的卓越能力。

基于 SPOT 卫星主体设计和成像系统研制的欧洲第一代光学监视卫星的“太阳神”

(HELIOS)军事侦察卫星的研发与应用、“阿里亚娜”(ARIANE)运载火箭成功发射、“好奇”号火星车上搭载仪器、“伽利略”卫星(Galileo)入轨成功、“爱因斯坦”(Albert Einstein)号自动转移飞行器(ATV)与国际空间站成功对接等一系列的成就使法国成为欧盟国家在测绘技术领域的领跑者。

3. GEOCONCEPT 集团

GEOCONCEPT 集团成立于 1990 年,是一家专门从事设计和实施地理数据库管理应用的制图优化技术公司。它凭借自己专有的 GIS 系统,将地理信息与优化工具相结合,智能地将地理信息与系统集成来优化活动,从而在企业和公共组织的制图信息和优化应用程序方面处于欧洲领先地位。

GEOCONCEPT 集团位于法国巴格纽(Bagneux),在全球拥有 7 家分公司,位于印度(钦奈)、瑞士(日内瓦)、西班牙(马德里)、中国(上海)、哥伦比亚(波哥大)、美国(迈阿密)和日本(东京)。2012 年在中国设立子公司捷坤信息技术(上海)有限公司,并收购 Opti-Time 移动团队调度解决方案的发行商,这次收购使得 GEOCONCEPT 集团成为移动地理信息优化领域的领先者。

GEOCONCEPT 软件已进军加拿大、日本、瑞士、西班牙、印度、中国市场,拥有全球联网的网络经销商,如英国的 MapMechanics、法国的 Kxen、北美的 Trimble。1994 年 GEOCONCEPT 成为第一家将栅格数据地理信息系统集成到计算机上的法国公司。2001 年开发出智能标签即一项高度创新型技术,能动态定位地图上的文字标签,从而提高地图的描述性,并促进因特网地图网站的发展。

GEOCONCEPT 使用 Geoconcept 商务解决方案(Geoconcept Business Solution)作为 GIS 软件产品组包的名称,该信息系统可以在计算机桌面、服务器、移动设备平台上使用,集成了储存、编辑、分析、分享、展示地理信息功能。GEOCONCEPT 集团于 2002 年推出 Sales & Marketing(S&M),一种应用程序解决方案,专用于地理营销分析。2003 年推出 GeoScheduling Suite(GSS)——第一个结合 GIS 工具、调度处理和优化工具的软件解决方案。2005 年推出 Geoconcept G6nk 内核,这是一个彻底重组的产物,用于应对新挑战以及制图技术的全新使用方法。2006 年法国国家测绘局 IGN 将 GEOCONCEPT 技术应用于法国地理门户网站:V2Geoportal。GEOCONCEPT 最广为应用的是针对商务领域的一系列服务,如地理营销、机动性改善、领土管理、危机管理。

GEOCONCEPT 集团拥有 120 多名员工。如今,GEOCONCEPT 集团在 6 大洲的 35 个国家拥有 1 500 多名活跃客户,拥有超过 16 万的优化资源。

4. 德莱尔公司

德莱尔公司(Delair-Tech)成立于 2011,位于法国图卢兹(Toulouse),是工业无人机行业领导者,主要从事专业的远距离无人机设计、生产与营销,提供基于航空影像的数据,以及从数据采集到业务分析的端到端的解决方案,是远程无人机制造和数据处理方面的专家。成立以来,德莱尔公司的超视距无人机图像处理技术与自动分析软件已在农业、测绘、电力管线、环保和紧急救援等行业发挥了重要作用,如:线性基础设施(电线、铁路、内陆水道、管道等)勘测任务,地形、作物测绘等大面积地区测绘,不可接近区域的环境监测,等等。

2016 年,德莱尔(Delair)公司通过收购天宝(Trimble)公司的无人机业务,巩固了自身在商业无人机市场的地位。2017 年,德莱尔公司与硅谷巨头英特尔公司(Intel)建立战略合作关系,共同开发英特尔 Insight 平台。英特尔的 Insight 平台是一种基于云的数据处理、分析和报告服务,使客户能够存储、共享和管理商业无人机提供的一系列数据。这一合作将德莱尔公司深厚的客户经验和垂直专业知识与英特尔简单易用的、基于云的工具相结合。Insight 新平台将针对建筑、采矿、精准农业、石油、天然气等多种商业应用和垂直行业进行检查和测量。该解决方案可以生成 2D 和 3D 模型,进行测量和注释,以便跨团队共享,以及运行高级数据分析。2017 德国柏林测绘展,德莱尔公司推出新一代用于监测级摄影制图的专业无人机 UX11。该机是小型固定翼无人机,集强大的综合机载系统、工业级传感器、无线通信范围和 PPK 厘米级定位于一体,具有足够的机载计算能力以连接并处理照片,可将信息实时发送给操作者。此外,该机可以自动检查图像质量,确保操作者获取高质量数据。

作为一种新的光栅数据的采集方法,无人机技术是卫星、载人飞机数据采集技术的有利补充。无人机现势性强,具有机动灵活、高效快捷、精细准确等特点。在分辨率和系统方面,比如 DTDOM/3d 模型所能达到的精度大约 1-3XGSD,或者是每个像素达到 1.1 厘米,高于当前卫星和载人飞机可以达到的分辨率。

新一代高性能工业无人机“DelairDT26X 雷达无人机”(以下简称“雷达无人机”)是第一个携带先进的 RIEGL 雷达传感器的固定翼无人机。“雷达无人机”是复杂的雷达传感器和工业级 RGB 相机的结合,消除了地理专业人士选择雷达和图像数据采集产品之间的抉择问题。它提供了最苛刻用户所要求的精度和可视性,并且采用地形或卫星 3D 地图技术。通过这种配置,用户可以从单次飞行中获取所需的全部数据,从而简化了分类过程,雷达无人机是第一架采用新型 RIEGL 迷你 VUX-1DL 雷达传感器的固定翼无人机,雷达测距传感能力与集成高分辨率 RGB(红,绿,蓝)相机相结合的超视距固定翼无人机,极大地提高了测量和三维测绘的精度、效率和成本效益。高精度的雷达传感器是绘图和测量的重要工具,能够提供植被区域的详细数据。雷达无人机的轻量级传感器和集成摄像头组合载荷允许在一次飞行中获取雷达和摄影测量数据,这极大程度地降低了成本,并迅速提供了非常详细的数字模型数据。雷达传感器专门为无人机使用而设计,增加了无人机框架的重量或体积。智能 RGB 相机可实时控制摄像头传感器,并通过自动质量检查进行飞行照片审查,能及时获取不同空间、时间、光谱分辨率的地理国情监测遥感影像数据和地面调查数据,可为地理国情监测提供丰富的数据源。

(五)日本测绘导航技术研究机构

1. 日本科学技术振兴机构

日本科学技术振兴机构(Japan Science and Technology Agency,简称 JST)是依据《国立研究开发法人技术振兴机构法》而成立的国立研究开发法人单位,隶属于日本文部科学省。其前身是日本科学技术振兴事业团。作为实施《日本科学技术基本计划》的核心机构,该机构担负着“科学技术创造立国”的重任。该机构出版的日本科学技术振兴机构数据库(原日本科学技术社数据库)是在日本《科学技术文献速报》(被誉为世界六大著名检索期刊)的基础上发展起来的网络版,我国在测绘技术方面的重要期刊《测绘科学》也于 2008 年被日本科学技术社数据库收录。

作为执行国家科学技术基本计划的机构,日本科学技术振兴机构有助于创造新技术的研究、新技术的产业化开发,促进科学技术信息的流通、有关科学技术研究开发的交流与支援,促进科学技术知识的普及,增进国民对科学技术的兴趣和了解。第三期科学技术基本计划(2006—2010 年)中,日本就确定了 62 项战略重点科学技术,其中在社会基础领域和前沿领域,明确重点发展以提高减灾水平为目的的国土监视与管理技术、下一代海洋探测技术。2016 年 1 月 22 日,日本内阁会议审议通过了《第五期科学技术基本计划(2016—2020 年)》。该计划是日本政府自 1995 年颁布《科学技术基本法》、1996 年发布《第一期科学技术基本计划》以来启动实施的第五个国家科技振兴综合计划,也是日本最高科技创新政策咨询机构——综合科学技术创新会议(CSTI)在 2014 年 5 月重组之后制定的首个基本计划。该计划提出,未来 10 年,通过政府、学术界、产业界和国民等相关各方的共同努力,日本将大力推进和实施科技创新政策,把日本建成“世界上最适宜创新的国家”,优先推进地球环境信息平台等 11 个系统的建设工作。

2. 日本国土地理院

日本国土地理院(Geospatial Information Authority of Japan)是日本负责测绘国土的国家机构,于 1949 年成立,隶属日本内阁政府建设省,在 2010 年 3 月更名为现在的名称,转隶日本内阁政府交通省。日本对地理信息安全实行中央、地方两级行政管理体制,中央行政主管就是日本交通省国土地理院,地方行政主管部门则是分设的九个地方测量部,每个机构部门都需要依照日本测绘法律体系中的《日本测量法》《日本海道测量法》《日本国土调查法》等为基准开展工作。

该机构是日本的中央测绘机构,其职责口号是“测量、绘制、保卫、传播”,宗旨是通过实施大地测量及地图绘制等相关政策,推进应用地理空间信息,为提升国民生活、促进国民经济健康发展做出贡献。国土地理院由院长担任最高行政长官,设置参事官、主任监察官、监察官、修正业务管理官、总体测量防灾官、地理普及宣传官、专业建设官、专业调查官、调查官等职位。该机构组织除了下辖九个地方测量部和冲绳分所之外,总部包括总务部、策划部、测地部、地理信息空间部、基本地图信息部、应用地理部、实地观测中心、地壳活动研究中心等8个部门。其中,策划部下设职务及负责业务内容最为丰富,职务包括计划研究官、地理空间信息及政策修订官、协调国际合作推进官、提升测量生产性推进官、地理空间信息国际标准分析官、地理空间信息应用推广信息官;业务科室包括计划调整科、技术管理科、测量指导科、国际科、地理空间信息计划室、防灾促进室。测地部作为主要业务部门,针对测量技术进行了详细科室划分,包括测量计划科、测量标准科、物理测地科、宇宙测地科四个科室。

国土地理院约五年制订一次《国土地理院研究开发基本计划》,最近一次为2019年4月制订,包括研究开发基本方针、国家和地方层级研究课题、研究发展方向三个方面,旨在明确研究课题及方针政策,切实推进基本测量长期计划。国土地理院创办有刊物《国土地理院时报》《国土地理院报告》《国土地理院技术资料》《国土地理院年度报告》,用于促进研究开发。除去传统的测量即绘制地图的业务,国土地理院还承担着灾害预警、推广防灾等重要职能,其防灾业务具体包括灾害信息汇编、地图显示灾害预测、地壳变动监测、捕捉火山喷发前兆、支援救灾及灾后重建、支援国际灾害援助等。日本国土地理院,根据应用地理空间信息推进基本法和应用地理空间信息推进基本计划,实施各种举措;日本国土地理院与内阁官房、国土交通省、建设经济局一道,是"推进应用地理数据空间信息委员会"和"地理数据信息产学官"的秘书处。

国土地理院在完成自身的测量、绘制、防灾保卫、传播等职能之余,还致力于国际测绘技术研究与合作。它接受其他国家测绘人员的研修申请,并派遣专家实地前往其他国家指导援助,并与美国、韩国、中国分别合作召开两国间的测绘合作会议,其中,中日测量·地图合作会议自2003年起,与我国自然资源部国际合作司合作,旨在在中日两国测量及绘制地图领域内共享信息、促进两国技术合作、共同研究。此外,国土地理院还积极参加国际VLBI业务、国际GNSS业务、国际重力测定、南极观测等国际观测事务。

3. 日本海上安全厅海洋信息部

该机构原为日本海上安全厅水路部,2002年更名为海洋信息部,其组织体系更加综合化,可以完成包括海岸、大陆架、国际海域在内的海洋环境信息的调查、测量、观测、汇编、出版、发行等任务,该海洋信息机构与美国NIMA相似,下设测量船、海上咨询室、海洋信息馆、海事信息司、下里航道观测所等部门。日本海上安全厅将全国海域及沿岸划分为11个管区,海洋信息部也同样根据管区设立11个总部。该机构负责建立日本海洋测绘数据库,早在1992年就按照IHO数据标准完成了东京湾数字海图的试验任务,并启动历时10年的海洋测绘数据库工程,目前已完成海道测量源数据库(HSDB)、海图数据库(NCDB)、电子海图数据库(ECDB)和纸质海图数据库(PCDB)的建设工作。

该机构负责海洋测绘产品的生产,技术体系完全按照IHO的S-57数据标准构建,生产方式由海图数字化、海图源数据库、源数据的编辑加工,纸质与电子海图的出版等技术工序组成。该机构自从1994年正式出版了第一套官方的S-57 2.0版的电子海图(ENC)后,现已完成了日本海域与领海和部分国外海域的、系列比例尺的S-57 3.0版的

ENC 产品的出版与发行任务。1998 年 8 月，该机构正式通过国际互联网向全球发布日本的数字航海通告与航行警告，实现了数字海图的自动改正。同时与 ENC 配套的潮汐表、航标表、航路指南、推荐航法等数字产品也已由该机构正式出版、发行。

4. 日本测量协会

随着 1949 年测量法的制定和测量师、助理测量师的国家资格的确立，日本测量协会于 1951 年由政府、学术界和工业界的各个领域志愿者组建而成，2013 年获得内阁政府认证的工程师成员资格。该协会的宗旨是开展测绘和地理空间信息领域的研究，促进其传播和发展，同时提高组织成员之间的亲和性和社会地位，从而为使用、维护或保护地理信息做出贡献。该协会是由强烈认识测绘重要性并希望其发展的产官学志愿者成立的测绘工程师团体，2013 年加入公益财团法人，2013 年转为公益财团。该协会一直致力于会员相互交流、新测绘技术的引进和传播、测绘工程师的继续教育、测绘专家的培训、测绘结果的质量保证、测绘工程师社会地位的提高等各种目的，积极开展各项活动。它拥有 10 000 多名普通会员和约 2 200 名特殊会员（赞助公司），是日本较为领先的工程师组织，2011 年被日本科学委员会指定为合作学术研究机构，并继续成长为代表测量领域的学术研究机构，今后将进一步精简和合理化测绘业务、开拓技术创新和人力资源开发。

5. 日本测量调查技术协会

日本测量调查技术协会（Association of Precise Survey and Applied Technology，简称 APA）自 2012 年起作为公益财团法人，重新活跃起来。测量技术与技术研究所的活动已被广泛认可为有助于促进人民利益的慈善目的项目。该协会一直在积极开展与空间信息技术相关的标准化工作，正在稳步进行制定符合全球标准的日本工业标准。同时，针对未来的时空信息基础设施，APA 制定、提出先进的建设技术标准并将其推广到海外。

协会于 2010 年 4 月 23 日被日本地理空间信息局认证为测绘结果认证机构，根据测试所需的技术能力和组织结构可以快速地进行测量成果鉴定。将主要测试以下 5 种国家和地方公共组织订购的公众调查：航拍，数值地形图数据制作，创建照片地图，航空激光测量，创建基本地图信息。作为公益财团法人，该协会多年来致力研究国际标准化组织（ISO）、卫星定位、3D 位置测量技术、非接触式认证技术、移动测量车辆测量系统（MMS）等前沿空间信息获取技术。

6. 日本国土调查测量协会

1954 年 8 月，该协会以自愿法人的形式成立，1960 年成为社团法人，2013 年成为普通法人协会。该协会将开展宣传全国土地调查项目的活动，提高会员的测量技能，从而为推动国家和地方政府开展的全国土地调查项目做出贡献。同时也从事国土调查事业的推进活动及国土调查、实施国土调查相关技术改进研讨会和出版书籍、国土调查业务相关业务的委托。目前该协会拥有会员 386 家企业。

(六)韩国测绘导航技术研究机构

1. 韩国国土地理信息院

韩国国土地理信息院(국토지리정보원)是韩国国土交通部下属的地理研究机构,成立于1958年4月19日。该研究机构旨在为国家制定与地理测量、制图相关的政策和制度,研究、普及各种与地理相关的信息。主要业务包括制定基本地理信息建设和推进战略;发布测量和地理空间白皮书;制定国家地理信息综合管理系统信息化战略规划;编制国家地理统计地图;等等。目前研究院设有规划政策科、业务支援科、国土测量科、空间影像科、地理信息科、国土调查科6个科,以及1个国土卫星中心,共有120余名职员。

研究院设有GPS常时观测站,通过数字数据管理有关整个国家地理的信息,如数字地图、航空地震和卫星图像等,并建立国家地理信息系统(NGIS),为国民提供服务,同时帮助相关产业发展。此外,研究院还开展了地图制作自动化技术、地理信息标准化基础研究和数值高程模型构建等研究。研究院还发行《测量和地理空间信息白皮书》《韩国地理总论》等期刊,代表出席制作边界地图或分享地理信息的国际会议,参加"国际测量与地球物理联盟""地球空间数据基础建设会议""国际地理观测系统服务"和"国际标准组织地理信息技术委员会"等国际会议,设有下属学术团体"韩国测量学会"。

国土地理信息院为提高韩国国家测地参考点的准确性和地壳变异研究等精确的地壳变化分析,从2006年开始着手制定大地测量VLBI(Very Long Baseline Interferometer)的基本计划和实施设计项目,并于2008—2011年完成了大地测量VLBI观测设备的制造和观测洞建设工程。VLBI是一种系统,通过精确测量和分析到达时间的差异,同时接收从数十亿光年外的准星发射的无线电波,并同时接收地球上多个无线电望远镜,从而高精度地求值视点的位置坐标。2012年2月,该研究所成功进行了大地测量VLBI的试探,并出席了第七届国际VLBI组织(IVS)大会,介绍了韩国大地测量VLBI系统的构建现状、未来观测计划、VLBI观测成果及其与地面参考点的联系。此外,大地测量VLBI观测局正式加入IVS,成为正式会员。通过引进大地测量VLBI和空间测量中心的正式运营,不仅进一步提高了韩国国家参考点的准确性,还有望通过对各国间远距离测量和洲际地壳变化的精确观测,为预防地震等自然灾害做出贡献。

2. 韩国天文研究院

韩国天文研究院(한국천문연구원,简称KASI)是韩国领先的天文空间研究机构,成立于1974年,在韩国的天文宇宙科学研究领域一直发挥着关键作用。

该研究院的主要研究领域包括光学天文、电波天文、空间科学、空间危险监测、天文理论、天文空间技术等。

光学天文领域中的银河进化小组利用各种观测设施、宇宙模拟、大数据和人工智能,研究星系在宇宙中的形成和演变。研究内容包括:①大数据和人工智能的研究。通过大数据观测进行有效分析技术研究；构建共享天文数据的大数据平台；使用大口径全景巡天望远镜(Large Synoptic Survey Telescope，简称LSST)进行研究。②深度滚动成像高速光学望远镜(KASI Deep Rolling Imaging Fast-optics Telescope，简称K-DRIFT)。通过多体光谱仪的开发，同时获得多个天体的光谱，对邻近星系进行红色移位探测。③利用星系的三维光谱进行研究。对约30 000个星系进行三维光谱观测；利用三维光谱观测数据库对星系中的恒星、气体、尘埃、运动学等进行精确研究。④太空望远镜(SPHEREx)。美国宇航局中型飞行任务“斯皮尔X”太空望远镜研究课题的开发。银河进化小组代表性研究成果是开发了针对优化暗天体观测的韩国产30厘米级储备自由曲面望远镜K-DRIFT，可有效观测比夜空暗数千倍的极微光天体。

空间科学领域中的空间测量小组主要研究：利用空间测量基础设施，如全球导航卫星系统全天候观测网和GS全球数据中心，开发高精度全球导航卫星系统数据处理技术；基于空间测量技术的地球高精度时空基准坐标确定和变化监测；利用空间测量技术进行自然灾害监测和应对研究。空间测量小组的代表性研究成果是整合美国全球定位系统和俄罗斯GONASS导航卫星观测数据，自主开发了能够精确计算用户位置小于1厘米的核心技术。

天文空间技术领域通过深入研究和不断发展天文空间相关技术，产学研结合，引领天文空间技术发展。研究的关键技术包括：①望远镜。包括望远镜新材料、雕刻镜技术、太空望远镜。②Astro成像。包括摄像机平台、自适应光学、机器视觉。③科学材料。包括光谱技术、无线电接收机、引力波检测技术。④软件。包括嵌入式软件、飞行软件、地面软件、数据管道等。

该研究院目前的研究成果包括：高精度GPS大地测量技术，石刻天文三维数字测量技术，GPS监控系统：电离层、对流层、地壳变异，图像CCD相机系统技术，红外光系统技术，天文望远镜设计、制造相关技术，高精度光学性能测量技术等15项技术，以及太空彩色偏光滤光片、多项粒子探测器、空间碎片监测系统、空间环境的三维仿真系统、利用多卫星导航系统的全球综合测位装置及其方法、用于大口径望远镜的运动载荷测量装置、太空飞行物彩色摄像系统、天文观测仪器及其观测方法、卫星跟踪系统及控制方法等96项专利。

3. 韩国国家海洋调查院

韩国国家海洋调查院(국립해양조사원)是隶属于韩国海洋水产部的国立海洋研究机构，成立于1949年，并于1957年成为国际水文组织(IHO)的正式成员，是韩国国家综合海洋信息研究机构，韩国国内唯一的海图制作机构。

该调查院的主要研究领域包括观测陆地和海洋边界线并提供统计数据，调查韩国管辖海域的海底地状并获得科学基础数据，实时采集海洋观测数据，出版纸质、电子海图，提供实时风险指南信息，与邻国建立海洋警戒划定标准——管理领海控制点，组织国际水文领域专家培训，通过国家海洋卫星中心提供海洋卫星信息、沿海灾害应对等。

该调查院的主要下属机构有海洋观测机构、海洋预报机构、水路测量机构、海图制作发行机构、海洋科学研究机构、国家海洋卫星中心、南海海洋调查办公室、东海海洋调查办公室、西海海洋调查办公室等。其中,水路测量机构负责制定和实施水路测量计划,制定水路测量标准,调查海底地岩和地质,收集、分析、评估和审查水路测量数据,建立、运行和管理海洋区域综合数据库等。海图制作发行机构负责制定海洋信息出版物,实施出版计划,收集、管理和提供海上安全信息,为支持海上军事行动提供智能海上交通信息服务等。国家海洋卫星中心负责制定并实施海洋卫星开发和利用计划,寻求对外合作引进海洋卫星先进技术,管理国家海洋卫星中心设备运行,进行海洋卫星相关的教育培训及支援,等等。

4. 韩国科学技术院人造卫星研究所

韩国科学技术院(한국과학기술원)是在韩国政府通过科学技术实现经济发展的目标下,于1971年成立的韩国国内第一个以研究为中心的理工科特殊研究生院。韩国科学技术院培养具有深厚理论和应用能力的科技人才,开展科技创新基础研究、融合研究。通过产学研合作,为创造新价值做出贡献,引领国家经济发展,其教育、研究和创新将进一步推动韩国的经济和科学发展。

韩国科学技术院设有150个研究组织,与测绘导航领域相关的是人造卫星研究所,成立于1989年8月,于1990年被韩国科学基金会评选为卫星领域卓越研究中心。1992年,该研究所与英国苏雷大学共同研发了人造卫星"我们星1号",1993年独立研发了"我们星2号",2003年研制并成功发射韩国国内第一颗天体空间观测卫星——科技卫星1号。目前该研究所正在运行"罗老号科学卫星"和"科技卫星3号",此外,还在加速开发新一代标准化、模块化和低功耗的小型卫星。

二、重点院校

(一)英美测绘导航技术重点院校

1. 美国加利福尼亚大学圣塔芭芭拉分校

加利福尼亚大学圣塔芭芭拉分校(University of California,Santa Barbara,简称UCSB),又译加州大学圣巴巴拉分校,创建于1891年,是加利福尼亚大学10所大学体系的一部分。在《美国新闻与世界报道》(US News and World Report)2022年"最佳学院"排行榜上,在所有公立大学中排名第5。该校曾有6人获得诺贝尔奖,在化学、物理和经济学领域作出了突出贡献。

加利福尼亚大学圣塔芭芭拉分校是美国国家地理信息与分析中心(NCGIA)三校之一(另外两校为纽约州立大学布法罗分校和缅因大学),该校地理系研究水平高,实验室多,研究方向全,科研经费充裕,GIS(地理信息系统)也一直是加利福尼亚大学圣塔芭芭拉分校的优势专业，其研究方向主要侧重于地理建模、地理分析、遥感分析以及地理信息可视化。

2. 俄亥俄州立大学

俄亥俄州立大学(The Ohio State University，简称 OSU)，创建于 1870 年，坐落在美国俄亥俄州首府哥伦布市(Columbus)，是世界著名研究型大学，北美学术联盟美国大学协会(AAU)最早加入(1916 年)的成员之一及十大联盟成员。是美国最顶尖的公立大学之一，被誉为公立常春藤(Public Ivies)。大学主校区占地面积 65 平方千米，是全美面积最大的校园之一。开设的专业几乎涵盖所有学术领域，社会学、政治学、经济学、物理学、天文学、新闻传播学等学科于世界名列前茅，在空间分析、地理信息系统等方面都十分出色。

3. 伦敦大学学院

伦敦大学学院(University College London，简称 UCL)，原名“伦敦大学”(London University)，1826 年创立于英国伦敦，是一所享誉全球的世界顶尖公立研究型大学，为伦敦大学联盟的创校学院、罗素大学集团和欧洲研究型大学联盟创始成员，与牛津大学、剑桥大学、帝国理工学院、伦敦政治经济学院等校并称为金三角名校和 G5 超级精英大学。伦敦大学学院的测绘导航研究方向：大地测量和导航、摄影测量、三维成像和计量方法以及地理信息系统。

(二) 俄罗斯测绘导航技术重点院校

1. 莫斯科国立测绘大学

莫斯科国立测绘大学(Московский государственный университет геодезии и картографии)成立于 1779 年，位于俄罗斯的首都莫斯科市，是俄罗斯最早建立的大学之一，1993 年更名为莫斯科国立测绘大学。莫斯科国立测绘大学的制图系作为一个独立的组织单位正式成立于 1936 年。

莫斯科国立测绘大学制图教育的特点是把培养重点放在地形图的制作和更新方面。学生们可以学习多方面的测量专业知识，这有助于巩固地图学与测量学的联系，并且使制图系的毕业生能够完成地图制作方面的综合研究工作。如今，地图学专业的教学计划规定制图工程师必须在地图设计与编制、地图出版和数字制图与地理信息系统方面接受专业教育和训练。1985 年，在莫斯科大地测量、航空摄影测量与制图工程师学院制图系制定了高等教育的国家标准，该标准规定了对制图学专业工程师培养内容和水平上的最低要求。该标准规定的 4 个训练周期，其教学内容分别包括普通人文和社会经济学科，数学和普通自然科学，普通职业课程和专业课程，除必修课程以外学生们可以任意选修课程。系统方法论充实了专业训练的结构，这种方法始终贯穿在基础课和专业课的持续教育、理论教学和实际训练的结合中。教学计划涵盖了地图制作的整个工艺过程，它保证了学生们在测量学、地理学、数学和计算机学科的训练及人文和生态教育方面培养的连续性。

2. 西伯利亚国立测量学院

西伯利亚国立测量学院建于1933年，其前身是鄂木斯克测量研究所。1939年鄂木斯克测量研究所迁至新西伯利亚，同时更名为新西伯利亚测绘测量工程师研究所。1994年正式更名为西伯利亚国立测量学院。西伯利亚国立测量学院现设有5大学院：测绘与管理学院、光学及光学技术学院、地理信息系统学院、遥感及环境学院、远程教育学院。西伯利亚国立测量学院现设有以下专业：实用测量学、航天测量学、天文测量学、组织管理、信息系统与技术、企业经营与管理、大地测量学、城市土地学、土地规划学、光电子仪器及系统、仪表技术、计量学、电子技术的开发与运用、信息保护技术、光学技术、自然资源研究、大地生态学、制图学、应用测量学等。作为全世界仅有的5所测量学院，西伯利亚国立测量学院为测量事业的发展培养了大批专家和优秀毕业生，获得了众多好评。

3. 俄罗斯国立地质勘探大学

俄罗斯国立地质勘探大学（Российский государственный геологоразведочный университет，简称 РГГРУ），是俄罗斯第一所专攻地质勘探学科的高等学府，建于1930年4月17日，曾用名谢尔盖·奥尔忠尼启泽地质勘探大学、莫斯科地质勘探学院。该大学为地质与矿采工业各个领域培养工程人员——地质师、钻井工程师、地球物理学家、大地测绘工程师及经济学专家。

目前该大学下设六个系：地质勘探系、地球物理系、地质水文系、矿藏开发的经济与法律保障系、勘探与开发技术系、生态系。学习周期4～7年不等，授课类型——日制、夜班、函授；亦开设博士教学。

2009年6月，俄罗斯国立地质勘探大学进入全俄前70名科研院所之列。自成立以来，涌现出大量的优秀毕业生，包括有苏联地质部部长 П. Я. 安特拉波夫和 Е. А. 科兹洛夫斯基，俄联邦政府第一任副总理 В. А. 古斯托夫，俄罗斯自然科学院院长 О. Л. 库兹涅佐夫等。

4. 伊尔库茨克国立技术大学

伊尔库茨克国立技术大学始建于1930年，初名西伯利亚矿业学院。1960年更名为伊尔库茨克理工学院。1993年更名为伊尔库茨克国立技术大学。2010年，该大学跻身全俄29所国家级研究型大学之列，成为俄罗斯最东端的研究型大学，是远东及俄罗斯中部地区规模最大、实力最强的高校，已有专业人才毕业生数十万。2018年，伊尔库茨克国立技术大学改用现名伊尔库茨克国立理工大学。

作为国家级研究型大学，伊尔库茨克国立技术大学投入了大量人力物力财力从事科学研究与成果转化，与伊尔库茨克地区30家大型创新企业、科研单位开展卓有成效的科研合作，建立起在当地第一个颇有影响力的科技园。该大学具有符合国际水准的技术工艺、人文、艺术方面的综合人才教育体系。与测绘导航相关的下设院系有：矿产开发与勘探学院、采矿系等。

5. 乌拉尔联邦大学

乌拉尔联邦大学(имени первого Президента России Б. Н. Ельцина),又名叶利钦大学(Уральский федеральный университет),2011 年初经俄罗斯教育部批准,总统梅德韦杰夫签发命令,将乌拉尔国立大学与乌拉尔国立技术大学合并,组建成为乌拉尔联邦大学,成为俄罗斯九所联邦大学之一,是俄国排名前十的著名大学,是中俄综合性大学联盟成员。

乌拉尔联邦大学是苏联四大工学院之一,位于俄罗斯经济第三强、人口第四大的城市叶卡捷琳堡,作为包含上百个培养专业的综合性高等教育学院,学校可以进行学士(专家)—硕士—副博士—博士一体的培养计划。

乌拉尔联邦大学下设 22 个二级院系,包括 2 所高级学院(拥有较高的学术自治权),15 所普通学院,2 所特别学院(国际教育学院、开放科技学院),1 个直属系,2 个直属培训中心。其中,自然科学学院学习天文学、生物学、化学、基础研究和应用化学、生态与环境管理、大地测量与遥感、物理、无线电物理。

6. 喀山联邦大学

喀山联邦大学(Казанский Федеральный университет)是继莫斯科罗蒙诺索夫国立大学和圣彼得堡国立大学之后,俄罗斯成立的第三所高校。在 1804 年 11 月 5 日建校之后的 200 多年时间里,该校始终在国内外享有盛名,是俄罗斯最好的高等学府之一。

喀山联邦大学是一座神话般的大学,俄罗斯文学泰斗列夫·托尔斯泰和苏维埃的缔造者弗拉基米尔·列宁都是该校毕业生。建校 200 多年来,喀山联邦大学培养出八十名俄罗斯科学院正式院士和通讯院士。喀山联邦大学不仅是科学教育中心,而且还是文化与启蒙运动中心。当地图书出版业的兴起、第一地方报纸的出现、戏剧艺术的发展等均与本校有关。

喀山联邦大学共分为 15 个部门、7 个科学研究中心和 17 个系。其中,与测绘导航相关的专业系包括:生物土壤系、地理与地理生态系和地质系。考虑到全球趋势、全球市场和科学遗产的分析,喀山联邦大学确定了以下跨学科的科学领域,并在每一个学科方向上都建立了实验室和研究中心:如月球大地测量学、摄影测量学等。

7. 总参谋部诸兵种合成学院

总参谋部诸兵种合成学院原为俄罗斯武装力量伏龙芝军事学院,早年称工农红军总参谋部军事学院。1925 年,学院以伏龙芝的名字命名。1941 年,学院迁往塔什干。1943 年,伏龙芝军事学院从塔什干迁回莫斯科。1992 年,学院改名为俄罗斯伏龙芝军事学院,校址在莫斯科。苏联解体后,根据俄罗斯军队 2000 年军队改革计划,该院 1998 年与装甲兵军事学院和“射击”高级军官进修学校合并为俄联邦武装力量合成军队学院。

其中,总参谋部诸兵种合成学院的大地测量系是原军事工程学院的大地测量系。军事工程学院是俄罗斯历史最古老的高等军事院校之一，前身为1819年12月6日于圣彼得堡成立的总工程学校。1855年更名为尼古拉耶夫工程学院。1932年学院搬迁到莫斯科。1943年在军事工程学院成立了军事测绘勤务教研室，一批具有组织实施测绘保障实际经验和适应教学科研工作的基层最优秀测绘军官被任命为教研室的教员。尽管在成立的180多年里，大学几经变革，撤系并科，但大地测量教研室始终保持不变。特别是2005年该大学合并到总参诸军兵种合成学院时，一些系和专业或合并或撤销，而大地测量系原封不动地保留，并成为总参诸军兵种合成学院独立的主要教学系，再一次显示出俄军对军事测绘科研的重视。大地测量教研室的研究方向包括：①部队测绘勤务的组织与管理；②测绘装备和产品生产、储备、管理、供应和维修的组织与管理；③军事地理和地形的调查与研究；④战区大地控制点的修测和加密，大地测量成果，更新兵要地志的编撰；⑤地图标绘和复制，包括在大屏幕电子地图和纸质地图上标绘方法。

8. 圣彼得堡高级军事测绘指挥学校

圣彼得堡高级军事测绘指挥学校建于1822年10月22日，负责培养俄测绘局及测绘部队所需的军事测绘技术和指挥军官。学院设有大地测量和地形测量两个系；分天文大地、航测和制图三个专业，培养五年制学生。地址位于圣彼得堡市。

（三）法国测绘导航技术重点院校

1. 国家地理科学学校

国家地理科学学校（École Nationale des Sciences Géographiques，简称ENSG），是一所隶属于法国国家测绘局（IGN）的工程学院，最初主要为国家测绘局培养设计工程师、市政工程工程师、高级技师和技师等技术人才。该校创办于1941年，位于马恩拉瓦莱Marne-la-Vallée，由IGN进行行政管理，法国生态、能源、可持续发展和国土整治部共同监管。

ENSG是法国一所著名的工程学院，在大地测量学、地形学、摄影测量学、远距离探测、电脑辅助地形测量与主题地图测绘、人工智能空间分析3D可视化及地理信息系统（SIG）等多个领域拥有尖端的专业知识和高水平的创新潜力，从以下方面培养学生的专业关键技能：信息技术和信息系统、虚拟现实和领土3D建模、交通、城市规划、能源、自然和林业环境、国防和安全、空间规划和可持续发展。

学校除拥有自己的应用地理信息实验室以外，还与IGN的研究机构下属的四个实验室（COGIT地理信息及自动化绘图概念实验室，LAREG大地测量研究实验室，LOEMI光学、电子技术及微信息技术实验室，MATIS立体测绘图像处理及分析法实验室）合作，实力雄厚。

2. 国家高等航空航天学院

国家高等航空航天学院（Institut Supérieur de l' Aéronautique et de l' Espace，简称ISAE），位于欧洲航空航天城——法国图卢兹市（Toulouse），隶属于法国国防部，是世界上第一所航天航空工程类院校，被认为是欧洲在这一领域中最好的学校之一。其前身为

1909 年创建的国家航空航天学院(École Nationale Supérieure de l' Aéronautique et de l' Espace,简称 SUPAERO)与 1945 年创建的国家航空建筑工程师学院(École Nationale Supérieure d' Ingénieurs de Constructions Aéronautiques,简称 ENSICA)。2007 年,以上两校进行了合并,命名为"国家高等航空航天学院"。

该校是一所航空航天及相关科学领域的高等教育与科研机构,在法国乃至欧洲航空航天工业业界都有着举足轻重的影响,旨在为航空航天工业及高科技行业培养卓越工程师和高级管理员人才。在研制协和式客机的工程师当中,许多都毕业于法国国家高等航空航天学院。在欧洲,每年 20% 的航空航天领域的硕士、工程师毕业生来自于此学院。学院拥有工程师、硕士阶段及博士阶段在校生共计 1 600 人。

工程师阶段开设专业有:先进空气动力学和推进,航空航天结构,航天系统与控制,嵌入式系统,空间系统,系统工程,空间成像导航与通信……学制三年。

硕士阶段开设专业有:航空与空间系统,学制两年;空间力学与航空电子,学制两年;全球卫星导航系统,该专业与国立民航学院(ENAC)合办,学制两年。

博士阶段开设专业有:航空与航天,电气工程、电子、通讯:从微系统到系统,数学、计算机科学及通讯,宇宙科学、空间环境及系统,力学、能量学、土木工程、(计算机)数据处理。

3. 勒芒高等测绘学校

勒芒高等测绘学校(École Supérieure des Géomètres et Topographes,简称 ESGT),创办于 1946 年,位于法国卢瓦尔大区勒芒市(LeMans),与勒芒大学的各个学院以及勒芒市的一些高校有紧密联系,如:勒芒高等材料及机械工程学院、勒芒高等工程师学院等。成立之初是从事专业地形测绘的初始教育,学校发展到今日,已涵盖地形测绘、城市规划、国土整治、土木工程等多领域的高等教育。学校直接招收从法国大学校预科班毕业的学生,致力于培养全科型工程师,学制 3 年,主要在 5 大类开展其教学:基础文化课程(数学、物理、计算机、语言)、法律课程(地产、鉴定)、经济课程、国土整治课程、地形测绘技术课程等。教学方式多样,包括:课堂讲授、指导练习、设计、实践作业,并注重小组集体作业。学校有一个大型专业资料中心,学生有可能通过欧洲交流计划项目在国外完成部分学业。学校科研紧密结合职业、工业、经济及社会现实,在法国研究界享有一种优先地位,研究活动围绕前述四大技能领域并通过实验室展开。

(四)日本测绘导航技术重点院校

相较于我国综合性高校测绘专业以及职业技术院校测绘专业的设置,日本的高等院校中,综合性大学一般将测绘专业列入土木工程、建筑等学科下。比如,我国的测绘工程相关专业中,工程测量在日本对应为土木工程专业的精密测量、变形测量等研究方向;大地测量在日本属于测地系,一般单独出现或者对应在地球物理学科的物理大地测量、空间大地测量等方向;摄影测量和遥感在日本一般作为卫星遥感学科单独出现。

1. 东京大学

东京大学下设的理学部设有数学、信息科学、物理、天文、地球物理、化学、生物化学、生物科学、地学9系，附属部门有临海实验场、植物园、基本粒子物理国际中心、光谱化学研究中心、地壳化学研究室、天文学教学研究中心等。工学部是东京大学最庞大的学部，含有23个系109个学科，几乎覆盖了所有工程学科，包括土木、机械、电子、船舶、航空、原子能、资源、金属、材料、应用化学、应用物理、计算等领域的众多学科，还设有一个工程基础系，一个原子能工程研究和综合试验场。东京大学研究生教育阶段，社会基础工学领域拥有九大研究组织，分别坐落在本乡、驹场以及弥生等三大校区，其中第八研究组是空间信息研究组，该研究组发展了各种传感技术、数据管理技术和包括分析理论和算法在内的超大精密仿真系统。该组织还将通过技术和系统的整合，创建下一代信息基础设施。该组织通过数据采集管理分析，可以在计算机上描述土地、城市等真实情况，从而利用这些技术解决各种问题。研究内容涉及人文、社会、历史、环境等诸多领域。组织内的研究活动覆盖多个学科领域，将土木工程和其他专业结合起来，是真正的跨学科研究。

研究组拥有四个不同的研究室：①地域/信息研究室，该研究室位于本乡校区工学部一号观，该研究室的目标是将空间信息工程应用于基础设施规划，包括城市规划和交通工程。研究课题一直与数据有关，如不同传感器的不同数据的集成、仿真与数据的集成、数据结构的推断等。研究室的使命是通过空间信息工程协助区域规划和城市更新。研究主题有：多种数据集成研究，距离传感器对矢量数据和栅格数据的集成；仿真与数据的集成，一般状态空间模型/行人速度分析，从数据中推断结构及其可视化，日本各县间相关性的时空人口数据异常检测。②竹内涉研究室，该研究室位于驹场校区的生产技术研究所，核心成员是竹内涉教授，研究室的任务是开发一种方法来衡量和评估亚洲国家以人类活动为重点的城市、农业地区和森林地区的环境变化。这些研究是在国际技术合作下进行的，衍生的系统通过亚太地区武装部队和日本国际机构在包括越南、老挝、马来西亚、印度尼西亚和缅甸在内的东盟国家实施和转让业务计划。他们一直在进行研究，利用光学和雷达图像分析环境变化和减轻灾害的反应。实验室的研究也与联合国可持续发展目标有关。在竹内涉实验室，遥感技术已经应用于大气环境、高碳储层和城市环境等应用领域。在这种情况下，对象被各种传感器检测，可以通过从捕获的数据中提取有用的信息来建模。③关本研究室，该研究室是处理城市信息的研究，于2013年4月成立于驹场校区的生产技术研究所。近年来，动态变化的城市所面临的挑战变得复杂化和多样化，该研究室的研究活动有：结合感知和行为建模估算人员流量、在特定的情境下阐明人的运动、快速而廉价地监测城市基础设施、通过设计和建立信息分布来运营城市。④堀市村·地震研究所，该研究所位于弥生校区的地震研究所三号馆，研究方向是开发和应用计算科学和高性能计算方法，以解决固体地球科学、地震学和土木工程相关的物理和社会经济问题。他们的目标是通过开发能够利用最大规模的计算机系统的方法来进行尖端计算科学研究。课题组与地球科学工程研究所、计算机计算科学研究所以及制造商和销售商开展国内外的合作。研究内容涉及物理学模拟、社会经济问题模拟以及两者的结合。

2. 京都大学

京都大学在第一章第二节已有介绍。京都大学拥有10个学部和研究生教育阶段的18个研究科，分别是人类综合学部、文学部、教育学部、法学部、经济学部、理学部、医学部、药学部、工学部、农学部以及文学研究科、教育学研究科、法学研究科、经济学研究科、理学研究科、医学研究科、药学研究科、工学研究科、农学研究科、人类·环境学研究科、能量科学研究科、亚非地区研究科、信息学研究科、生命科学研究科、地球环境学大学院、公共政策大学院、经营管理大学院、综合生存学馆。其中热门专业主要有文献文化学、农学、森林科学、应用生命科学、教育科学、应用生物科学、基础法学、环境工学、环境地球工学、建筑学、生活空间学、机械工学、机械物理工学、精密工学、原子核工学、材料工学、航空宇宙工学、电气工学等。

社会基础工程专业是为了开创新的产业和文明，为了与环境相协调，创造安全、安心、有活力的可持续发展的社会，以人类活动的领域和其中的社会基础构筑物为研究对象的技术革新。本专业以开发最尖端技术，实现安全、安心，与环境和谐的社会基础建设，持续利用地下资源为重点，为支持社会基础建设的科学技术发展做出贡献。为此，培养能够深刻理解全球环境问题和能源问题，从国际和多角度的视野开阔新技术的工学基础能力，以及能够解决实际社会问题的应用能力的人才。

为了创造和保护社会基础，促进减灾、防灾技术的高度发展是必需的。自然灾害的原因是地壳变动和气候变动，分为地震灾害、火山灾害、风水灾害、地基灾害等。近年来，由于全球变暖等全球范围内活跃的气候变化，灾害有更加广域化、巨大化、复合化的倾向。测量技术和灾害预测法的高度化，需要发展广域风险图制作等灾害信息管理和经济有效的灾害对策技术。为构建减灾技术，应以基于计算科学、测量和实验科学等尖端工程基础实现技术创新为目标。

3. 青山制图专科学校

该学校是专科大学，学制两年，自1977年4月开办，学校命名为“青山制图学院”，1982年2月被东京都批准建立专科学校，更名“青山制图专科学校”。1985年作为学校法人被东京都知事批准，称为“学校法人鹿光学园”，鹿野光雄就任理事长。1986年在北海道札幌市开办姐妹学校——青山制图专科学校札幌校区，并与加拿大不列颠·哥伦比亚州立格子柯克高等专科学校签订合作协议。

作为专科院校，该学校成立以来，就致力于实际业务能力的提升，注重个性化培养和专业实践能力训练，坚持通过基础教育和实践教育的结合，贯彻专业教育理念。学校建有建筑系及室内装饰系，详细分为建筑工程系、建筑室内工程系、建筑设计系、住宅设计系、商业空间设计系、建筑室内设计系。为满足学历教育和任职教育的不同需要，该学校的各专业还设有夜间部，即夜校，满足在职人员对于建筑、设计技能学习的需要，并承担建筑师、建造师等职业资格认定的检定任务，具有2级建筑师、土木建造师、室内装饰师考试认定资格，为日本社会培养了大批建筑师、建造师、设计师。

（五）韩国测绘导航技术重点院校

1. 大邱科学大学

大邱科学大学（대구과학대학교）成立于1960年，以培养"探索真理、创新技术、实践服务"的科学人才为教育目标，2020年被韩国教育部指定为"教育发展认证机构"。大邱科学大学测绘信息系成立于1993年，是韩国首个开设大地测量学科的大学，2000年获韩国"测绘与空间信息总统表彰奖"。该系的教育目标是培养引领第四次工业革命时代的空间信息产业专业人才；培训大地测量、空间信息等领域的专业技能；建立产学研结合体系，开展以实践为主的技术培训。该系被韩国大韩测量协会指定为"测量和地理信息系统技术研修"委托单位，入选韩国国土海洋部空间信息教育基地大学，曾举办过韩国首届空间信息核心人才培养研讨会。

该系开设的主要课程包括大地测量学、地籍学、应用测量实践、三角测量与实践、CAD基础、CAD实践、卫星测量、GIS应用、地理信息系统实践、摄影测量与实践、GPS和生活、遥感、地理信息、国土和地理规划等。

目前该系建设的相关学科实验室包括GIS实验室、大地信息系统实验室、测量实验室、地籍设计实验室、地下埋设检测实验室和GPS及测量参考点实验室等。GIS实验室主要收集、存储、编辑和输出GIS相关数据以及处理航拍和卫星图像。大地信息系统实验室（Land Geographic Information System）主要进行基于地块的大地信息系统、ARC视图、地理信息构建和数字地图的相关实践。测量实验室主要带领学生利用大型PDP和实物投影机等进行地图绘制和道路设计。地籍设计实验室主要带领学生进行地图制作获取坐标、创建地籍图等。地下埋设检测实验室主要测量地下埋藏管道的深度、口径和材料，使用地下埋设探测器测量地下埋藏的各种设施。

2. 延世大学

延世大学（연세대학교）创建于1885年，是以基督教精神为支撑的研究型综合大学，为环太平洋大学联盟和东亚研究型大学协会成员。延世大学天文与航空航天学系于1968年首次进行本科生招生，于1972年设研究生硕士学位课程，于1976年设研究生博士学位。该系拥有目前韩国最先进的天文与航空航天学教学、研究设施，如用于学生观测实践的日山观测站61厘米反射望远镜、校内观测站40厘米反射望远镜、4台10英寸中型望远镜和若干小型望远镜等。

该系目前开设的本科生课程包括天文与航空航天学概论、基础天体物理学、卫星天文、天文观测法、空间动力学、星系和太空、科学影像处理理论与实践、天文观测仪器及其应用、太空飞行学、天文计算法、卫星系统、宇宙学、传播天文学等。开设的研究生课程包括恒星进化、天文观测法、天体力学、星系的形成和演化、卫星轨道确定与筛选、卫星制导控制、宇宙仪器理论、高级天文计算统计、空间动力学、银河结构论、前沿研究等。此外，该系还开发应用了模拟韩国型卫星导航系统轨道决策的模拟器。

3. 庆日大学

庆日大学(경일대학교)创建于1963年，位于韩国庆尚北道庆山市。庆日大学空间信息工程系以培养具有数字空间信息产业问题解决能力的专业技术人才，以及研究开发地理信息系统、三维数字测量、卫星遥感、卫星导航系统所需的理论和技术为教育目标。该系于2008年、2009年、2010年和2013年入选韩国国土交通部“国家GIS专业人才培养机构”。该系开设的课程主要涉及地理信息系统、遥感、卫星测定系统等新兴空间信息产业领域，以及测量和制图、卫星图像获取和处理、空间信息相关软件开发和高级空间信息利用技术等领域。包括空间信息学、智能映射、地理信息系统、卫星遥感、计算机指导、空间统计学、GIS空间分析、GIS编程基础知识、卫星影像处理、数字测量、GIS编程、空间信息融合、摄影测量、全球导航卫星系统卫星测位、城市和土地信息系统、地形信息工程实践、GNSS数据处理、空间决策系统、GIS应用项目等。

三、代表人物

1. 罗杰·汤姆林森

罗杰·汤姆林森(Roger Tomlinson，1933—2014)，被公认为“地理信息系统之父”，在20世纪60年代初构思并开发了第一个供加拿大土地普查使用的地理信息系统。2001年，汤姆林森博士被授予加拿大勋章。他曾担任国际地理联盟地理信息系统委员会主席12年，率先提出全球地理数据可用性的概念。他是加拿大地理学家协会的前任主席，荣获许多大奖，包括美国地理学家协会颁发的“詹姆斯·R. 安德森应用地理荣誉勋章”(1995年)及“罗伯特·T. 安根布鲁格杰出职业奖”(2005年)。他是“安根布鲁格奖”的第一位获奖者，也是ESRI终身成就奖(1997年)的第一位获奖者。曾被授予“亚历山大·格雷厄姆·贝尔”奖，以表彰他对地理研究的杰出贡献(2010年)。他是英国皇家地理学会的荣誉研究员，并获得多项荣誉博士学位；此外，他还拥有伦敦大学学院的博士学位。

2. 迈克尔·弗兰克·古德柴尔德

迈克尔·弗兰克·古德柴尔德(Michael Frank Goodchild)，1944年2月24日生，美籍英裔地理学家，现为加州大学圣巴巴拉分校地理学教授。古德柴尔德曾在加拿大西安大略大学工作19年，当过3年的系主任。1988年，由于美国国家地理信息和分析中心(NCGIA)的筹建，古德柴尔德开始在圣巴巴拉工作，并在此指导了20余年。古德柴尔德在2002年成为美国国家科学院院士，并于2003年获得皇家地理学会奠基人勋章。

3. 布拉德福德·帕金森

布拉德福德·帕金森(Bradford Parkinson)，是全球定位系统的首席设计师，全球定位系统联合项目办公室的第一任主任，他领导了航天器、主控制站和8种用户设备的原始开发，并担任第一次GPS卫星发射的发射指挥官。1984年被任命为斯坦福大学教授。在斯坦福大学，他领导了许多GPS创新应用的开发。获得奖项众多，其中有被称为“工程诺贝尔奖”的国家工程院德雷珀奖。帕金森教授对GPS的建设发展做出了巨大贡献，被称为“GPS之父”。

4. 尼古拉耶维奇·克拉索夫斯基

尼古拉耶维奇·克拉索夫斯基(Николаевич Красовский)，苏联大地测量学家。1878年9月26日生于俄国科斯特罗马州加利奇城，克拉索夫斯基1900年毕业于莫斯科土地测量学院，1916年获教授学衔。1919年担任土地测量学院院长。1928年在克拉索夫斯基的倡议下，苏联中央测绘科学研究所成立了，他担任该所副所长兼科学部主任、科学顾问。1930年莫斯科测绘学院成立后担任大地测量教研室主任。1939年担任苏联测绘总局委员。同年被选为科学院通讯院士。1943年获得俄罗斯苏维埃联邦共和国功勋科学技术家称号，并获得苏联列宁勋章和劳动红旗勋章。1948年10月1日逝世。

克拉索夫斯基发表的著作大部分是对苏联天文大地网的布设原则、技术规定以及成果整理的研究。他在1928年提出的天文大地网的计划和方案，一直作为苏联进行天文大地测量的原则。1942年他提出用投影法代替平展法整理天文大地网资料。1936年他推导出地球椭球的参数。1941年在他的指导下又推出地球椭球的新的参数，1946年苏联部长会议批准将它作为苏联的参考椭球，称为“克拉索夫斯基椭球”。在此期间，他又建议在布置天文大地网的同时应进行全面的重力测量，从而推动了苏联的大地重力学的发展。他的主要著作已综合在他和丹尼洛夫合编的《大地测量学》中。

5. 米哈伊尔·谢尔盖耶维奇·莫洛坚斯基

米哈伊尔·谢尔盖耶维奇·莫洛坚斯基(Михаил Сергеевич Молоденский)，苏联大地测量和地球物理学家、科学院通讯院士。1909年6月3日生于塔拉。1932年毕业于莫斯科大学。

1946年起一直在地球物理研究所(Институт Физики Земли АН СССР)工作。他依据地球表面的测量数据创造了确定地球形状及其引力场的基本理论，研制了苏联第一台重力仪，发展了地球章动的理论，提出了正常高和似大地水准面的概念。随后在苏联中央测绘科学研究所工作，从事地球形状和地球重力场的研究。1945年他发表了《大地重力学的基本问题》一文，还提出天文重力水准方法。从此，在国家控制网中推求相对大地水准面差距时，可以采用局部地区的重力测量资料。1950—1951年他又对确定地球表面形状的纯几何方法进行了研究，这是一种三维大地测量方法，可以应用于空间大地测量。1960年他综合了多年来的研究成果，发表了《地球形状和外部重力场的研究方法》。在这部著作中，系统地阐述了关于应用地面资料研究地球形状和重力场的见解，称为“莫洛坚斯基问题”，这个问题随之引起国际上的重视，并成为许多大地测量学者的研究课题。1953年起，他又对地球弹性构造模型、地球形变、章动和地球潮汐等问题进行了理论研究和数学计算，所得的结果有些已为国际会议采用。例如，他建立的地球弹性构造模型分别为国际地潮中心和国际天文学联合会采用。“1980 年大地测量参考系统”采用的重力潮汐因子，也同他的研究结果一致。

莫洛坚斯基的科学成果包括莫洛坚斯基公式和地球形状。由于他在大地测量和地球物理研究方面的贡献，1951 年和 1963 年曾先后获得苏联国家奖金和列宁奖金。

6. 米哈伊尔·瓦西里耶维奇·罗蒙诺索夫

米哈伊尔·瓦西里耶维奇·罗蒙诺索夫(Михаил Васильевич Ломоносов)，俄国百科全书式的科学家、语言学家、哲学家和诗人，被誉为俄国科学史上的彼得大帝，提出了“质量守恒定律”(物质不灭定律)的雏形。

1711 年，罗蒙诺索夫出生于阿尔汉格尔斯克一个渔民家庭，但其一生的研究学科非常广泛，取得了很多成就。1742 年罗蒙诺索夫成为科学院副研究员；1745 年 8 月成为圣彼得堡科学院院士和化学教授；1748 年秋他按照自己的计划创建了俄国第一个化学实验室；1749 年之前，罗蒙诺索夫主要从事物理学研究，之后到 1752 年止他把更多的时间放在化学方面；1755 年创办了俄国第一所大学莫斯科罗蒙诺索夫国立大学。罗蒙诺索夫在自然科学方面的贡献范围非常广泛，涉及化学、天文学、物理学、地质学等。

7. 让·米歇尔·勒莫因

让·米歇尔·勒莫因(Jean-Michel Lemoine)，国际知名大地测量专家，长期任职于法国空间局大地测量研究中心(CNES/GRGS)、法国国家科研中心地球环境科学研究所(CNRS/GET)。他在全球高精度静态重力场反演(EIGEN 系列模型)、全球时变重力场反演(GRGS 系列模型)、卫星测高数据处理、精密定轨(SLR、DORIS)和地球定向参数计算等方面有很高的学术造诣。

8. 村井俊治

村井俊治(Shunji Murai)，教授，曾任国际遥感摄影测量学会第一副主席、国际欧亚科学院院士、中国科学院资源与环境信息系统国家重点实验室学术委员会委员、东京大学名誉教授、亚洲遥感协会秘书长。亚洲遥感协会(The Asian Association on Remote Sensing，简称 AARS)，总部设在日本东京大学工业科学院，由亚洲 28 个国家的遥感学术机构与组织组成，成员包括中国、日本、印度等国的相关组织。村井俊治的主要研究方向是遥感、灾害预测、环境保护等，著有《遥感精解》《从遥感角度看待地球保护与开发》《东日本大地震的教训》等著作，其中《遥感精解》由东京大学出版会出版后，作为遥感方向的基础教材，广受好评，被翻译成多国语言版本，我国也于 1995 年翻译引进该书。村井俊治在灾害预测，特别是地震预测方面也取得了较大成就，开发了 MEGA 地震预测程序，使用人工卫星的全新方法，捕捉地震前兆现象，并将分析后的预测信息通过智能手机应用程序发布，极大地提高了地震预测的准确性以及及时性。

9. 冈部敦幸

冈部敦幸(Atsu kiti Okabe)，1945 年出生于佐贺县有田町。1971 年毕业于东京大学研究生院，1975 年完成宾夕法尼亚大学博士课程，1977 年完成东京大学博士课程（工学博士）。后任筑波大学助理教授、东京大学助理教授、东京大学空间信息科学中心主任、青山学院大学工学研究科城市工学系教授、青山学院大学全球社会共生学系教授，现任东京大学名誉教授、青山学院大学名誉教授。1998—2000 年担任地理信息系统协会主席。2018 年 8 月，冈部敦幸获得国际地理联盟桂冠奖，他擅长空间分析，尤其是街道网络中发展起来的城市现象的微时空分析、空间信息学，以及泛在城市的社会基础设施规划和政策研究。

第三节　测绘导航技术学术交流

一、学术期刊

1.《地球物理学研究杂志》

《地球物理学研究杂志》（*Journal of Geophysical Research*，简称 JGR），是美国发行的一本知名科学类 SCI 期刊，是美国地球物理学会（American Geophysical Union，简称 AGU）主办的旗舰期刊。该期刊包括 7 个分刊，收录的论文涵盖太阳、地球和行星科学等众多地球物理学领域。《地球物理学研究杂志》创刊于 1896 年，每年发行出版约三千篇论文，是国际地球物理学界论文质量最高、覆盖领域最广、发行数量最多的国际顶尖学术期刊之一。

2.《地球物理研究快报》

《地球物理研究快报》（*Geophysical Research Letters*），是空间物理学领域的半月刊，由美国地球物理学会（AGU）于 1974 年创办。主要发表空间物理学、固体地球物理学、大气科学、气候学、海洋学、水文与地表、冰冻圈等领域的最新研究成果。国际刊号：ISSN 0094-8276。

3.《环境遥感》

《环境遥感》（*Remote Sensing Environment*，简称 RSE）服务于地球观测，发布有关遥感研究的理论、科学、应用和技术成果。RSE 完全跨学科，关注领域包括但不限于：农业、林业和牧场，生物物理光谱模型，生态、地理和土地信息，地质学和地球科学，水文和水资源，大气科学与气象，海洋学，自然灾害，图像处理与分析，传感器系统和光谱辐射测量。国际刊号：ISSN 0034-4257。

4.《ISPRS 摄影测量与遥感杂志》

《ISPRS 摄影测量与遥感杂志》（*ISPRS Journal of Photogrammetry and Remote Sensing*，简称 P&RS），是国际摄影测量与遥感协会（ISPRS）的官方期刊。该杂志为所有国家从事

摄影测量、遥感、空间信息系统、计算机视觉和相关领域的科学家和专业人士提供了一个交流渠道,以促进学科进步。国际刊号:ISSN 0924-2716。

5.《俄罗斯地质和地球物理学》

《俄罗斯地质和地球物理学》(*Russian Geology and Geophysics*),是俄罗斯出版发行的月刊,收录情况包括:Science Citation Index Expanded,Current Contents-Physical,Chemical & amp,Earth Sciences,Zoological Record。国际刊号:ISSN 1068-7971。

6.《地图》

《地图》为季刊,由日本国际地图学会主办发行。该学会成立于1952年,旨在促进制图学的发展与普及,加强研究人员的交流与协作,开展制图学理论的研究,提高地图编辑、制图与印刷的技术,求得制图发展史研究、读图、用图、制图教育等各方面的发展。该学会系日本国内民间学术组织,并非国际组织,学会下设3个委员会和9个专业分会议。国际刊号:ISSN 2185-646X(电子),ISSN 0009-4897(印刷)。

7.《测量》

《测量》为月刊,由日本测量协会公益社团法人主办发行,关注测量界的尖端技术以及全球范围内的业界动态。全球视野以及较强时效性,是这本期刊的主要特色,其宗旨是以比其他任何渠道更快的速度介绍引起世界各地关注的最新测量信息,每个月都了解到测量界的新趋势。该期刊常设人力资源开发、高精度定位时代"国家坐标"的重要性、使用激光测量查看城堡空间、全国测绘古迹探勘等连载栏目。国际刊号:ISSN 0285-7790。

8.《韩国测量学会杂志》

《韩国测量学会杂志》(한국측량학회지),是由韩国测量学会于1983年创刊的测量学领域学术期刊,于2005年被列入国际学术杂志索引SCOPUS。发行周期:双月刊,国际刊号:ISSN 2288-260X(电子),ISSN 1598-4850(印刷)。

9.《大韩空间信息学会杂志》

《大韩空间信息学会杂志》(대한공간정보학회지),是由大韩空间信息学会于1993年创刊的地理空间信息领域学术期刊。该期刊每年出版四次,收录关于国防、交通、遥测、地理、测量和环境等领域最新理论和技术相关的学术论文。可通过网站(URL:http://www.kogsis.or.kr)搜索和下载来自大韩空间信息学会杂志的材料,但须以会员身份加入,缴纳年费(入会费1万韩元)才可订阅。国际刊号:ISSN 2287-6693(电子),ISSN 1598-2955(印刷)。

10.《大韩地理学会杂志》

《大韩地理学会杂志》(대한지리학회지),是由大韩地理学会于1963年创刊的地理学领域学术期刊,截至2021年,发表论文数为5 600余篇,可用韩语和英语提交论文。发行周期为双月刊,国际刊号:ISSN 1225-6633(印刷)。

二、学术会议

1. 国际制图大会

国际制图大会是国际制图协会（The International Cartographic Association，简称 ICA）组织的国际地图制图学界学术会议，每两年举行一次。中国于 1979 年加入 ICA，认真履行职责，积极参加各项活动，在 1997 年举行的第 18 届国际制图大会上，我国申办第 20 届国际制图大会获得成功，在此次大会期间举办了国际地图展、中国古地图展、国际测绘及相关领域的展览。

ICA 由国际组织成员组成，旨在为制图和地理信息科学相关问题及技术提供论坛支撑。ICA 于 1959 年 6 月 9 日在瑞士伯尔尼成立。第一届大会于 1961 年在巴黎举行。国际制图协会的使命是在国际范围内促进制图和 GIS 学科及专业的发展。ICA 与国际上的政府及商业机构，以及其他国际科学学会都有合作。

2. 美国导航协会

美国导航协会（Institute of Navigation，简称 ION）成立于 1945 年，是致力于导航相关科学发展的组织，致力于推动定位、导航和授时（PNT）技术的发展。作为一个非营利性组织，虽然 ION 来自美国，但其会员遍布世界各地，分布于许多行业，包括专业导航员、工程师、物理学家、数学家、天文学家、制图师、摄影测量师、气象学家、教育工作者、大地测量学家、测量员、通用航空和航空公司飞行员、水手以及任何对定位系统感兴趣的人。同时，ION 也容纳了许多企业成员，包括军事政府机构、企业机构、私营科技机构、大学和培训学院以及咨询公司等。为促进导航和定位系统技术信息交流，ION 目前提供的学术会议有：美国导航协会年会（IONGNSS+会议，由 ION 卫星部门主办），国际技术会议（ITM），联合导航会议（由 ION 军事部门主办），太平洋 PNT、IEEE/ION 位置定位和导航研讨会（PLANS），精确时间和时间间隔会议（PTTI）。

3. 欧洲地球科学联合会年会

欧洲地球科学联合会组织的欧洲地球科学联合会（European Geosciences Union，简称 EGU）年会是地球物理学界具有重要影响的国际学术会议之一。其会议主题涵盖大气、地球物理、气候变化、水文以及行星科学等领域，每届年会都汇集了万余名来自世界各地的科学家。同时，EGU 年会致力于为青年科学家创造更广阔的展示平台，鼓励更多年轻科学家参与学术交流，并提供更多国际合作机会。

欧洲地球科学联合会，又译为欧洲地球科学联盟，是欧洲顶级地球物理学学术组织。其致力于研究地球科学、行星科学及空间科学领域的前沿课题，以及地球与环境、星球与空间科学之间的研究合作，负责出版《地球物理学年鉴》（Annales Geophysicae）等 14 种有重要影响的国际学术期刊。

4. 美国地球物理学会秋季会议

美国地球物理学会(American Geophysical Union,简称 AGU)秋季会议是世界上极有影响力致力于地球和空间科学进步的会议。每年,AGU 秋季会议都会吸引来自 100 多个国家和地区的超过 25 000 名与会者,大多为研究人员、科学家、教育工作者、学生、政策制定者及行业爱好者。

第一届秋季会议于 1920 年 4 月在加利福尼亚州旧金山举行。当 AGU 每年举行两次年会时,它也被称为春季会议。旧金山一直是秋季会议的举办地,直到 2017 年 AGU 才采取轮换策略。

关于美国地球物理学会:美国地球物理学会成立于 1919 年,是美国关于地球物理学领域的学术科研组织,作为美国国家科学院全国研究理事会下属的分支机构,独立运营到 1972 年。美国地球物理学会现为国际性非营利研究机构,负责出版 19 种学术期刊,包括著名的《地球物理学研究杂志》(Journal of Geophysical Research)系列等。

5. 国际摄影测量与遥感学会大会

国际摄影测量与遥感学会(International Society for Photogrammetry and Remote Sensing,简称 ISPRS)每四年举办一次 ISPRS 大会(Congress),由附属于某个成员组织的摄影测量专家和遥感专家以及受到邀请的人员参加。大会每次召开的地点由会员代表大会从会员递交的提案中选举。大会所有活动的安排由大会主席负责,大会主席由主办大会的成员国提名。

国际摄影测量与遥感学会是一个以推动摄影测量、遥感与空间信息科学领域国际合作交流为宗旨的非政府和非营利性科学组织。成立于 1910 年,是该领域历史最为悠久的国际专业组织。目前有 92 个国家会员、13 个准会员、14 个地区会员和 62 个赞助会员。ISPRS 的宗旨是通过鼓励和支持研究与开发、科学合作交流、跨学科活动,推进 ISPRS 领域的知识发展;促进教育和培训,着重支持欠发达国家;推进公众对摄影测量、遥感和空间信息科学对人类福祉和环境可持续发展的贡献的认知。主要活动包括推进相关国家和地区学会的发展;发起和组织科学研究、技术研发;定期举行国际大会、专题讨论会和讲习班;出版学术刊物;等等。

6. 国际测量工作者联合会

国际测量工作者联合会,又称国际测量师联合会(Fédération Internationale des Géomètres,简称 FIG),成立于 1878 年 7 月 8 日,由法国、比利时、德国、英国、意大利、瑞士和西班牙 7 个国家的测绘学者在法国巴黎发起成立第一次大会。目前,FIG 已发展成为一个国际公认的测量组织,并成为联合国经济与社会理事会的咨询机构。它也是除国际大地测量与地球物理联合会(IUGG)、国际摄影测量与遥感协会(ISPRS)和国际地图制图协会(ICA)以外,又一个较大的国际性测量组织。成为世界各国测绘、地籍、估价、制图、大地测量、地理信息和广大测量师学会协会等相关组织积极参与的联合会,拥有超过 120 个国家的相关会员,成为世界范围测量及相关人员建立市场秩序的重要交流平台。1926 年以来 FIG 每三或四年召开一次大会(两次世界大战期间,联合会的工作几乎全部停顿),世界各地的测绘学者汇聚一堂,对新的研究成果和作业经验进行交流。我国首次参加 FIG 大会是 1981 年 8 月在瑞士蒙特勒举行的第十六届大会。

1956 年以来,FIG 是国际技术协会联合会(UATI)的成员,1957 年以来是国际协会联合会(UAI)的成员。1970 年,联合国经济与社会理事会承认 FIG 为经济与社会理事会的一个非政府性组织。FIG 还与欧洲共同体(EG)、联合国粮农组织(FAO)、国际不动产专业联合会(FIABCI)、国家工程师协会介欧洲联合会(FEANI)、联合国教科文组织(UNESCO)、国际海道测量局(IHB)、国际大地测量与地球物理联合会(IUGG)、国际摄影测量与遥感协会(ISPRS)、国际地图制图协会(ICA)等国际组织在业务方面保持密切联系。

FIG 是普通测量方面的国际性学术组织。它的基本宗旨是:联合世界各国的测量工作者团体或国家机构共同商讨与本专业有关的问题;建立各成员国测量学会间的联系;报道各国测量专业人员的社会条件;奖励、资助和推广测量专业研究成果及在科学、技术、司法、经济和社会等方面对测量有用处的发明,并按新方法协调专业教育,以及促进有关当局的联系和各国专业人员间的交流,组织学术会议和技术展览,推动测量工作的开展。

7. 欧洲导航年会

欧洲导航年会(European Navigation Conference,简称 ENC)是由欧洲导航协会团体组织、面向全球的导航领域综合性学术会议,也是欧洲卫星导航领域重要活动之一。自 1997 年以来,会议每年举办一次,由欧洲各国轮流主办。会议汇集导航领域科学家、工程师和国际专家,讨论导航的新发展、新成果以及未来发展趋势。高质量的报告也能使与会者深入了解导航领域的发展状态。2016 年中国卫星导航系统管理办公室组织中科院、航天科技集团、电子科技集团、中国测绘科学研究院等单位代表参加了芬兰赫尔辛基市欧洲导航年会,参与大会各议题的技术交流。该届大会议题主要包括现代应用和未来的发展、GNSS 接收机和天线技术、多 GNSS 应用中的跨洲技术合作、智能交通系统、基于传感器的导航、精密定位、海上导航、GNSS 脆弱点、航空导航、铁路导航、海事导航、室内定位、完好性和安全性等 13 个议题。本次会议专门设立了欧洲伽利略卫星导航系统介绍环节,由欧空局、欧洲委员会以及来自欧盟各相关研究机构的代表介绍了 Galileo/EGNOS 系统建设、应用、技术发展等有关情况。

8. 测量行政圆桌会议

为了准确掌握与地理空间信息相关的社会状况和技术动向,也为推进日本国土地理院的测量管理做出贡献,日本国土地理院于 2006 年起设置测量行政圆桌会议,并在日本关东地方调查局地理空间信息局召开了第一次调查管理会议,详细讨论测量方法体系,明确措施的方向。武藏工业大学校长中村秀夫被任命为第一届测量行政会议主席。该会议是日本国土地理院的咨询机构,现任委员长以浅见泰司(东京大学大学院工学系研究科教授)为首,于 2021 年召开了第 26 次测量行政会议,旨在推进下一阶段地理空间信息应用基本计划,

该圆桌会议将根据会议议程及讨论结果,形成会议报告、意见建议,提交国土地理院。除此既定会议外,该机构还会不定期召开专题圆桌会议,如“测绘的未来”“关于地理、地图普及的十条建议”等主题会议。

9. 地理空间信息论坛

该论坛由日本测量学会社团法人主办,以扩大测量和地理空间信息的世界为宗旨,历史悠久,自 1981 年召开至今,几经变化,在学术界影响深远。该论坛曾在 1994 年至 2007 年间,以当年的全国测量技术大会命名,其综合性及权威性可见一斑。自 2008 年至今,更名为地理空间信息论坛。2013 年起,每年增设名为 G 空间 EXPO 的 G 空间博览会,主题为以地理空间信息技术构筑人类未来。2021 年的地理空间信息论坛在线举行,通过各种视频和图像介绍了支持日本 G 太空社会的最新技术和服务。

10. 测量调查技术报告会

该会议由日本测量调查技术协会、公益财团法人主办,历史悠久,每年都会举办报告会,至 2021 年已经举办了 42 次,作为展示测绘协会会员企业的先进技术的场所,每年都会邀请知名高校、研究机构的学者在会上进行技术报告以及特别讲座。2021 年为线上会议,报告会主题为 CPD 测量和设计 CPD 的目标项目。

11. 韩国测量学会

韩国测量学会(한국측량학회),成立于 1981 年 8 月,目前有测量学相关领域成员约 2 000 名,包括测量学领域的专家、大学教授、研究人员和官员,这些成员各自开展研究活动,每个机构都致力于通过产学研结合来发展测量学。该学会进行关于大地测量、摄影测量、地图和地形信息学的研究,举办关于大地测量、摄影测量、地图和地形信息学研究报告会、讲座、座谈等活动,出版相关书籍和印刷品,参与国内外相关学会的交流和会议,进行相关方面的成就表彰,等等。

12. 大韩地理学会

大韩地理学会(대한지리학회,简称 KGS),成立于 1945 年,是韩国代表性的地理学领域学会。该学会成员分为个人成员和机构成员,截至 2021 年底,共注册有个人会员 1 800 人,机构会员 120 余个。该学会每年举行两次官方学术会议,春季举行的年会以会员为中心,秋季举行的联合地理年会涉及所有与地理相关的组织和机构。此外,还经常与中央政府、地方政府、议会和各种公共机构合作,举办社会问题研讨会。学会每隔一个月出版一份官方期刊《大韩地理学会杂志》,可以用韩语和英语提交论文。

13. 大韩空间信息学会

大韩空间信息学会(대한공간정보학회),成立于 2018 年,是由韩国地理空间信

息学会和韩国空间信息学会整合而成的学术组织，旨在通过会员之间交流空间信息方面的学术研究和技术，定期发行学术杂志。

三、其他信息

在测绘导航技术学术交流方面，除了上述学术期刊、学术会议之外，还有以技术应用和产品推广为主旨的各类展会。

1. 美国芝加哥地理测绘展览会

美国芝加哥地理测绘展览会 GEO Week 由 Diversified Communications 举办，每年一届，在全世界测量行业范围内来说都是一个权威的盛会，为大地测量、地理信息和土地管理等行业专家提供了一个非常好的交流平台。

该展会的主要观众群体是有采购意向的各国政府单位、对口专业厂商等专业观众。这项展览及会议涵盖地理资讯调查、资料处理、应用程式整合等各项主流技术。展品范围主要为以下几类。

(1) 地理信息解决方案：智能交通解决方案、地下管廊规划设计管理解决方案、智能数字园林解决方案、商业地产项目空间规划管理解决方案、变形监测系统解决方案、卫星遥感图像数据采集处理和服务解决方案等。

(2) 高技术测绘地理信息装备：测绘应用卫星、高中空航摄飞机、低空测绘型无人机、测绘型无人船、移动测量车测量机器人、激光三维扫描仪、机载激光雷达、摄影测量相机等。

(3) 传统测绘装备：RTK、全站仪、电子经纬仪、电子水准仪、光学经纬仪、光学水准仪、激光指向仪、扫平仪、垂准仪、测亩仪、激光测距仪、测距望远镜、GPS 导航仪、GIS 手持机、尺具、绘图仪、地质罗盘仪、回弹仪等。

(4) 装备配件产品：水准泡、塔尺、数据线、专用电池、测绘仪器专用螺丝、光学镜片及组件、三脚架、防爆箱、测维修设备等。

2. 美国圣何塞传感器及电子元件展览会

美国圣何塞传感器及电子元件展览会 Sensors Expo 是北美规模大且专业的传感器及技术展览会，迄今已有 30 年的历史，该展会于每年 6 月在美国多个城市巡回举办，集中了亚洲、欧洲与美国的绝大部分传感器制造商及贸易商，每年都吸引大量的采购商及专业人士到场。展品范围主要为以下几类。

(1) 传感器元器件：传感器，传感器系统和传感器测试设备，以及传感器相关的研发技术。

(2) 测量系统：设备，元器件及软件。

(3) 基于汽车与航空工程的测试测量系统：材料与质量测试，定制化测试测量系统。

(4) 实验室测量设备：校准，分析测试设备。

第四节　测绘导航技术专业术语

测绘导航技术方面的专业术语非常多,我们根据使用频率,经过筛选,给出了如下比较常用的、多语种对照的电子通信技术专业术语表,供大家学习参考。

表 2:多语种对照测绘导航技术专业术语表

	汉语	英语	俄语	日语	韩语	法语
1	大地测量	geodetic survey	геодезическая съёмка	大地測量(だいちそくりょう)	측지	Levé géodésique
2	海洋测量	marine survey	морская съёмка	海洋測量(かいようそくりょう)	해양측량	levé maritime
3	控制网	control network	контроль сети	制御ネットワーク(せいぎょ)	기준망	réseau de contrôle
4	控制点	control point	контрольная точка	コントロールポイント	기준점	point de contrôle
5	卫星定位	satellite positioning	спутниковое позиционирование	衛星測位	위성 위치 확인	positionnement parsatellite
6	差分定位	differential positioning	дифференциальное позиционирование	ディファレンシャル測位(そくい)	차분 위치 결정	positionnement différentiel
7	海洋重力测量	marine gravimetry	морская гравиметрия	海洋重力測定	해양 중력 측량	gravimétrie marine
8	海图	chart	марская карта	海図	해도	carte marine
9	墨卡托海图	Mercator chart	марская карта Меркатора	メルカトル海図	점장도	carte marine de Mercator
10	磁偏角	magnetic declination	магнитное склонение	磁気偏角	자침기움각	déclinaison magnétique
11	大地坐标系	geodetic coordinate system	система геодезической координаты	大測地座標系(そくちざひょうけい)	측지좌표계	système de coordonnées géodésiques
12	地图学	cartography	картография	地図学	지도학	cartographie
13	地图更新	map revision	редакция карты	地図の更新	지도 업데이트	révision de la carte
14	地图分类	cartographic classification	картографическая классификация	地図の分類	지도 분류	classification cartographique
15	专题地图	thematic map	тематическая карта	主題図(しゅだいず)	테마 지도	carte thématique
16	地理空间数据	geospatial data	геоспатичные данные	地理空間データ	지오스페이셜 데이터	données géospatiales

续表2

	汉语	英语	俄语	日语	韩语	法语
17	缓冲区分析	buffer analysis	анализ буфера	バッファ分析	버퍼 분석	analyse du buffer
18	嵌入式地理信息系统	embedded geographic information system	встроенная географическая информационная система	埋め込み地理情報システム	임베디드 지리정보 시스템	système d'information géographique intégré
19	噪声分析器	noise analyzer	анализатор шума	ノイズ解析器	노이즈 분석기	analyseur de bruit
20	数字矢量地图	digital line graph	график цифровой линии	デジタルベクトル地図	디지털 벡터 지도	graphique linéaire numérique
21	数字栅格地图	digital raster graph	цифровой растровый график	デジタル格子地図	디저털 그리드 지도	graphique raster numérique
22	制图综合	cartographic generalization	картографическое обобщение	総描(そうびょう)	제도 종합	généralisation cartographique
23	等角投影	conformal projection	конформная проекция	正角図法	등각 도법	projection conforme
24	等积投影	equivalent projection	эквивалентная проекция	正積図法	등적 도법	projection équivalente
25	方位投影	arbitrary projection	произвольная проекция	方位図法	방위 도법	projection arbitraire
26	圆柱投影	cylindrical projection	цилиндрическая проекция	円筒図法	원통 도법	projection cylindrique
27	圆锥投影	conic projection	коническая проекция	円錐図法	원뿔 도법	projection conique
28	墨卡托投影	Mercator projection	проекция Меркатора	メルカトル図法	메르카토르 도법	Projection de Mercator
29	首曲线	intermediate contour	промежуточный контур	主曲線	수곡선	contour intermédiaire
30	计曲线	index contour	индекс контур	計曲線	계곡선	contour index
31	间曲线	half-interval contour	половина интервала контура	間曲線	간곡선	contour d'un demi-intervalle
32	助曲线	extra contour	дополнительный контур	補助曲線	조곡선	contour supplémentaire
33	方里网	kilometer grid	километр сетки	グリッド	팡리왕	grille kilométrique
34	导线网	traverse network	проводная сеть	トラバースネットワーク	다각망	traverser le réseau
35	前方交会	forward intersection	переднее пересечение	前方交会	전방 교회법	intersection avant

续表2

	汉语	英语	俄语	日语	韩语	法语
36	后方交会	resection	резекция	後方交会	후방 교회법	résection
37	矿区控制测量	control survey of mining area	контроль обследования горнодобывающей зоны	鉱区統制測量	광구 통제 측량	levé de contrôle de la zone minière
38	磁子午线	magnetic meridian	магнитный меридиан	磁気子午線	자기 자오선	méridien magnétique
39	真子午线	true meridian	истинный меридиан	真子午線	진자오선	vrai méridien
40	磁方位角	magnetic azimuth	магнитный азимут	磁方位角；磁針方位角	자분탐상	azimut magnétique
41	摄影测量学	photogrammetry	фотограмметрия	写真測量	촬영 측정학	photogrammétrie
42	航天摄影	space photography	космическая фотография	宇宙測量	우주 촬영	photographie spatiale
43	航空摄影	aerial photography	воздушная фотография	航空測量	공중 촬영	photographie aérienne
44	摄影测量畸变差	photogrammetric distortion	фотограмметрические искажения	撮影測定歪み差	촬영측정 비꿀어진 차이	distorsion photogrammétrique
45	倾斜摄影	oblique photography	наклонная фотография	斜め写真	경사 촬영	photographie oblique
46	航高	flying height	летающая высота	飛行高度	비행 고도	hauteur de vol
47	航向重叠	longitudinal overlap	продольные перекрытия	オーバーラップ	침로가 중첩되기	chevauchement longitudinal
48	像片内方位元素	element of interior orientation	элемент внутренней ориентации	画像内方位要素	영상 내 방위 원소	élément d'orientation intérieure
49	像片外方位元素	element of exterior orientation	элемент внешней ориентации	画像外方位要素	영상 외 방위 원소	élément d'orientation extérieure
50	立体像对	stereopair	стереопар	ステレオペア	입체쌍	paire stéréo
51	空中三角测量	aerotriangulation	аэротреголяция	空中三角測量	공중 삼각 측량	aérotriangulation
52	区域网平差	block adjustment	корректировка блока	ブロック調整	지역망 평차	réglage des blocs

续表2

	汉语	英语	俄语	日语	韩语	法语
53	正射影像地图	orthophoto map	ортофото карта	正射写真地図；オルソホトマップ	정사 영상 지도	carte orthophotographique
54	目标提取	object extraction	добыча объекта	オブジェクト抽出	목표 추출	extraction d'objets
55	精密水准测量	precise leveling	точный выравнивание	精密水準測量；直接水準測量	정밀 수준 측량	nivellement précis
56	正高	orthometric height	ортометрическая высота	高度	정표고	hauteur orthométrique
57	正常高	normal height	нормальная высота	標高	정규고	hauteur normale
58	椭球扁率	flattening of ellipsoid	сравнивание эллипсоида	楕円体の扁平率	타원체의 평탄화	aplatissement de l' ellipsoïde
59	重力测量	gravity measurement	измерение гравитации	重力測定	중력 측정	mesure de la gravité
60	全球定位系统	global positioning system	спутниковая система навигации	全地球測位システム	위성항법 시스템	système de positionnement global

第三章 网络安全

第一节　网络安全技术发展概况

网络安全(Cyber Security)是指“网络系统的硬件、软件及其系统中的数据受到保护，不因偶然的或者恶意的原因而遭受到破坏、更改、泄露，系统连续可靠正常地运行，网络服务不中断”①。

一、历史进程

第一台电子计算机诞生于1943年，此后的二十年间，巨大且昂贵的计算机并没有得到普及，懂得如何操作计算机的人也在少数，对于计算机安全的威胁几乎不存在。但事实上，早在1949年当计算机先驱约翰·冯·诺依曼(John von Neumann)推测计算机程序可以复制时，计算机病毒的基本概念就出现了。

黑客的技术及亚文化根源与早期的电话通信息息相关。20世纪50年代末，“电话飞客”(phone phreaking)出现，这些电话爱好者通过攻击协议来拨打免费电话，同时避开长途收费。尽管这样的行为在20世纪80年代走到了末路，但在此之前，电话公司可是毫无办法，飞客们形成了团体，甚至还发行通信。

第一次提到恶意攻击的是麻省理工学院的学报。即使到20世纪60年代中期，大部分计算机依然价格昂贵、体积巨大，所以能够接触到这些计算机的人依然十分有限，然而，这些有权限的人已经开始了攻击行动，尤其是学生，不为任何的商业或政治利益，大多数都只是出于好奇的恶作剧。1967年，IBM邀请了一些学生来试验新计算机，不满于探索可访问的部分，这些学生开始学习系统语言，并获得了系统其他部分的权限。对于公司来讲，这次攻击是一次非常有价值的教训，防御措施从此得到了改善。直至今日，道德黑客攻击模拟依然是了解网络弱点进而改进防御措施的重要一环。

---

① 万雅静.计算机文化基础 Windows 7+Office 2010[M].北京:机械工业出版社,2016:234.

真正意义上的网络安全始于1972年阿帕网的一个实验项目，研究员鲍勃·托马斯写出了一个名为“爬虫”(Creeper)的程序，实现了程序的自动转移，该程序在阿帕网上到处移动，并留下一句“我是爬虫，来抓我呀”。后来，电子邮件的发明者雷伊·汤姆林森写出了另一个程序“Reaper”，能够追赶并删除爬虫。“Reaper”不仅是第一个杀毒软件，而且同样能够进行自我复制，是第一个真正意义上的电脑蠕虫。

随着对计算机依赖的增加和网络技术的快速发展，各国政府清楚地认识到，安全至关重要。1972—1974年，围绕计算机安全的讨论，尤其是学术论文显著增加。

到了20世纪70年代中期，网络安全的概念逐渐成熟。1976年，“支持安全和可靠软件的操作系统结构”规定：“安全性已成为计算机系统设计中一个重要且具有挑战性的目标。”

1979年，16岁的凯文·米尼克(Kevin Mitnick)入侵了数字设备公司(Digital Equipment Corporation)用于开发操作系统的计算机，并复制价值百万美元的软件，随后被捕入狱。有人称他为“世界上头号电脑黑客”。

20世纪80年代，备受关注的攻击事件有所增加，1983年，特洛伊木马和计算机病毒登场。冷战时期，网络间谍活动的威胁不断升级。1985年，美国国防部发布了《可信计算机系统评估标准》(又名《橘皮书》)，为以下方面提供了指导：评估对处理机密或其他敏感信息的软件的信任程度，制造商需要在其商业产品中构建哪些安全措施。

尽管如此，1986年，德国黑客马库斯·赫斯(Marcus Hess)利用加利福尼亚州伯克利的一个互联网网关，搭载到阿帕网上，并入侵了400台军用计算机，包括五角大楼的大型机，意图向克格勃出售信息。

1987年商业杀毒软件诞生。到1988年，世界各地已经成立了许多杀毒公司。早期的防病毒软件由简单的扫描程序组成，这些扫描程序执行上下文搜索以检测独特的病毒代码序列。其中许多扫描程序还包括“免疫接种器”，它们修改程序，使病毒认为计算机已经感染，而不去攻击它们。随着病毒数量增加到数百种，免疫接种器很快失效。杀毒公司也越来越清楚，他们只能对现有的攻击做出反应，而且由于缺乏通用且无处不在的网络(互联网)，实现更新是很困难的一件事。

随着世界慢慢开始注意到计算机病毒，1988年也诞生了第一个专门讨论防病毒及计算机安全的电子论坛——Virus-L。同时诞生的还有许多讨论计算机安全的媒体。

1990年，第一批多态性病毒诞生。英国《计算机》杂志《今日PC》发布的免费光盘中，有一张“意外”含有DiskKiller病毒，感染了数万台计算机。同样是在1990年，欧洲计算机防病毒研究所(EICAR)成立。

随着越来越多的防病毒软件进入市场，网络犯罪分子也做出了回应。1992年，第一个“反防病毒程序”出现。到1996年，许多病毒使用了新技术新方法，包括隐形能力、多态性和“宏病毒”，这给防病毒供应商带来了一系列新的挑战，使他们不得不开发新的检测和清除病毒能力的软件。

20 世纪 90 年代,新的病毒和恶意软件数量激增,从十年前的数万个增加到 2007 年的每年 500 万个。到 90 年代中期,为了保护公众利益,扩大网络安全范围已经迫在眉睫。通过在防止建筑物内实际火灾蔓延的物理结构上进行建模,美国宇航局的一名研究人员开发了第一个防火墙程序。

20 世纪 90 年代末,电子邮件数量激增。这一新的通信方式为人们的工作生活带来了极大的改变,但它也成为病毒的一个突破口。1999 年,梅丽莎病毒被释放。它通过 Word 文档进入用户的计算机,然后通过电子邮件将副本发送到 Microsoft Outlook 的前 50 个电子邮件地址。此病毒造成的损失达到了 8 000 万美元。

随着互联网的普及,网络罪犯行为更为猖狂。2001 年,一种新的感染技术出现了:用户不再需要下载文件,而是访问一个受感染的网站就足够了,不法分子用受感染的网页替换干净的网页,或者在合法网页上"隐藏"恶意软件。即时通信服务也开始受到攻击,通过 IRC(互联网聊天中继)渠道传播的蠕虫也出现了。

此外,零日攻击的发展利用了新软件和应用程序安全措施中的"漏洞",这意味着防病毒的效率越来越低——除非数据库中已经存在病毒,否则无法根据现有攻击特征检查代码。

2000 年,第一个开源防病毒引擎 OpenAntivirus 项目正式推出;2001 年,ClamAV 发布,这是有史以来第一个商业化的开源防病毒引擎;2001 年,爱维士(Avast)推出免费杀毒软件,为大众提供功能齐全的安全解决方案。该计划在五年内将 Avast 的用户群增加到 2 000 多万。

防病毒软件通常会降低计算机的性能。随后,熊猫安全等在其杀毒产品中结合了云技术。2008 年,反恶意软件测试标准组织(AMTSO)成立,并在不久后开始研究测试云产品。

同时,内置于操作系统中的网络安全也得到了提升,包括执行常规操作系统补丁更新、安装更新的防病毒引擎和软件、防火墙,以及用户管理的安全账户。

随着智能手机的普及,安卓和 Windows 也开发了防病毒软件。如今,网络通信技术进入了新的高速发展阶段。随着计算机的普及程度越来越高,电子邮件、万维网等信息传播方式如雨后春笋般迎来了前所未有的发展,使得互联网得到了广泛普及,给人们的生活方式、通信方式带来了翻天覆地的变化,也带来了前所未有的挑战。信息网络环境成了国家必不可少的重要资源,网络安全也成为国家安全的重要一环。

二、发展现状

时至今日,对于全球各个国家来讲,网络安全牵一发而动全身,已经成为全球范围内的挑战,没有任何一个国家可以独善其身,忽略网络安全问题。随着互联网走上发展的快车道,网络安全发展也日新月异,呈现出以下几个显著特点。

(一)网络安全产业规模逐渐扩大

根据Gartner(一家全球性的高知名度的IT研究和咨询公司)统计数据,2019年全球网络安全产业规模达到了1 244.01亿美元,2020年全球网络安全产业规模达到了1 337.76亿美元,预计2021年全球网络安全产业规模将达到1 504.09亿美元。2020—2025年,预计全球网络安全市场规模复合年均增长率为10.8%。[①] 由于政府、军队、电信、金融、能源等重点行业以及教育、电商、交通等新兴行业对网络安全产品、服务的强劲需求,网络安全市场规模正在不断扩大。

(二)网络安全发展环境不断优化

面对不断增长的网络安全产业发展需求,世界各国为维护本国网络安全、发展网络安全相关产业,不断完善网络安全相关政策举措,促进网络安全产业发展环境不断优化。美国发布了《太空网络安全指令》《国家安全战略临时指导方针》《5G网络安全实践指南》《零信任安全模型指南》等文件,拜登签署《改进国家网络安全行政令》,美国国务院批准设立新的网络空间安全和新兴技术局。欧盟则提出"2030年欧洲数字化转型愿景",欧洲理事会通过了欧盟数字十年网络安全战略,欧盟网络安全局(ENISA)发布《物联网安全准则》,欧盟委员会提出《数据治理法规》。其他国家也不断完善网络安全发展顶层设计,加大对网络安全行业投入。

(三)发达国家占据优势地位[②]

根据Gartner统计数据,目前美欧发达国家占据全球网络安全市场7成份额。其中,北美地区网络安全市场规模581.75亿元,占据全球网络安全市场最大份额,全球占比46.76%。以英、德等国为主的西欧地区网络安全市场规模为306.79亿美元,位列全球第二,全球占比24.66%。中、日、澳等亚太地区网络安全产业规模为268.09亿美元,位列全球第三,全球占比为21.55%。其他地区网络安全产业规模占比仅为7.03%。根据2021年1月上市企业财报统计数据,美国Crowdstrike以2 883亿元的市值位列全球网络安全榜首,全球市值前十的网络安全企业美欧独占8席,前20强占据17席。

同时,欧美发达国家在网络安全领域的创新能力也处于领先地位。根据Cybersecurity Ventures公司发布的2018年度全球网络安全企业创新500强名单,美国有358家企业上榜,欧洲有67家企业。根据上海赛博网络安全产业创新研究院发布的《2018全球网络安全企业竞争力》研究报告,55家美企进入百强榜,并占据前十名中的7家,前十名中剩余的三家企业分别是英国的德勒、中国的华为和以色列的Cneck Point(来源:澎湃新闻)。

---

① 来源《中国网络安全产业白皮书》。

② 王超.国际网络安全产业发展现状及经验启示[J].网信军民融合,2021(6):9-12.

（四）网络安全风险日益加大，安全攻击事件频发

网络安全威胁已经由早期单一的破解口令、篡改网页、破坏文件等向复杂的病毒传播、域名劫持、漏洞攻击、拒绝服务、APT攻击等多种手段发展，导致机密文件和商业秘密失窃、个人财产受损，严重破坏经济社会运行。2020年5月，委内瑞拉国家电网干线遭攻击，全国大面积停电。2020年4月，以色列国家网络局发布公告称，近期受到了多起针对废水处理厂、水泵站和污水管的入侵报告。2020年8月，日本本田汽车遭受工业型勒索软件攻击，部分生产系统中断。

三、前沿趋势

互联网蓬勃发展，网络规模不断扩大，网络应用水平不断提高，成为推动经济发展和社会进步的巨大力量。未来，在数字经济产业蓬勃发展、网络安全政策和技术创新等多重因素驱动下，网络安全产业将持续稳定增长。网络安全技术也将迎来大革新。

（一）前沿方向1：零信任

传统的网络安全是基于防火墙的物理边界防御，也就是为大众所熟知的“内网”。防火墙的概念起源于20世纪80年代，该防御模型前提假设是企业所有的办公设备和数据资源都在内网，并且内网是完全可信的。

然而，随着云计算、大数据、物联网等新兴技术的不断兴起，企业IT架构正在从“有边界”向“无边界”转变，传统的安全边界逐渐瓦解。随着以5G、工业互联网为代表的新基建的不断推进，网络还会进一步加速“无边界”的进化过程。与此同时，零信任安全逐渐进入人们的视野，成为解决新时代网络安全问题的新理念、新架构。

零信任代表了新一代的网络安全防护理念，它的关键在于打破默认的“信任”，用一句通俗的话来概括，就是“持续验证，永不信任”。默认不信任企业网络内外的任何人、设备和系统，基于身份认证和授权重新构建访问控制的信任基础，从而确保身份可信、设备可信、应用可信和链路可信。基于零信任原则，可以保障办公系统的三个“安全”：终端安全、链路安全和访问控制安全。

（二）前沿方向2：安全即服务

安全即服务是一种用于安全管理的外包模式。通常情况下，安全即服务包括通过互联网发布的应用软件（如防病毒软件），也可指外部组织提供的内部安全管理。

安全即服务有很多好处，它能保证持续的病毒定义更新、更高的安全专业知识、更快的用户配置、人力物力财力的节省等。其应用包括电子邮件过滤、网页内容过滤、漏洞管理以及身份管理即服务。

（三）前沿方向3：网络流量分析

任何网络活动必定会产生网络流量，而基于网络全流量记录、实时深度监测分析，用

户可以了解网络中发生的任何情况，做到对未知威胁的第一时间发现、第一时间响应。

目前，伴随着物联网设备规模化增长、5G商业落地、云计算和边缘计算普及，网络流量也迎来爆炸性增长。一方面，网络流量中承载着庞大的业务信息（支付信息、账号信息等），能够反映出最为直观、真实和有效的数据。另一方面，日益复杂的互联网环境则给流量监测与分析带来了更大的挑战。

在现实需求下，以网络流量为基础的网络流量分析技术逐渐应用于网络威胁和异常网络行为的检测。经过实际网络环境的验证和不断的迭代，检测的有效性和准确性都有了大幅度的提高，这也进一步为网络威胁和异常行为处置奠定了基础。

（四）前沿方向4：云化服务

在网络安全的实践层面，很多组织当前对安全的投入只是断断续续，并且用静态的安全系统和规范来应对实时变化的安全威胁，而这也正是越来越多单位在安全领域问题频发、事故不断的根本原因。

传统的安全建设方式属于典型的静态思维，即用户按照现有威胁的种类和等级来制定安全系统建设目标，并分期分批进行部署。显然，这套逻辑只有在威胁一成不变或发展缓慢的前提下才能奏效。但现实的情况却是，攻击者总在尝试新方法、新工具，而一旦新攻击奏效，类似的手段便会层出不穷、迅速扩散。解决"静态安全思维与动态安全威胁"之间不可调和的矛盾，提供云化的、低成本、高服务带宽的网络安全服务，是解决网络空间安全问题的出路之一，是未来的一大方向。

第二节 网络安全技术研究实力

一、研究机构

随着计算机与网络的普及，网络安全与国家安全的联系日益紧密，各个国家对于网络安全的研究也愈加重视。以下列举了世界主要发达国家或地区部分网络安全技术研究机构。

（一）英美网络安全技术研究机构

1. 美国网络安全和基础设施安全局

美国网络安全和基础设施安全局（Cybersecurity and Infrastructure Security Agency，简称CISA），成立于2018年，是美国独立的联邦机构，在国土安全部的监督下运作。

网络安全和基础设施安全局致力于保护美国免受网络攻击，确保国家的所有关键基础设施免受网络袭击。除了从事国内项目外，网络安全和基础设施安全局还可以在国际上打击网络犯罪和网络恐怖主义。此外,它还负责协调政府各部门在关键基础设施保护方面的工作。

2. 美国网络安全和通信办公室

美国网络安全和通信办公室(The Office of Cybersecurity and Communications,简称CS&C),隶属于美国国土安全部(DHS)国家保护与计划局(NPPD),网络安全和通信办公室负责加强美国网络和通信基础设施的安全性和可靠性,负责积极吸引私营或公共部门、国际合作伙伴等参与预防、准备和应对潜在的破坏威胁和紧急情况。主要有三个部门:应急通信办公室(OEC)、国家通信系统(NCS)、国家网络安全部(NCSD)。

3. 美国信息安全监督办公室

1978 年 12 月 1 日,美国总统吉米·卡特签署了第 12065 号行政命令“国家安全信息”,成立了美国信息安全监督办公室(Information Security Oversight Office,简称 ISOO)。其使命任务是通过确保政府保护并提供适当的信息渠道、保证国家和公共利益来支持总统。通过监督、政策制定、指导、教育和报告,牵头对保密和受控非保密信息的管理进行标准化以及评估工作。

4. 英国国家网络安全中心

英国国家网络安全中心(National Cyber Security Center,简称 NCSC),于 2017 年 2 月 14 日经女王伊丽莎白二世揭幕宣告正式成立。作为英国情报机构政府通信总部的一部分,通过多方合作,开展各类项目,行使多重职能,在网络安全方面维护英国重要组织、公共部门、行业、中小企业以及公众利益。提供有效的事故响应举措,以最大限度地减少对英国的伤害。英国国家网络安全中心的具体任务是:了解网络安全,并将这些知识提炼为能提供给所有人的实用指南;应对网络安全事件,以减少它们对组织和整个英国造成的伤害;利用行业和学术专业知识培养英国的网络安全能力;通过保护公共和私营部门网络,降低英国的网络风险。

(二)俄罗斯网络安全技术研究机构

俄罗斯进入互联网的时间较中美等国稍晚。1990 年 8 月 28 日,俄罗斯才正式开通互联网进入到国际网络领域。起初,俄罗斯在互联网运行方面是在没有政府监管、没有规范性法律规则应用的情况下自发发展的。一些涉及互联网活动与信息安全的案件都是借助于如宪法,民、刑、政、商等部门规范来处理的。随后,因多次遭受来自其他国家恶意的网络攻击而蒙受巨大损失,国家开始在网络开发与治理方面投入了大量的人力与物资来进行基础设施的建设及科技能力的提升。为保障网络活动的安全进行,联邦立法机关也在不断地出台多项法律对其进行监管与规制。为保障国家行政与军事等重要机关与部门在网络活动方面的安全防护,俄罗斯政府尝试通过多种方法和手段陆续打造出一套切实有效的网络安防制度,体现在法律规范上就是其在信息、通信、互联网活动及网络安全等领域内相继颁布出台的 40 多项联邦层级的法律,80 多项总统法案,以及 200 多项联邦政府法案。经过多年的发展与完善,在网络治理领域内,俄罗斯逐渐显露出庞大的运营能力,彻底扭转了以往其在网络安全领域内的被动落后局面。

自 1998 年以来,俄罗斯每年发起一项题为“国际安全背景下信息和电信领域的发展”的联合国大会动议,该动议表达了对网络空间恶意活动可能破坏国际和平与安全的担忧。该动议最初没有争议,但在乔治·W. 布什担任总统的早期,美国及其盟友开始将其视为促进俄罗斯、中国和志同道合的国家旨在限制互联网自由的威权议程的潜在工具。该动议用于创建联合国政府专家组网络规范进程,始于 2002 年。尽管在调和反对阵营相互冲突的观点方面进展有限,但联合国政府专家组会议已就国际网络规范的适用性达成共识报告:两次(2013 年和 2015 年)网络空间法。这些报告包括接受国际法对网络空间的适用性,并就一系列规范、能力建设和建立信任措施的重要性提出建议。2020 年,联合国政府专家组增加了一项关于基于 ICT 攻击其他国家选举过程的不干预承诺提案。俄罗斯与西方国家关于网络空间的对话问题的特点是相互不理解和明显的不妥协,一方认为理所当然的规范往往被另一方视为具有威胁性。尽管俄罗斯一再提出邀请其他国家加入的规范,但这种分歧破坏了就网络空间的共同原则或行为规则达成协议的努力。

1. 俄罗斯联邦安全局

俄罗斯联邦安全局(Федеральная служба безопасности)负责俄罗斯联邦国内的反间谍工作,同时也负责打击大规模有组织犯罪活动、恐怖活动,打击非法武器贩卖和走私活动,打击危害国家安全的非法武装组织和集团,以及保护国家边境安全。它是苏联时期契卡、内务人民委员部、克格勃的继承组织。该局的主要任务包括向俄罗斯联邦总统、俄罗斯联邦政府总理、受他们委托的国家政权联邦机构以及俄罗斯联邦主体国家权力机构通报俄罗斯联邦安全受到威胁的信息;发现、预警、制止外国特工机构、组织和个人企图对俄罗斯联邦安全造成损害的情报侦察和其他活动;为保障俄罗斯联邦安全利益,提高其经济、科技和国防潜力而获取侦察情报;发现、预警和制止犯罪,依据俄罗斯联邦法律对交由联邦安全局机构处理的犯罪活动进行初步侦察和预先审讯;通缉犯有或被怀疑犯有上述罪行的人;等等。其中,俄罗斯联邦安全局下设有信息安全中心,是联邦安全局处理俄罗斯信息安全问题的专门单位。

2. 俄罗斯国家计算机事件协调中心

俄罗斯国家计算机事件协调中心(以下简称 NKTsKI)于 2018 年秋由俄罗斯联邦安全局局长亚历山大·博尔特尼科夫下令成立,隶属于俄罗斯联邦安全局。该中心的主要职责在于应对针对俄罗斯利益的网络攻击。负责协调的工作包括发现、预防针对俄罗斯关键信息基础设施的网络攻击并消除攻击后果,以及对计算机事件的反应。

根据俄罗斯联邦安全局于 2018 年 7 月 24 日颁布的 N366 号令“关于国家计算机事件协调中心”的要求,NKTsKI 是旨在检测、预防和消除计算机攻击后果以及应对计算机事件的组织体的组成部分之一。NKTsKI 的任务是确保协调俄罗斯联邦关键信息基础设施主体在检测、预防和消除计算机攻击的后果以及应对计算机事件的问题上的活动。

N366 号令明确 NKTsKI 执行以下功能：①协调活动以应对计算机事件并直接参与此类活动；②参与检测、预防和消除计算机攻击的后果；③收集、存储和分析有关计算机事件和计算机攻击的信息，并分析检测、预防和消除计算机攻击后果以及应对计算机事件的措施的有效性；④确定向国家系统提交有关计算机事件信息的必要格式，以检测、预防和消除计算机攻击对俄罗斯联邦信息资源的后果，并将其提交给关键信息基础设施的主体。

为了发挥上述功能，NKTsKI 的权限范围有：①就与检测、预防和消除计算机攻击后果相关的问题向关键信息基础设施的主体以及其他非关键信息基础设施的主体和组织（包括外国和国际机构）发送通知和查询以及对计算机事件的响应；②应无权发送此类请求的外国或国际组织的请求，以及在提供此类信息的情况下，拒绝提供与关键信息基础设施运行相关的计算机事件信息；③让在该领域工作的组织和专家参与应对计算机事件；④分发和出版信息和参考资料，参加与检测、预防和消除计算机攻击后果和应对计算机事件有关的问题的科学和技术会议、座谈会、会议、展览，包括国际会议。

3. 俄罗斯联邦技术和出口管制局

俄罗斯联邦技术和出口管制局（俄文：Федеральная служба по техническому и экспортному контролю，英文简称：FSTEC）成立于 2004 年，是俄罗斯的联邦行政权力机构，隶属于国防部，执行国家政策，组织部门间的协调和合作，在国家安全领域发挥特殊的控制功能。俄罗斯联邦技术出口管制局在莫斯科设有中心办公室，此外还在七个地区有办事处以及一个名为“国家技术信息保护问题科学与研究实验研究院”（英文简称：GNIII PTZI）的信息安全研究与实验研究院。该局在保护全国关键信息基础设施方面承担某些职责，带头采取防御措施，抵御任何基于外国技术的情报行动、技术信息保护和技术出口管制政策。它最重要的职责之一是在俄罗斯境内开展技术反情报行动。技术和出口管制局活动涵盖广泛的政策，包括涉及使用外国信息技术的法规。

FSTEC 负责执行政府政策，协调部门间合作，并在国家安全领域行驶特殊职能。这些国家安全领域包括：信息系统安全，打击针对俄罗斯的外国技术威胁，国家机密安全，出口控制。在 FSTEC 四大职能之中，它还需与俄罗斯国家安全局合作保护国家机密，支持技术性反情报和反间谍活动，而且有权监控负责国家机密事务官员的通信。该机构还能管控化学和核武器的商用周边材料以及反技术情报。

FSTEC 内部还有一个高级政府官员组成的委员会，包括俄罗斯军方总参谋部副部长、内务部副部长、俄罗斯联邦安全局（FSB）下的经济安全司司长、俄罗斯对外情报局（SVR）副局长等。该委员会的主要职能是设置并管理 FSTEC 预算以及协调部门间的职能。

4. 卡巴斯基实验室

卡巴斯基实验室（俄文：Лаборатория Касперского，英文：Kaspersky Labs）成立于 1997 年，创始人为尤金·卡巴斯基，是一家专门从事计算机病毒、垃圾邮件、黑客攻击和其他网络威胁防护等系统开发的国际公司,现已成为一家领先的国际信息安全软件提供商。卡巴斯基实验室研发、生产和销售广泛的信息安全解决方案,包括反病毒、反垃圾邮件和反黑客系统。

卡巴斯基实验室提供每小时更新病毒库、全天候多语言技术支持等各种服务,满足客户数据安全的特殊需求。总部设在俄罗斯莫斯科,并在英国、法国、德国、荷兰、波兰、日本、中国、韩国、罗马尼亚以及美国设有分支机构。全球合作伙伴超过 500 家,网络覆盖全球各地。

卡巴斯基实验室在行业内率先开发出了大量的反病毒软件标准。公司的旗帜产品——卡巴斯基反病毒,能够为几乎所有的计算机提供可靠的反病毒保护,这些计算机包括:工作站、文件服务器、邮件系统、防火墙、网关和掌上电脑。许多知名的业内厂商都在他们的产品中内嵌了卡巴斯基反病毒的内核程序,包括:Nokia ICG(美国)、F-Secure(芬兰)、Aladdin(以色列)、Sybari(美国)、G Data(德国)、Deerfield(美国)、Alt-N(美国)、Microworld(印度)和 BorderWare(加拿大)。

5. 莫斯科国防管理中心

莫斯科国防管理中心是俄罗斯的战略指挥所,成立于 2014 年,作为该国第一个信息和通信融合中心,全天候运作。它位于克里姆林宫附近,具有四个功能:高级指挥、军事行动的协调、指挥战略核力量、和平时期安全工作的协调。该中心最初将 49 个军事、警察、经济、基础设施和其他部门联合在总参谋部的管理下,提高了政府反应和信息交流的速度。到 2020 年,它参与了与更多实体的军事演习的协调,例如在"高加索—2020"(Kavkaz-2020)演习中,有 160 个参与实体,该中心协调了 380 项联合行动。

6. 俄罗斯总参谋部

2017 年 2 月俄国防部长谢尔盖·绍伊古公开表示,俄罗斯已经成立专门从事信息作战的部队,标志着俄罗斯首次官方承认其网络战军事力量的存在。其中,总参谋部是网络空间作战的总指挥机关,由分管作战的第一副总参谋长负责,主管网络空间作战指挥系统的规划和建设问题,并依托总参作战总局指挥系统与指挥所、通信总局和总参军事科学委员会等部门开展相关工作。而具体作战工作由总参作战总局负责,该局是网络空间作战的主要规划机构。总参作战总局下设第 5 局和第 6 局,第 5 局专门负责网络空间作战指挥;第 6 局负责网络空间作战技术装备研发。为了加强俄军网络空间作战能力,俄国防部于 2009 年成立了俄军特种技术总中心,并与国防部第 18 中央科研所信息对抗方法与设备科研局一起划归总参谋部。2010 年,又设立了第 19 局,负责管理指挥特种技术总中心和第 18 中央科研所信息对抗方法与设备科研局。

(三)法国网络安全技术研究机构

1. 法国国家信息系统安全局

法国国家信息系统安全局(Agence Nationale de la Sécurité des Systèmes d'Information,

简称 ANSSI)成立于 2009 年,总部位于法国首都巴黎,是法国信息系统防御与安全国家机构。根据法国政府 2008 年发布的《国防与国家安全白皮书》,法国政府将原计算机安全中央指挥处升级为国家信息安全系统机构局,将原国防总秘书处升级为国防和国家安全总秘书处(SGDSN)。两者间的关系是:国防和国家安全总秘书处由法国总理直接领导,协助总理履行其在国防和安全方面的职责。而国家信息系统安全局向国防和国家安全总秘书处汇报工作。这两个机构的成立标志着法国总体网络防御体系的构建取得重大进展。

国家信息系统安全局负责制定官方的信息系统安全标准,协调关键行业和国家军队在内的公共机构之间的网络安全行动。国家信息系统安全局下设信息系统安全行动中心(COSSI),该中心是负责监测和降低国家信息系统受袭击状况的政府机构。信息系统安全行动中心下设计算机应急响应小组(CERT),该小组的职责是进行全天候网络事件处理,负责集中数据和为紧急事件响应提供支持,提供对识别出的漏洞和恶意代码的深度分析,对可能发生网络安全事件的选区进行监测,为关键信息基础设施相关的政府和其他实体协调应急反应措施,为危及国家利益的事件提供预警和情报以及基于电子邮件报告架构来记录各大网络事件。

2018 年国家信息系统安全局宣布开源 CLIP OS,这是一个基于 Linux 的安全操作系统。CLIP OS 最初是为满足国家信息系统安全局在管理上的特定需求而设计,它包含一组安全机制,可以对恶意代码提供非常高的抵抗能力并保护敏感信息。此外,CLIP OS 还提供了分区机制,可以在同一台电脑上同时处理两个完全隔离软件环境中的公开和敏感信息,以避免敏感信息泄漏到公网。

国家信息系统安全局还与行业利益相关者合作,为使用有关键基础设施的部门提出建议,帮助该设施的拥有者、运营者和政府监督者更好地应用网络安全相关法规。国家信息系统安全局与一些私营企业合作,发起了一个针对 IT 和网络安全部门的认证倡议——法国“网络安全标志”,旨在推动为国内使用和向其他市场出口所使用的法国安全解决方案建立高标准。此外,国防和国家安全总秘书处每两年还举办一次国家级危机管理演习,涉及国家政府关键基础设施部门,包括网络安全领域的 Piranet,空域的 Pirate-Air,海域的 Pirate-Mer,核领域的 Pirate-Nuclear,放射性、生物和化学领域的 NRBC 和地铁领域的 Metro-Pirate 等国家“机密防御”分类计划。这些演习策划时间长达 6 个月,通常由国防和国家安全总秘书处和私营部门合作伙伴之间的一系列会议组成,会上将讨论并制定演习的目标、前景和频率。

2. 法国网络司令部

随着法国国家信息系统安全局的成立,法国政府决定组建其专门的网络作战部队。2017 年 1 月,法国网络司令部(COMCYBER)正式成立。司令部网络防御团队由陆军、海军和空军的参谋长以及国家信息系统安全局和国防工业领导者组成,是指挥法国武装部队所有网络防御作战力量的作战单位,受法国国防部参谋长直接管辖,负责全部网络作战事宜。其主要任务有:负责军队总参谋长职权管辖下的信息系统安全的防御工作;负责国防部信息系统的防御,但不包括对外安全总局和情报与国防安全总局信息系统的防御;在军队副总参谋长授权下设计、规划和实施网络防御作战行动;促进网络防御人力资源政策的发展;促进军队和联合作战机构对国家和国际网络防御政策的发展,包括制定和执行合作计划;定义具体的网络防御技术要求;整体协调国防部各部门的网络防御;负责网络防御预备役部队的发展等。目前法国的网络作战部队已经初具规模,其运行机制和作战规划得到了逐步完善,具备了一定的网络作战能力。

网络司令部的运行依靠国家信息系统安全局(ANSSI)、国防采办局(DGA)、法国情报部门跨部门间配合。国家信息系统安全局作为信息系统安全的国家主管部门,在法国总体网络防御体系中居于核心位置,具备检测网络攻击、查明网络攻击源头、防范和应对网络攻击的能力,为网络司令部提供检测和协调网络事件的应急反应行动。国防采办局负责为网络司令部提供技术和装备研发、采购方面的保障。法国情报部门负责为网络司令部提供情报支持。网络技术和网络武器对于提高网络作战能力至关重要,法国的网络作战部队建设对于技术研发机构和国防采办局(DGA)提出了更高的要求。

司令部下属有三大中心:

(1)防御性信息作战分析中心(CALID)。成立于2006年,总部位于巴黎和雷恩(法国政府计划将雷恩地区打造成法国和欧洲先进的网络枢纽)。2019年1月成为网络司令部的下属机构,负责处理和响应网络攻击。其主要职能是保卫法国军队的网络系统(信息网络、战斗系统、指挥系统等)。该中心还负责预测潜在的威胁和攻击,监视和检测网络,并在发生网络攻击时采取应对措施。

(2)信息系统安全审计中心(CASSI)。成立于2008年,2019年1月成为网络司令部的下属机构。其审计任务涵盖两个领域:信息系统安全(ISS)和破坏性干扰信号(SPC),审计范围覆盖整个法国本土及所有海外领土和海外行动战场。

(3)网络防御储备和作战准备中心(CPROC)。成立于2015年,位于布列塔尼和巴黎,2017年6月成为网络司令部的下属机构。该中心主要负责网络作战部队预备役人员招募、训练和管理。除此之外,该中心还负责组织法国国内和国际的网络防御演习,比如法国一年一度跨兵种的“DEFNET网络演习”以及北约的“锁定盾牌”(Locked Shields)演习活动。

国家信息系统安全局建立了一个与警察系统和军队力量横向联合的“情报支援、数据共享”机制。在此机制下,国土安全总局(DGSI)和对外安全总局(DGSE)等部门还可提供相应的情报支援。法国网络司令部与国家信息系统安全局紧密合作,交换信息,在此机制下,法国各支网络防御力量可以更好形成合力。

3. 法国国防部

法国国防部(Ministère des Armées)是法国武装力量的最高领导机关。进入21世纪以来,网络空间的军事化趋势越来越明显。法国国防部开始积极加强法国国防和军队网络战实力，建立法国网络军事力量，使其更具专业化与战略性。2011 年，法国政府发布国家网络安全战略“信息系统防御和安全：法国国家战略”，计划将法国打造成“网络防御领域的世界强国”。依照 2011 年《网络联合作战条令》，法国国防部设立了“网络防御将官”（OG Cyber）一职以及在联合作战计划和指挥控制中心（CPCO）内建立网络防御作战司令部等相关单位。“网络防御将官”负责在发生网络危机时确保国防信息系统受到保护，以及与国家信息系统安全局合作保护其他国家网络。

为应对网络黑客的攻击，法国国防部采取一系列措施加强网站防护，加大信息保障系统管理力度，完善信息安全防护措施，建立网络防护应急反应机制，积极拓展信息安全技术的应用，研制网络防御智能软件，建设国防部的安全防御体系。在国防部和内政部下属的警察和宪兵队内部设立网络安全部门负责打击网络犯罪。自 20 世纪 90 年代末起，法国宪兵队这一担负有民事警察职责的军事力量为打击网络犯罪设立了多个部门，包括网络犯罪法律研究和文档部门（STRDJ）、宪兵队犯罪研究所（IRCGN）、打击数字犯罪中心（C3N）、国家儿童色情图像中心（CNAIP）以及国家警察培训中心（CNFPJ）特别培训项目。

国防部防御性网络作战分析中心（CALID）是国防部的中心专家智囊团，同时还是国防部网络袭击准备和反应中心，该中心通过全天候监测找出以军队为目标的网络袭击活动。2014 年《网络防御公约》要求建立国家网络防御行动储备（RCD），在重大危机中对国家和国防部进行援助。这些储备单位将与国家信息系统安全局和国家宪兵队展开紧密合作。

此外，法国政府通过国防工业的资助设立各类“研究主席（Chairs of Research）”，如卡斯泰高级国防研究所（IHEDN）网络战略主席等，对国防研究机构进行支持。在此资助下，卡斯泰高级国防研究所将政府行政部门和军队高级管理人才集中到一起，旨在对国防、外交政策、军备和国防经济等方面战略问题进行高级培训、思考和辩论。法国政府还资助了其他一些优秀的研究中心，如专注于陆军领域研究的圣西尔军事学校（ESM）网络安全主席，专注于各自军事服务研究领域的海军主席、网络空军主席等。

2018 年法国国防部宣布在 2019—2025 年间投入 16 亿欧元用于网络安全建设，并与国家信息系统安全局合作，在 2025 年前建立一支 4 000 人的网络防御储备力量（RCD），以应对法国领土范围内可能发生的重大网络危机。

4. 其他网络防御机构

2014 年，法国内政部任命了一个“网络协调官”（Cyber Prefect）来协调内政部网络倡议和指挥部门内部打击网络犯罪和经济间谍行动计划的实施，构建法国内政部门遭受网络威胁时的恢复能力。

同年，法国国家反僵尸网络支持中心“Antibot. fr”作为 14 个欧盟国家非营利网络的一部分正式成立，至少有 20 个承担了相关使命的计算机应急响应小组参与信息共享行动。该中心由法国打击网络犯罪专家中心（CECyF）和信号垃圾邮件项目（Signal Spam）

联合成立，可提供及时有效信息防止僵尸网络扩散，同时还能通过监测网站受感染情况和网络异常情况协助私营部门清除病毒。

法国积极加入为信息社会和信息恢复能力建设制订政策建议的经合组织（OECD）信息安全和隐私作业部门会议（WPISP）等其他相关国际组织，致力于网络安全政策制订。法国还是欧盟理事会总统之友网络问题工作组（Friends of the Presidency Working Group）成员。该工作组于2012年成立，旨在为欧盟成员国提供一个跨国网络问题垂直协调和探索各国间潜在协同能力的机制。此外，法国深度参与了“欧盟网络安全战略”的制订。同时，为有效打击散布在世界各地的网络犯罪分子，法国政府大力开展国际合作，法国警察与欧洲刑警组织和国际刑警组织开展合作。

5. 法国泰雷兹集团

法国泰雷兹集团（Thales Group）是法国一家设计、开发和生产航空、防御及信息技术服务产品的专业电子高科技公司，也是法国最大的防务类机械电子科技公司。1998年，阿尔卡特、达索和汤姆逊的军事业务部门合并，改名为泰雷兹集团。公司总部位于法国巴黎，研发设在美国硅谷以及俄罗斯等地，是一家超大型跨国企业，在全球五大洲9个国家设有13个分公司。该集团在中国北京、上海设有代表处，业务范围涉及国防、航空、信息和服务技术方面。

2021年法国泰雷兹集团和澳大利亚塞内塔斯公司合作推出世界首个抗量子网络加密解决方案，以保护客户数据，使之免受未来的量子攻击。由于量子计算是网络安全的最大威胁之一，可使当前的许多安全方法（如加密）失效，因此世界各地组织应制定量子安全策略并计划尽早实施抗量子加密。目前，NIST正从开发量子安全加密算法的团队中挑选优势团队，以期保护未来量子世界中的数据。本次两家公司在抗量子网络方面开展的合作将使泰雷兹的Falcon算法有望成为被NIST选中的方案。这一方案还支持最新的欧洲电信标准协会有关创建、保护和分发量子密钥的标准，该标准是一种重要的新兴安全功能，可用于5G网络。

6. Secure-IC

Secure-IC成立于2010年，总部位于法国雷恩，是法国一家嵌入式网络安全领域的领军企业和出色的端到端网络安全解决方案供应商。Secure-IC与该领域的顶尖科学家合作，提供先进的分析平台和广泛的IP内核，实现在任何嵌入式系统上最高级别的安全性。2020年在上海成立中国公司——上海安峪科技有限公司。中国子公司的成立将进一步扩大Secure-IC在中国的运营规模，推进其在亚洲的发展。

Secure-IC采用名为PESC（保护、评估、服务和认证）的独特经营模式，在IC设计流程中为客户提供一站式技术支持。依托持续的技术创新和研究以及独立自主的专利体系，Secure-IC为多样化应用市场提供经过硅验证且灵活易用的先进安全IP、Integrated Secure Element和芯片设计全生命周期的安全评估平台，助力客户在各个应用市场（例如自动驾驶、智能物联网、国防、支付和交易、存储器和存储、服务器和云）上达到最优和最高级别的认证标准。Secure-IC 与法国技术研究机构协作，建立了新的网安存储库，用于保护 LPWAN 和 5G 等新兴网络技术。作为 ISO 委员会的成员，Secure-IC 参与了全球范围内多种安全标准和体系的制定，推动了安全技术发展的规范化和标准化。

（四）日本网络安全技术研究机构

日本是亚洲最早将信息技术应用于国民经济部门和社会生活的国家，是世界上信息化程度最高、网络信息技术最发达的国家之一，同时也是对网络安全最为重视的国家之一。近年来，随着国际范围内网络安全问题日益突出，日本政府对网络安全保障的重视程度也逐步提升，强调将网络安全保障作为日本国家综合安全保障体系的核心，并逐步确立起建设世界一流的“信息安全先进国家”和“网络安全立国”的国家战略目标。日本将网络安全上升至国家安全战略的重要范畴，建立起国家层面的顶层的网络安全战略，并健全相关组织机构和条文法规，不断发展完善。自 2000 年至今，日本的网络安全战略发展先后经历了起步、实施、拓展等不同阶段，发布了《日本保护国民信息安全战略》《网络安全战略》《网络安全合作国际战略》等多部战略性纲领文件，明确网络安全领域相关主体是政府机构、国家关键基础设施运营商、私营企业和教育科研机构等。网络空间安全治理则是以内阁官房作为领导中心，治理模式采取了法团主义模式，由各政府职能机构、非政府组织、企业和专家学者等利益团体共同参与，形成日本特色的网络空间治理体系。网络空间国家治理模式从开始就非常注重政策引导和法律保障。日本网络空间国家治理模式的最大特色是政策引导发展、法律保障安全、大企业推动。

1. 内阁网络安全中心

日本政府于 2005 年 4 月成立了“国家信息安全政策会议”“国家信息安全中心”以统筹信息安全政策的制定与执行，这两者分别负责日本信息安全领域基本政策的制定，及信息安全政策的执行。国家信息安全中心组织领导包括中心主任、中心副主任与信息安全辅佐官，下辖基本战略、国际战略、政府机关合政促进、重要基础建设政策、个案应对支援等五个小组。各个小组职能如下：基本战略小组负责制定信息安全政策之中长期及年度计划；国际战略小组担任信息安全政策对外国联络窗口；政府机关合政促进小组负责政府机关有关信息安全政策的统一标准制定与运用；重要基础建设政策小组依据重要基础建设行动计划，促进政府与民间在信息安全政策上的合作；个案应对支援小组负责收集、分析、判断漏洞与事件的相关信息并对政府机关实施支援。在国家信息安全中心统筹下，有四个部门被指定为信息安全保护直接相关部门：总务省（主管电信）、经济产业省（主管软件行业）、警察厅（主管公安）与防卫省（主管国防）。国家信息安全中心在信息安全顾问的指导下，一直承担着改进日本政府各部门网络安全措施的任务，具体承担着以下职责：①解释复杂的技术问题；②将技术和管理问题转化为政策和指令；③协调涉及新网络安全措施的政治辩论、稳定的组织结构、连续的授权和精干的员工一致努力使日本的信息安全政策和管理不断取得进展。

2014 年 11 月，日本制定了《网络安全基本法》，根据该法，2015 年 1 月内阁成立“网络安全战略本部”,同时在内阁秘书处设立“内阁网络安全中心(即原来的国家信息安全中心)”(National Information Security Center,简称 NISC)。2015 年 9 月内阁通过的《网络安全战略》是日本网络安全的国家战略。基于这一战略,NISC 正在与公共和私营部门合作开展各种活动,以创建“自由、公平和安全的网络空间”,同时对网络安全政策进行全面调整。

2. 信息通信技术研究院

作为日本唯一一家专注于信息和通信领域的公共研究机构,信息通信技术研究院(National Institute of Information and Communications Technology,简称 NICT)是国家研究开发法人,从基础到应用的角度推动信息和通信技术的研究和开发,通过和日本国内外的高校、相关行业、地方政府和研究机构合作,将研发成果广泛回馈社会,从而创造创新。目前,该研究院重点推进先进电磁波技术、创新网络、网络安全、通用通信、前沿科学等 5 个领域的全面研发。此外,基于政府网络安全发展战略,该研究所还战略性地推动 4 个研究领域:Beyond 5G、人工智能、量子信息与通信、网络安全,以作为下一代 ICT 平台重要的先进技术。

近年来,伴随着新出现的各种社会问题,该研究院还承担着重大的社会责任,关注研究利用网络空间和物理空间灵活应对新型冠状病毒感染、自然灾害和全球变暖等社会问题,为将日本整体转变为可持续和有韧性的社会而全面开展工作。

该研究院下设 5 个研究所:电磁波研究所、网络研究所、网络安全研究所、环球通信研究所、未来 ICT 研究所;3 个跨领域交叉研究中心:超越 5G 研发推进中心、量子 ICT 协同创作中心、开放创新推进总部。其中,网络研究所下设光子 ICT 研究中心、无线网络研究中心、弹性 ICT 研究中心等 3 个研究中心。网络安全研究所下设安全基础设施实验室、网络安全关系研究中心、国家网络培训中心等 3 个机构和 1 个筹备机构(国家网络观察中心),以满足网络安全研究所在网络安全领域收集大量与网络攻击相关的数据,培养能够分析数据并正确处理数据人才的需要。

网络安全研究所下设的实验室研究重点也各有侧重:①安全基础设施实验室在确保安全和隐私的同时,致力于研究和开发安全利用数据的技术,并促进这些技术的传播,此外,还将对与量子计算机时代兼容的量子计算机密码学等新型密码技术以及目前广泛应用于电子政务系统的密码技术进行研发和安全评估。②网络安全关系研究中心利用网络安全实验室收集的海量网络攻击数据和国家网络培训中心培养的安全人力资源开发知识,打造尖端基础,联系工业界、学术界和政府之间就网络安全问题展开合作,其目标是通过收集、积累、分析和提供日本的网络安全信息,为全社会的网络安全人才培养提供共同平台,从而提高日本的网络安全应对能力。③国家网络培训中心利用技术知识、研究成果、研究设施等,根据利用漏洞的实际攻击案例,开展实际网络防御演习和实际网络演习,以增强实际网络防御能力,此外还将利用在网络安全研究和实践项目中获得的知识,在安全创新者培训业务“SecHack365”中培养年轻的安全人才。④国家网络观察中心是一项与总务省互联网提供商合作,调查可能在日本网络攻击中被利用的设备并提醒用户使用此类设备的倡议。

3. 日本网络安全协会

日本网络安全协会(Japan Network Security Association,简称 JNSA)于 2001 年 7 月 12 日召开了设立大会,以特定非营利活动法人的身份,作为保护日本信息安全的先驱企业集团,通过各种活动为日本的信息安全做出贡献,尤其是提供广泛使用的统计信息、收集各种技术技巧、应对方法;开展许多实践性和社会性的活动;举办研讨会、学习会、信息安全意识研讨会等宣传和提高对网络安全重要性认识的活动。该协会旨在通过开展与网络安全相关的启发、教育、研究和向公众提供信息的项目,为促进与网络安全相关的标准化和技术标准的提高做出贡献,从而促进公众利益。该协会的主要业务包括以下内容:提供有关网络安全的信息,开展网络安全相关教育活动,制定网络安全设置标准,网络安全研究与开发,推进与网络安全相关组织的联盟和国际合作活动,等等。该协会成员必须了解信息安全和网络安全的重要性,并有意为该协会的业务做出贡献,例如制定标准和指导方针,研究技术,并且从未进行过破解或其他威胁网络安全或可能威胁网络安全的行为,或支持或协助第三方从事此类活动,截至 2022 年 2 月,共有 262 家会员企业。

该协会设有各事业部、西日本分会、信息安全教育从业者协会、日本网络安全防范从业者协会、日本信托科技协会、产学安全人才培养研究会、网络安全竞赛执行委员会。各事业部分别是:社会活动部、调查研究部、标准化部、教育部、会员交流部、营运部、U40 部。其中,网络安全竞赛执行委员会主要负责组织以信息安全为主题的信息安全竞赛活动,比如:SECCON(赛高)网络安全竞赛和黑客竞赛(Capture the Flag,CTF),竞赛目的是发现和培训实用的信息安全人员,并提供一个实践技术的场所。教育部为了培养适应社会需求和时代变化的安全人才,在大学和职业学校实际进行评估实验,以明确从事网络安全必要的知识和技能,并将此作为信息安全教育的内容。教育部还将通过促进教育和工业领域的教学大纲、讲授材料和 SecBoK 2020 版本的开发和使用,为在讲师数据库中注册的讲师和年轻讲师后备力量举办讲座和学习会等教学场所,为信息安全人力资源的发展做出贡献。U40 部以在校青少年、新入职年轻人为对象,开展以学习交流为中心的俱乐部活动,激活其网络安全意识,形成广泛交流的学习氛围。该俱乐部在日本各地举办研讨会,对象主要是在校大学生、应届毕业生、从事网络安全相关工作经验不足3 年的年轻人,旨在提高整个计算机行业的知识水平和技术能力。

4. 网络防御委员会

日本防卫省于 2013 年 7 月成立了网络防御委员会(Cyber Defense Council,简称 CDC),其主要任务是通过共享最新网络攻击人手法和技术发展趋势等情报信息,强化防卫省与参会民间防卫企业之间的合作关系,进而提高防卫省与民间防卫企业共同应对网络攻击的能力。

(五)韩国网络安全技术研究机构

1. 韩国国家安全战略研究所

韩国国家安全战略研究所(한국국가안보전략연구원,简称 INSS)的前身是成立于 1977 年 9 月的国际问题研究所,是韩国国家情报院下属智库。该研究所主要通过关于朝鲜问题、南北关系、国际战略和新安保领域的综合研究,为韩国国家情报院提供政策依据。

该研究所按地域将研究方向分为朝鲜半岛、亚太、美洲、欧亚、中非,其中,以朝鲜半岛方向为研究重点。同时,研究内容分为朝鲜半岛战略研究(朝鲜研究/和平共处研究)、外交战略研究(区域分析/国际秩序分析)、国家情报研究等。该研究所曾发表"国际社会对黑客攻击的变化趋势和对策""金正恩时代新安保政策与朝韩合作方向""金正恩时代朝鲜的情报机构""国际网络攻击的展开方式和主要国家应对战略"等研究报告。

2. 韩国国家情报院

韩国国家情报院(한국국가정보원,简称 NIS)于 1961 年 6 月以韩国中央情报部的名义成立,1999 年 1 月更名为韩国国家情报院。该情报院是韩国最主要的情报机构,负责的领域有:收集、制作和传播相关信息(朝鲜、反间谍、反恐、非法使用密码、反《国家安全法》等);处理属于国家机密文件、设施、区域及机密人员的安全工作;预防和应对国家及公共机构的网络攻击和威胁;规划和协调情报安全工作;其他规定为国家情报院职责范围内的事项。

国家网络安全中心是韩国国家情报院下属机构,于 2004 年 2 月成立,根据 2020 年 12 月 15 日修订的韩国《国家情报院法》,主要开展的业务是收集和传播有关网络安全的信息情报工作,并开展应对措施,以保护国民的生命和财产免受网络攻击和人身安全威胁。此外,国家网络安全中心还负责监控韩国中央行政机构等国家机关信息通信网,同网络侵害事故应对支援中心、国防信息战应对中心、安保管制中心、情报共享分析中心等机构合作,对各类网络威胁信息进行综合分析,向相关机构提供安全对策。国家网络安全中心负责发布韩国最权威的网络威胁等级,按照由低到高分为"正常—关注—注意—警戒—严重"5 个级别,如发现公共领域出现危机迹象,就会计算网络威胁指数,对网络威胁进行评估。当发生重大网络问题或网络威胁指数超过阈值时,国家网络安全中心会召开公共领域网络危机评估会议,确定危机警报等级,按照"关注—注意—警戒—严重"递增顺序发布网络危机警报,启动国家层面应对体系,最大限度地减少损失和危害。

3. 韩国国家信息资源管理院

韩国国家信息资源管理院(국가정보자원관리원,简称 NIRS)隶属于韩国行政安全部,成立于 2005 年 11 月。主营业务包括:智能云技术开发与应用,基于人工智能的网络安全技术开发与应用,建立和运营国家融合网络,以及信息资源整合业务。

"基于人工智能的网络安全技术开发与应用"业务主要是通过人工智能从大数据中

提取网络威胁信息,构建以人工智能为基础的自适应安全系统。通过信息系统自动检查提高安全漏洞良好率,保证了韩国行政安全部等 45 个中央部门的 1 460 多个数字系统、服务器等国家信息资源的稳定运行。曾获“亚太地区数字创新领导者奖”、责任运营机构综合评价“最佳机构”等奖项。

4. 韩国互联网振兴院

韩国互联网振兴院(한국인터넷진흥원,简称 KISA)成立于 2009 年,是专门从事互联网和信息保护的机构。2010 年成立网络安全人才中心和互联网侵权应对中心综合办公室,2015 年成立信息保护 R&D 技术共享中心,2018 年成立网络安全大数据中心,2020 年成立区域信息保护支持中心。该振兴院目前设有管理规划总部、网络侵权应对总部、隐私总部、数字安全产业总部和数字总部。

网络侵权应对总部主要通过与韩国国内外相关机构开展网络威胁信息共享与合作活动,加强网络威胁的主动防范和网络攻击应对体系建设。设有互联网侵权应对中心综合办公室进行运营,365 天 24 小时快速应对网络侵权事件,常态监控互联网异常情况,包括主要互联网服务故障、DDOS 是否发生等,并通过分析黑客攻击、勒索软件等侵权事件的原因,阻止恶意网站,提供技术支持以防止损害扩散或再次发生。如有发生民营企业侵权事故,即向受害企业实施远程分析或直接到达现场,以确定攻击者的渗透路径和事故原因。同时,还为连接互联网的家庭个人电脑、移动设备、物联网设备(远程授课、远程办公)等提供远程安全检查服务,随时为其进行操作系统和软件安全更新、防病毒软件安装、密码设置、黑客程序删除、LOT 漏洞措施等。此外,还利用网络安全大数据中心,通过共享从多个行业收集的威胁信息,构建网络威胁 AI 和大数据分析及联合利用系统。

隐私总部主要依据韩国《个人信息保护法》第 5 条(国家和地方政府应采取措施,防止因收集、滥用,以及盲目监视和跟踪个人信息以外的目的而造成的损害,从而保护个人尊严和隐私;国家和地方政府应制定必要的措施,包括改进法规,以保护信息主体享有相关权利)以协助维护法律,通过分析国内外政策环境变化,运营针对具体问题的专业研究体系,创造安全的隐私环境。还根据韩国《促进信息通信网络使用和信息保护法》第 50、52、64、65 条等,受理并处理非法垃圾邮件举报,整顿非法垃圾邮件相关法律法规,提供阻止非法垃圾邮件传输的技术支持,等等。

数字安全产业总部主要负责通过运营信息保护和开展各种个性化支持项目,帮助韩国国内信息保护企业进入海外市场;提高当地中小企业的信息保护水平,提高预防和应对侵权事故的能力,振兴信息保护产业;评估信息保护产品性能,制订评估计划;培养在职型信息保护人才,开发行业特定的培训课程,建立专门的实验室;等等。

数字总部主要负责通过建立数字平台,监控国内数字平台市场,发现制度改善需求;推动区块链试点和推广项目,支持公共和私人领域的业务创新;参与互联网相关的国际趋势分析和国际政策制定进程;参与互联网争议调解、信息保护行业纠纷调解;等等。

韩国互联网振兴院曾发表《全球信息保护行业市场趋势调查》《智能电网环境中可穿

戴漏洞分析与安全技术研究》《国内外网络威胁信息深度分析报告》《基于平台中立政策制定的研究》《国内密码产业培育密码使用现状调查》《2018 韩国互联网白皮书》等。

5. 韩国数据产业振兴院

韩国数据产业振兴院(한국데이터산업진흥원,简称 Kdata)的前身是成立于 1993 年的韩国数据库促进中心,1997 年成立韩国信息搜索委员会,1999 年开设数据库专业人才培养培训中心,2002 年建立数据库质量评估系统,2015 年成立中韩数据技术研究中心。该振兴院主要通过支持整个数据产业的流通和人力培养,引领数据生态系统创新并创造新价值的数据经济时代,最终为第四次工业革命的国民经济增长做出贡献。机构设置包括管理规划部门、数据使用总部、数据流通支援团、数据产业总部、数据资格鉴定中心和审计署。

韩国数据产业振兴院具有数据安全认证资格,即公司和机构对存储重要数据或个人信息的数据库进行数据安全技术元素的审查和认证。审查项目包括控制数据库访问(制定访问控制策略、访问控制设计、构建访问控制、访问控制操作)、数据库加密(制定加密策略、加密设计、构建加密、加密操作)、DB 工作结算(制定工作结算策略、构建工作结算、作业结转操作)、数据库漏洞分析(制定漏洞分析策略、漏洞分析设计、构建漏洞分析、运行漏洞分析)。数据安全认证级别根据目标数据库中的数据安全方案级别进行身份验证,共分为 4 个等级。

二、重点院校

(一)英美网络安全技术重点院校

1. 佐治亚理工学院

本书第一章介绍了有关于佐治亚理工学院的基本情况。值得一提的是,该校是国防部大学附属研究中心之一,荣获国防安全处“反情报突出贡献”奖励。

佐治亚理工学院的网络安全研究兼具广度和深度,拥有顶尖的学术研究人员,长期以来支持军事、政府工作以及执法行动。该校共有 7 个单位、12 个实验室与网络安全有关。该校附属的佐治亚理工学院研究所(Georgia Tech Research Institute,简称 GTRI)是其网络安全研究的主要力量之一。GTRI 是一个非营利应用研究部门,成立于 1934 年,在校内外拥有 8 个实验室,全国各地拥有 20 多个办公室。GTRI 每年在安全研究上投入超过 8 600 万美元,开发高风险、高回报的定制解决方案,用于保护、防御和应对美国信息和网络系统内的威胁。

佐治亚理工学院另一家与网络安全相关的研究所——信息安全和隐私研究所(Institute of Information Security & Privacy,简称 IISP)成立于 2015 年,作为该校与政府、各行业和学术界合作的中心,该机构主要探索复杂的、新出现的网络安全问题。IISP 由佐治亚理工学院和 GTRI 的高级研究人员领导，他们负责协调大型学术和应用研究项目，共享基础设施（包括实验设备、提案和项目管理），为学生和工作人士在职业生涯的各个阶段提供丰富的课程和即时教育，并帮助合作伙伴进行商业化运作。

除以上研究所外，佐治亚理工学院还有大量的相关机构支持学生和科研人员的网络安全研究和发展，包括新计算层次研究中心（Center for Research into Novel Computing Hierarchies，简称 CRNCH）、佐治亚理工大学信息安全中心（Georgia Tech Information Security Center，简称 GTISC）。

2. 普渡大学

普渡大学（Purdue University）位于美国印第安纳州，拥有六个校区，其主校区位于美国中西部印第安纳州西拉法叶市。普渡大学的计算机科学系、电子与计算机工程系、政治学系等教学系都开设有信息安全相关学科方向，可以攻读硕士或博士学位。

普渡大学设有信息保障与安全教育和研究中心（The Center for Education and Research in Information Assurance and Security，简称 CERIAS），是全球领先的信息安全领域研究和教育中心之一，对保护关键计算和通信基础设施至关重要。重点领域涉及保护身份和隐私、密码学和权限管理、信息物理系统、终端系统安全性、以人为中心的安全、网络安全、政策法律和管理、预防检测和应对、安全意识、教育和培训等内容。

普渡大学还拥有先进的网络安全实验室及研究设备，由院系教员领导，专注网络安全方面的研究，为学生提供真实情境与技术体验，帮助他们从实践中提升专业能力。设有网络安全与取证实验室（Cybersecurity & Forensics Lab）、网络管理与安全实验室（Network Administration & Security Lab）等，与地方、州和联邦执法机构、情报机构、私人企业积极合作，针对特定领域存在的技术和理论挑战，提供应用研究和技术解决方案，使其在识别和应对未来趋势及威胁方面处于领先地位。

3. 马里兰大学

马里兰大学（University of Maryland，College Park），全称马里兰大学帕克分校，始建于1856 年，是世界知名学府，美国著名公立研究型大学，十大联盟成员校之一。被誉为公立常春藤大学，是美国大学协会成员。马里兰大学下设 13 个学院，其科研及教研水平在全美乃至全世界均处于领先地位。

马里兰大学设有马里兰网络安全中心（MC2），创建于 2010 年底，汇集了在网络安全领域工作的教师、研究人员和校内多个院系和部门的学生。该中心靠近美国首都华盛顿，能够与联邦机构进行密切互动，该中心有三个方面的主要任务：研究、教育和推广。

MC2 在网络安全的综合性、跨学科方法研究上是独一无二的，因为它不仅汇集了计算机科学和电气工程核心领域的专业人员，而且还汇集了具有经济学、社会科学、人机交互和其他工程领域背景的人员。该中心在密码学、编程语言和网络安全方面具有独特优势。

（二）俄罗斯网络安全技术重点院校

1. 南联邦大学

南联邦大学（Южный Федеральный Университет）是俄罗斯南部地区的科教中心和全俄首屈一指的研究型大学。学校坐落在顿河河畔以哥萨克文化著称的罗斯托夫和契诃夫的故乡塔甘罗格市。

大学是根据俄联邦2006年颁布的政府令，由原来的罗斯托夫国立大学、塔甘罗格国立无线电大学、罗斯托夫国立师范大学和罗斯托夫国立建筑艺术学院等四所俄罗斯南部的专项顶级学府组成的。大学下设14个系、10个国立研究所。此外还有人文类学科的教育进修中心、高校信息化南俄罗斯中心、科学图书馆、计算机中心、植物园、学生活动中心、黑海边上的体育及疗养胜地和其他教育科研辅助部门。

南联邦大学的教育方向主要是在物理和数学、自然、人文和社会科学、教育、教育学、文化艺术、经济管理、信息安全、地球科学等这些专业培养出高素质专业人才。

2. 远东联邦大学

远东联邦大学（Дальневосточный федеральный университет）始建于1899年，坐落于俄罗斯远东第一大城市符拉迪沃斯托克。2011年，远东国立大学、乌苏里斯克师范学院、远东技术大学和太平洋经济大学四校合并成为远东联邦大学。该大学还是环太平洋大学联盟成员。学校教育科研重点放在海洋资源、能源、节能技术、纳米系统、纳米材料、交通、物流、生物医药技术和亚太国家综合协调等领域。下设矿业、海洋工程、建筑、管理、经济管理、机电一体化、信息、无线电等27个学院，1个科学院，47个系，159个教研室以及400多个实验室。

其中，自然科学学院下设有数学与电脑科学、应用数学与信息技术、信息系统的管理、电脑安全（五年半学制）、信息安全、信息学与计算技术、电脑与信息技术、应用信息学与技术等相关专业；工程学院下设有信息通信技术、电子设计技术、技术生产自动化、机械电子学与机器人制造业等相关专业。

其他大学如喀山（伏尔加河沿岸）联邦大学、乌拉尔联邦大学、圣彼得堡国立信息技术机械与光学大学等在网络安全人才培养方面均有相关专业设置，由于前文已有介绍，这里就不再赘述。

（三）法国网络安全技术重点院校

1. 巴黎综合理工大学

巴黎综合理工大学研究中心汇集了8个主要领域的23个卓越科学部门，通过跨学科项目解决最紧迫的社会和技术挑战，其中大部分是与法国国家科学研究所CNRS的世界知名联合研究单位合作。该校工程科学硕士有八个专业方向：人工智能与高级视觉计算，网络安全：威胁与防御，物联网：创新与管理，智慧城市经济学和气候政策，商业数据分析，经济学、数据分析和合作金融，环境工程与可持续发展管理，能源环境：科学技术与管理。

"网络安全:威胁与防御"科学技术硕士是一个为期两年的课程,完全使用英语授课,专为高素质、面向国际的学生设计,提供网络安全各个方面的必要专业知识。该专业第一年设有三门必修课"从互联网到物联网:现代计算机网络的基础""密码学导论""程序员对计算机体系结构和操作系统的介绍"。第二年学习高级课程,含三门必修课程"高级密码学""信息系统安全""网络安全"。

2.索邦大学

索邦大学(Sorbonne Université),是一所位于法国巴黎拉丁区的世界顶尖研究型大学,法国卓越大学计划高校,欧洲空间建设参与者,4EU+联盟、欧洲研究型大学联盟、欧洲大学协会成员。该校由原巴黎索邦大学(Université de Sorbonne,又名巴黎第四大学)与原皮埃尔和玛丽居里大学(Université Paris VI 或 Université Pierre et Marie Curie,又名巴黎第六大学)于 2018 年 1 月合并而成。学校名称继续沿用"索邦"一词,源于索邦大学的创始人罗伯特·德·索邦(Robert de Sorbon),他于 1253 年创办的"索邦神学院"(Sorbonne)是世界最古老的大学之一,被誉为"欧洲大学之母",后逐步发展为巴黎大学,在欧洲学术界具有重要的地位。

作为欧洲顶级的大学之一,索邦大学校友中共产生了 32 位诺贝尔奖得主、12 位菲尔兹奖得主、1 位图灵奖得主。2020—2021 年,索邦大学位列 USNews 世界大学排名第 37 名、软科世界大学学术排名第 39 名、QS 世界大学排名第 83 名、THE 世界大学排名第 87 名;2019 QS 世界大学排名中位列第 75 位,法国第三;2018—2019 CWUR 世界大学排名中排世界第 29 位,法国第一。

合并后的索邦大学专业体系更加完善,下设医学院、科学与工程学院以及文学、语言和人文社科学院三个学院,新建了 7 个跨学科联合实验室,并计划开设理工学科和人文学科相结合的复合型专业。大学拥有杰出的跨学科研究所,大多数实验室都与法国大型研究机构[如国家科学研究中心(CNRS)、国家健康与医学研究院(INSERM)]和著名学术机构[如巴黎高等师范学院(ENS)、巴黎综合理工大学、法兰西学院、巴斯德研究院等]有紧密合作关系。

索邦大学与法国国立高等电信学校(Telecom Paris Tech),国立先进技术研究学院(ENSTA Paris Tech),法国音乐、声学研究所(IRCAM)等高校及欧洲的阿尔托大学(Aalto University)、布达佩斯理工大学(BME)、斯德哥尔摩 KTH 皇家理工学院(KTH Stockholm)、柏林工业大学(TU Berlin)等机构合作,开设博士、硕士学位计算机科学硕士(Master informatique),培养适应信息技术快速发展的计算机科学家,提供专业领域内的 11 个方向供学生选择,分别是:分布式代理、机器人、运筹学、交互、决策(ANDROID),生物信息学和建模(BIM),数据、学习和知识(DAC),数字国际计划,图像路径(IMA),量子信息路径(IO),网络(RES),分布式系统和应用程序(SAR),电子系统和计算机系统(SESI),数字技术的安全性、可靠性和性能(SFPN),软件科学与技术(STL)。凭借大学计算机实验室(LIP6)的研究潜力,索邦大学计算机科学成为欧洲最重要的计算机培训中心之一。计算机实验室是索邦大学和法国国家科研中心联合管理的计算机科学研究实验室，致力于研究如何使用计算机建模来解决各类计算机应用中的问题。

3. 艾克斯—马赛大学

艾克斯—马赛大学（Aix-Marseille Université）的前身是1409年普罗旺斯伯爵路易二世建立的艾克斯大学。1968年五月革命后，法国公立大学体系改革，艾克斯大学发展成为以文学、艺术和人文科学为主的普罗旺斯大学（又称艾克斯—马赛第一大学），以技术医学、理工为主的地中海大学（又称艾克斯—马赛第二大学）和以经济管理、法律为核心的保罗—塞尚大学（又称艾克斯—马赛第三大学）三所大学。2012年三所大学合并成为艾克斯—马赛大学共同体（ComUE，La communauté d' universités et établissements）。大学有五个校区，主要位于法国艾克斯和马赛，是现在法国规模最大的大学，也是法语国家和地区最大的大学。学校现由132个研究机构组成，拥有71 000名在校生，其中包含10 000名国际留学生，7 500名各类教职研究人员，以及12个博士研究所和4 500名博士。

三校合并后，艾克斯—马赛大学成为法国政府领导下建设“超级大学”计划中的一员，每年获得法国政府7.5亿欧元的拨款，是法国公立大学体系里获得教育经费最多的大学。艾克斯—马赛大学拥有数百个研究和教学合作伙伴，包括法国高等社会科学研究学院（EHESS）和国家科学研究中心（CNRS）。艾克斯—马赛大学也是欧洲大学协会（EUA）和地中海大学联盟（UNIMED）成员。迄今，艾克斯—马赛大学的校友中产生了5位诺贝尔奖得主、2位普利策奖得主、4位塞萨尔奖得主、数位国家元首或政府首脑、议会议长、政府部长、大使和法兰西学院院士等著名人物。在2019软科世界大学学术排名中，该大学位居第101～150位，法国公立大学系统综合排名第4位。

艾克斯—马赛大学依托顶尖的科学环境（教学人员来自法国主要研究机构的实验室及行业领导者），为学生提供适用于计算机科学多个领域的计算机硕士专业课程：计算机可靠性与安全性（FSI）、软件与数据工程（ILD）、人工智能与自动化学习（IAAA）、计算机科学与离散科学（IMD）、计算与数学生物学（CMB）、聚合与计算机图形学（GIG）。除此之外，学生还加深研究在数据处理（商业智能、大数据技术、以数据为中心的架构）和开发（软件架构、分布式服务、云计算移动、物联网）方面的知识。

通过专业系统的学习，学生将具备根据具体需求设计、实施IT解决方案，掌握软件开发和数据管理领域的基础知识，利用最先进的计算机科学知识，自主开发、改进或评估设计方案中需使用的方法和工具，用法语和英语进行口头和书面表达，公布研究结果并撰写规范文书，熟悉了解计算机科学领域的现行法规和标准并独立完成个人项目等能力。毕业学生将能够专业地融入银行、金融和保险、计算机科学、视频游戏和多媒体行业、公共部门、国防和电信等行业，从事研发工程师、平面设计师、游戏设计师、测试和验证工程师、数据管理等职位。

4. SUPINFO 国际大学信息技术学院

SUPINFO 国际大学信息技术学院，前身是巴黎高等计算机学院，成立于 1965 年，是专门培养既掌握信息技术、又有管理技能的信息系统工程师的国际高等院校。SUPINFO 国际大学信息技术学院在法国巴黎（Paris）、冈（Caen）、里尔（Lille）、里昂（Lyon）、图尔（Tours）以及法国国外共有 16 所分校与合作院校，能够满足学生在世界各大洲学习，获取国际经验和双重文凭，是这所国际大学的独特优势。2019 年 10 月法国 SUPINFO 国际大学信息技术学院与我国河北工业大学廊坊分校建立 SUPINFO 国际大学亚洲总部，就本科生及以上层次的研究生培养进行深度合作。学生可以在 SUPINFO 中国合作大学完成学业，获取中法双重学位。学生也可以到英国苏格兰的内皮尔大学或英格兰的牛津布鲁克斯大学，获取得到英国计算机协会承认的双重学位。

SUPINFO 国际大学信息技术学院与众多互联网商（Google、Twitter、Facebook、Veepee、Meetic……）、计算机制造商（IBM、Apple、HP、Dell……）、软件出版商（Microsoft、Oracle、SAP……）和 ESN（数字服务公司）等专业巨头合作，通过创新的教学方法提供 3 年制工程学士学位和 2 年制工程硕士学位。其硕士课程包括软件工程、网络和系统、人工智能、数据分析管理、互联网和校园网技术、网络系统安全、多媒体、软件工程以及国际惯例和沟通等。该校连续两年在权威独立机构 SMBG-Eduniversal 组织的法国高校排名中位列计算机类高校排名首位。同时，学校也得到信息工业国际巨头的认可，校内建有与这些工业巨头合作的教学实验室，Microsoft、Cisco、Sun、Oracle 或者 Apple 技术实验室给学生提供了学习市场通用技术的条件以及工业的强大支持，这些实验室已经成为教育界和高新技术使用企业的必要参考。

自创建以来，SUPINFO 培养超过 150 000 名毕业生，其中著名校友有：iFrance 和 Meetic 创始人 Marc Simoncini（1984）、甲骨文公司开发应用副总裁 Christophe Job（1988）、苹果公司（法国）教育与研究主任 Richard Ramos（1988）、火狐欧洲创始人 Tristan Nitot（1989）、法国著名计算机报 01 Informatique 主编 Frédéric Simottel（1992）、法国企业 Restopolitan 首席技术官 Jean-Baptiste Sigel（2008）。

5. 里昂商学院

里昂商学院（École de Management Lyon，简称 EM Lyon）成立于 1872 年，位于法国第二大城市里昂，是欧洲最古老的商学院之一，也是全球最早得到三大国际认证（EQUIS、AACSB、AMBA）的顶级商学院之一。在法国商学院的排名中，常年位居法国前五名的位置，该校筛选严格，在法国乃至欧洲都享有盛誉。

里昂商学院是一个非常国际化的学校，40% 的学生和 50% 的教授来自法国以外的国家。学校与世界 100 多个学校建立和合作交流关系。学校的合作伙伴包括美国的 Texas A&M University、英国的 Lancaster University、荷兰的 Erasmus University 等。

为顺应人工智能安全、云安全、网络安全或移动安全需求，里昂商学院于 2021 年新开设了网络安全与防御管理专业硕士项目（MSc in Cybersecurity and Defense Management），旨在应对各行各业(从政府到企业到非营利机构)对信息安全专业人员日益增长的需求,使其能够在各行业、非营利机构和政府部门担任领导角色。该课程学制 18 个月,全英文授课,培养学生深入学习信息安全领域专业知识,包括检测、调查和分析现有网络威胁所需的技术及管理、设计和实施安全系统所需的知识与能力,为商业、工业、政府、高等教育以及军队培养优秀的网络防御人才。商学院与专业领域机构和企业紧密合作,为学生提供高质量的实习和工作机会。合作机构包括公共机构(法国国土安全局、国防部)、国防工业集团、安全公司、数字服务公司、专业杂志和智囊团等。毕业生将拥有保护存储在企业计算机系统上的关键信息所需的技能和专业知识,具备在私人和公共部门中担任网络安全专业人员的角色,比如网络安全和风险顾问、业务发展经理、战略和情报分析师、信息安全负责人、安全分析师、安全架构师、安全顾问、安全工程师等。

里昂商学院亚洲校区在中国上海,该课程授课地点位于法国里昂商学院里昂校区和中国上海校区。通过欧亚两个国际大都市的研究获得更广阔的视野,植根两国文化,营造独特的双重视角,学习在不同的国际市场环境中工作的能力。

(四)日本网络安全技术重点院校

1. 东京大学

东京大学在本科教育阶段,依据学科专业划分为若干学部,其中信息、网络相关学科集中在东京大学理学部信息学科。东京大学研究生院关于信息、网络安全方面的教学科研主要依托该校情报理工学系研究科,比照国内的学科设置,即东京大学研究生院信息工程专业研究生系,从事研究生教育及科学研究。东京大学研究生院信息工程专业研究生系(以下简称“研究生系”)成立于 2001 年 4 月,成立之初建立了五个专业:计算机科学专业、数学信息学专业、系统信息学专业、电子信息学专业和智能机械信息学专业,目前已经增建了一个以创造力为目标的创意信息学系,并正在尝试新的发展。自 2002 年以来,该研究生系一直在推动 21 世纪“信息科学与技术战略核心”计划,以建立和深化信息学的核心科学技术,并旨在成为领先的信息科学技术的国际传播和交流中心,成为一所开放的研究生系,可以将这些教育和研究的成果回报给社会。研究生系设有硕士、博士学位授予点,发展学历教育的同时,还建立了合作课程体系以提供与行业合作的教育,并且正在推广“信息科学和技术高级研究支持计划”,作为行业与学术界合作的新框架。

该研究生系包括以下专业:①计算机科学专业:学习计算基础理论、计算系统编程,专注于信息可视化、计算机体系结构和生物信息计算系统,主要研究主题是计算机方面的基础知识。②数学信息学专业:关注各种先进科学技术领域中各种现象的数学信息,从科学的角度来看,适应环境变化和技术创新建立并分析信息模型以阐明其信息结构,它的目标是可以应用于各个领域的教育和研究。③信息物理与计算专业:运用信息学与物理学建立起新的原理、方法、机制和系统。④电子信息学专业:信息网络、通信系统、信号处理、媒体技术和信息电子产品。该部门的任务是创造新的以及对社会和工业有益的创新技术。⑤ 智能机械信息学专业:关于现实世界中的形式、运动、结构和功能的集成信息学，创建与自然和人类和谐相处的智能机器信息系统，以构建系统为目的的教育和研究。简单来讲就是智能机器的研究。⑥创意信息学专业：以“物联网”为代表的具有卓越创意的实践教育和研究，并实施在信息领域起主导作用的实践培训。培养研究人员和创意工程师，开拓新的信息领域。

山口利惠实验室是该研究生系电子信息学专业的实验室，在该实验室学习的学生属于电子信息学专业研究生。该实验室针对互联网上存在的诈骗、信息骗取等各种信息安全问题以及实际生活中发生的信息安全问题提出解决安全问题的技术方案，并利用现有各种信息技术研究下一代发达的信息安全技术。该实验室的主要研究课题为：个人认证技术和传感器信息，利用传感器的下一代个人认证研究；信任基础与安全技术，安全基础和系统安全性的研究；利用真实数据的隐私保护技术；利用真实数据的隐私风险提高程度的研究。目前，该实验室共 11 人，由山口利惠特聘副教授担任负责人，5 人负责博士、硕士课程，学术研究人员 4 人，特聘助教 1 人。

2. 东京工业大学

东京工业大学设有基础学院、文科研究与教育学院、科技创造研究所、合办教育机构等，其中基础学院分为：理学院、工学院、材料科学与工程学院、信息科学技术学院、生命科学与技术学院、环境与社会科学技术学院。其中工学院下设机械系、系统控制系、电气和电子系统、信息通信系、管理工程系。信息通信系对信息通信的基础技术和应用系统进行研究和教育，以支持可持续和先进的信息和通信社会。课程体系涉及从通信集成电路技术到移动电话和互联网等通信网络中的大规模网络系统的广泛领域，教授实现信息通信系统必不可少的硬件和软件方面的综合知识，以及系统的可靠性和可操作性的安全意识。信息通信系下设多个实验室，专注信息通信领域内前沿科技的研究与发展推动。

计算机体系结构与安全实验室是佐佐木教授入职东京工业大学后，在 2020 年 4 月成立的实验室。该实验室以计算机体系结构为中心，从系统软件到应用程序，从广泛的角度进行研究，旨在改进计算机系统（提高安全性、电源效率、可靠性等）。该实验室专注于研究了解、提高下一代计算机系统（如物联网系统）和各种下一代应用程序（如人工智能和网络）安全性和可靠性的硬件、软件技术的特性和行为。

小尾实验室研究课题包括：社会信息系统、医疗信息系统、医学影像、信息安全等，重点关注信息系统在社会生活中的实际应用以及应用过程中产生的信息安全问题。目前正在研究和开发实际用于社会和医疗保健的各种系统，将开发技术用于安装公共及个人识别服务的个人编号卡和医疗领域使用的网络。

3. 京都大学

京都大学的本科教育阶段，依据学科设置为 10 个学部，其中工学部下设 6 个专业，分别是地球工学科、建筑学科、物理工学科、电气电子工学科、信息学科、工业化学科。信息学科主要学习以数学、物理学科为基础的信息系统知识，即用数理结构解释实际问题应用，使用尖端技术的设计信息系统。研究生教育阶段，根据研究领域开设有 17 个研究生院，其中信息学研究生院下设 6 个专业：智能信息学、社会信息学、高级数学科学、数学工程、系统科学、通信信息系统。通信信息系统专业支持信息处理设备和数字信息通信领域未来技术的发展，旨在研究先进的信息处理和通信技术，依靠这些技术来实现随时随地大容量多媒体信息的高速、高可靠性传输，建立支持高速、安全的信息社会的基础技术体系。工学研究生院开设社会基础工学、都市社会工学、都市环境工学、航空航天工学、电子工学等 17 个专业。

京都大学工学研究生院开设有附属信息中心，成立于 2002 年，最初是作为管理京都大学工学研究生院信息基础设施的组织，保障工学研究生院信息基础设施的发展和顺利运行。目前该中心积极探索、引入最新信息技术，提供信息系统建设、运营，向学生提供信息安全和信息素养教育，以支持研究生院的研究、教育和运营。

（五）韩国网络安全技术重点院校

1. 首尔网络大学

首尔网络大学（서울사이버대학교）是于 2000 年根据韩国《继续教育法》成立的私立教育机构，2009 年依据《高等教育法》改为正规四年制普通高校。该校由 9 个学院和 41 个系组成。

大数据与信息保护系（빅데이터정・보보호학과）隶属于首尔网络大学技术学院，以培养大数据和信息保护领域融合型人才为教育目标。该系以建设成为世界一流大数据和信息保护系为愿景，拥有 SCU 大数据和信息保护领域优秀教师并始终开展大数据技术理论和实践培训，培养学生成为信息安全技术员、信息处理技术人员、数据分析专家和大数据分析员等各自领域人才。同时，还积极举办各类大数据和信息保护社团活动、志愿者活动、不定期论坛等。该系目前开设的主要课程有：信息保护概论、数据科学入门、Python 编程、C 语言、基础密码技术、大数据基础编程、离散数学、网络素养、编码测试入口、第四次工业革命的谅解、金融科技安全、区块链与加密货币、AI 大数据安全、黑客与安全、信息安全管理与法规等。

2. 汉阳网络大学

汉阳网络大学（한양사이버대학교）是于 2001 年获得韩国教育人力资源部许可，并于 2002 年开设的四年制私立远程大学，2010 年开设研究生院，是目前韩国国内网络大学生数量最多的大学。在韩国教育部的远程大学评价中，课程、人力资源、物力资源、管理、教学成果等 5 个领域均获得最佳评价。

黑客安全系（해킹보안학과）属于汉阳网络大学计算机和软件工程学院，该系的教育目标是培养具备应对网络攻击能力的信息保护专业人才，同时具备发现信息系统漏洞和寻找防御措施的理论知识和实践能力，应对网络攻击和隐私事件，收集网络侵权证据等。毕业生今后进入的领域有：司法/行政/研究所、国防机关、信息安全服务行业、国内外研究院、金融/通信/广播等行业。该系开设的主要课程有：密码基础技术、系统安全

实践、网络安全、信息保护编程、物联网安全、Python 编程、黑客安全项目、网络调查概论、信息安全审计、病毒分析技术、数字信息学、网络攻击技术、安全编码等。

3. 禹锡大学

禹锡大学(우석대학교)成立于 1979 年,是一所私立四年制综合大学,该校于 1983 年设立研究生院,2021 年被韩国教育部评为“教育国际化能力认证大学”。该校设有卫生福利学院、文化社会学院、科技学院、食品科学学院、体育科学学院、师范学院、医学院、中医学院等。

信息安全系(정보보안학과)属于禹锡大学卫生福利学院,该系培养具有专业知识和实践能力的信息安全技术领域专业人才,以专业方式应对第四次工业革命时代新数字技术环境中日益多样化的安全威胁。该系目前开设的课程有:了解计算机、了解信息安全、信息安全技术、安全窗口服务器、网络编程基础、安全 Linux 和 Unix 基础、安全电子商务、区块链和金融科技安全、信息安全现场实践、黑客和病毒响应、计算机取证、智能技术、Java 编程、信息保护法、入侵拦截和检测、移动安全等。

4. 高丽大学

高丽大学(고려대학교)的前身是成立于 1905 年的私立高等教育机构宝城专门学校,该校是环太平洋大学联盟成员、亚太国际贸易教育暨研究联盟成员、亚太国际教育协会发起成员和 Universitas21 的创始会员。高丽大学长期位列韩国大学排名第 2 位、私立综合大学第 1 位,设有安岩和世宗两个校区。高丽大学有 35 个研究学会,活跃于各个研究领域,其中 18 个属于人文科学和社会科学,17 个属于自然科学和医学。

信息保护学院(정보보호대학원)创建于 2000 年 9 月,本科部设网络与防卫系、智能安全学院,研究生部设信息安全系、信息保护系、金融安全系、数字取证系、网络安全系、大数据应用与安全系、融合安全系、区块链系等。此外,还设有信息保护研究所和产学研合作团,包括国防 RMF 研究中心、全球信息分析中心、数字取证研究中心、区块链安全研究中心、网络安全政策中心、密码研究中心、研究合作总部和网络战技术联合研究中心。信息保护系是为培养具有较高知识和能力的信息保护专家而开设的,毕业生在韩国电子通信研究院、韩国互联网振兴院、金融安全研究院等国家研究机构或三星、LG 等龙头企业、律师事务所、警察部门等多个领域从事工作。网络安全系旨在培养信息安全高层管理人员,通过系统地、集中地培训风险管理、安全控制、网络攻击响应、智能电网安全等,为国家培养信息安全领域高端人才。大数据应用与安全系主要面向社会人员开设继续教育硕士课程,以适应当今大数据分析能力日益增长的时代,培养精通大数据分析和信息收集保护的人才。信息安全系分为网络国防政策专业和网络战专业,通过定制培训课程,培养能够抵御网络恐怖战和网络战争威胁的专业人才。

信息保护学院目前开设的课程有:法律和政策、网络概论、密码学和算法、个人信息保护法、现代密码学、智能金融安全、网络法、信息保护概论、CPS 安全性、侵权事故应对管理、数字取证概论、大数据挖掘、探索性统计、代币经济学、加密货币概论、融合安全概论、安全编码、隐私政策、电子金融实践、恶意软件和逆向工程、网络犯罪调查技术、AI 安全等。

5. 东国大学

东国大学(동국대학교)始创于 1906 年,是一所以佛教思想为办学理念的私立综合性研究型大学。该校现设立的本科学院有佛学院、文理学院、理科学院、法学院、社会科学学院、警察司法学院、管理学院、生物系统学院、技术学院、师范学院、艺术学院、未来融合学院、达尔马学院等,设立的研究生院有普通研究生院、影像研究生院、管理学院、佛教研究生院、行政学院、警察司法研究生院、教育研究生院、新闻信息学院、文化艺术研究生院、国际信息保护学院等。该校在 2021 年韩国《中央日报》评选的大学评价中,综合排名第 9 位,就业率排名第 10 位。

国际信息保护学院(국제정보보호대학원)成立于 1997 年 3 月,目前开设有信息保护系、网络取证系、国际关系系、国际海洋政策系、英语翻译系。其中,信息保护系和网络取证系开设的专业有信息保护专业、网络取证专业、区块链专业、家庭网络安全专业、人工智能安全专业、金融信息调查专业等。

信息保护专业主要培养精通信息保护技术的专业研究人员、实践技术人员以及安全和管理人员。培养内容包括网络安全政策和管理、密码理论、安全架构和工程、互联网和无线通信安全、数据库安全、操作系统安全、电子商务安全、生物识别应用技术、隐私、网络反恐、评估认证、系统审核、网络道德和法律取证等方面。该专业目前开设的课程有:密码理论、网络安全总论、信息系统安全管理、Unix 和 Linux 安全性、信息安全保证理论、生物识别应用技术、系统安全审核和安全治理、密码应用程序、数据库安全性、信息保护项目、工业安全和企业保密、无线通信和安全、网络取证、隐私、安全操作系统、信息保护风险评估、企业安全架构、互联网 TCP/IP 安全、安全工程、高级安全设备研究、信息和符号理论、网络伦理与法律、网络恐怖主义与应对、无处不在的计算和安全、应用程序安全、网络犯罪心理学、数字媒体安全、先进的 Safeguards 等。

三、代表人物

1. 多萝西·丹宁

多萝西·丹宁(Dorothy Denning)是世界领先的信息安全专家之一。她的研究为密码学、信息战和数据安全领域奠定了基础。她因基于晶格的访问控制(LBAC)、入侵检测系统(IDS)和其他网络安全创新而闻名,出版 4 部著作,发表 200 多篇文章。2012 年入选美国国家网络安全名人堂,曾任国际密码学研究协会主席,现为海军研究生院国防分析系荣誉退休教授。

丹宁于 1975 年获得普渡大学博士学位。毕业后,她加入普渡大学计算机科学系担任助理教授,并于1981年晋升为副教授。1983年离开普渡大学后,她在SRI国际和数字设备公司以及乔治敦大学担任职务,曾任卡拉汉家族计算机科学教授、乔治敦信息保障研究所所长和计算机科学系主任。后又成为加利福尼亚州蒙特利海军研究生院国防分析系的教授,也是恐怖主义和非正规战争中心以及信息系统安全研究中心的教员之一。

她是美国计算机协会(ACM)研究员,曾获得多个著名奖项。1995年,丹宁被选为ACM研究员;1999年,她获得国家计算机系统安全奖;2001年11月,她被《时代》杂志评为创新者;2002年获得奥古斯塔·阿达·洛夫莱斯奖;2003年入选信息系统安全协会(ISSA)名人堂;2004年获哈罗德·F.蒂普顿奖。2008年,ACM的安全、审计和控制特别利益小组(ACM SIGSAC)将其杰出创新奖授予丹宁博士。她是国际信息安全认证联盟(ISC2)的研究员,2010年,她被任命为信息系统安全协会(ISSA)杰出研究员,2012年,她成为首批入选美国国家网络安全名人堂的专家之一。

2. 霍华德·施密特

霍华德·施密特(Howard Schmidt),入选美国国家网络安全名人堂,在政界、商界、法界、网络安全界等多个领域都有很长的职业生涯。他对网络安全的两大贡献包括与汤姆·里奇(Tom Ridge)合作创建了一家名为里奇·施密特网络有限责任公司(Ridge Schmidt Cyber LLC)的网络安全咨询公司,以及担任奥巴马政府的网络安全协调员。

施密特在菲尼克斯大学获得工商管理学士学位和组织管理硕士学位。毕业后,他在美国空军服役三届。离开现役后,在公务员系统工作。20世纪80年代,他转职为市警察。担任警官后,他加入美国SWAT战术小组(美国一支拥有先进技术战术手段的反暴力、反恐怖特别执法单位,隶属于当地警察局),最终在联邦调查局国家毒品情报中心担任职务。

他在网络安全领域的职业生涯始于他转入美国空军特别调查办公室。在那里,他建立了政府的第一个计算机取证实验室。为公共服务30年后,乔治·W.布什任命施密特为总统关键基础设施保护委员会副主席,同时担任白宫网络空间安全特别顾问。

在担任该职务期间,他是制定美国网络安全国家战略的领导者。施密特还在奥巴马总统任内担任白宫网络安全协调员,并在Ebay担任过许多网络领导者角色。霍华德于2017年因脑癌去世。

3. 希拉·布兰德

希拉·布兰德(Sheila Brand)是美国网络安全领域先驱,因在私营企业和政府计算机安全领域工作出色而闻名。她毕业于印第安纳大学布卢明顿分校,获得数学学士学位。

布兰德是制定"可信计算机系统评估标准"背后的定义人,该标准被称为"橙皮书",是评估和实施计算机系统中标准的网络安全控制的一套标准要求。此后,她对相关标准的制定也做出了贡献,这套标准被称为"彩虹系列",这些标准共同构成了业界安全功能和安全保障评估的通用准则,实现了国际互认,该标准于1998年采用,至今仍在使用。

布兰德致力于整合理论、政策和实践,保证普通消费者计算机的稳定和安全。她最终晋升为美国国家安全局国家计算机安全中心（NCSC）标准部门负责人。

4. 维吉尔·D. 格利戈

维吉尔·D. 格利戈（Virgil D. Gligor）是卡内基梅隆大学电气和计算机工程系的罗马尼亚籍教授，专门研究应用密码学、分布式系统和网络安全。他研究的其他课题包括隐蔽通道分析、访问控制机制、入侵检测和 DOS 保护。格利戈在加州大学伯克利分校顺利获得了学士、硕士和博士学位。

格利戈从 1976—2007 年在马里兰大学任教。2008 年，他离开了马里兰大学，到卡内基梅隆大学任教。在那期间，他成为卡内基梅隆大学的 CyLab 实验室的联合主任。格利戈因在密码学和安全领域的出色工作而获得了许多荣誉：2011 年，获得美国计算机协会杰出创新奖；2006 年，获得美国国家安全局颁发的国家信息系统安全奖。此外，他还因其密码学工作获得了电子与电气工程师协会（IEEE）计算机协会的认可。

格利戈是计算机安全领域的先驱，40 年来，他一直致力于探索下一代安全和面对恶意软件的可信计算等密码学和网络安全问题。

5. 叶甫根尼·瓦连京诺维奇·卡巴斯基

叶甫根尼·瓦连京诺维奇·卡巴斯基（Евгений Валентинович Касперский），俄罗斯乃至全球杰出的信息安全专家，卡巴斯基实验室创始人之一，2008 年曾获俄罗斯国家科学技术奖。

卡巴斯基出生于黑海沿岸的新罗西斯克，16 岁就跳级进入密码、电信与计算机科学学院就读，从 1980 年代起便对于资料压缩及密码学有很深的研究，毕业后进入 KGB 担任密码解析的工作。1989 年 10 月，卡巴斯基的电脑感染了 Cascade 病毒，他成功自行解毒，从此对于电脑病毒及资讯安全课题产生兴趣并深入研究。1991 年卡巴斯基进入电脑公司 KAMI 工作，公司内防毒软件部门的同事找卡巴斯基一同创立了卡巴斯基研究室的前身“AVP”。1997 年 AVP 正式公司化，成立卡巴斯基研究室，并推出防毒软件 AntiViral Toolkit Pro，此软件于 2000 年 11 月改名为 Kaspersky Antivirus。

6. 谢尔盖·亚力山德罗维奇·普鲁戈塔连科

谢尔盖·亚力山德罗维奇·普鲁戈塔连科（Сергей Александрович Плуготаренко）是俄罗斯工程师、互联网行业专家、俄罗斯电子通信协会（RAEC）主任、区域互联网技术公共中心（ROCIT）理事、俄罗斯通信部下属的公共委员会和信息技术委员会成员。

7. 科坚科·伊戈尔·维塔利耶维奇

科坚科·伊戈尔·维塔利耶维奇（Котенко Игорь Витальевич），技术科学博士，教授，首席研究员，俄罗斯科学院圣彼得堡信息技术和自动化所计算机安全实验室负责人。担任俄罗斯科学院圣彼得堡信息技术和自动化所、圣彼得堡国立技术大学和圣彼得堡国立信息技术机械与光学大学学位论文答辩委员会成员。

8. 尤素波夫·拉斐尔·米达托维奇

尤素波夫·拉斐尔·米达托维奇（Юсупов Рафаэль Мидхатович），信息学、信息技术和控制理论领域的杰出学者，是社会信息化理论基础以及复杂信息和控制系统敏感性理论的创始人和领导者。研究领域涉及地球物理控制论、模型质量测定和信息安全等新兴学科。

9. 博加特列夫·弗拉基米尔·阿纳托利耶维奇

博加特列夫·弗拉基米尔·阿纳托利耶维奇（Богатырев Владимир Анатольевич），技术科学博士，圣彼得堡国立信息技术机械与光学大学计算机技术教研室教授，俄罗斯联邦科学技术荣誉工作者。研究领域：计算机系统和网络的可靠性、容错性能和效率的理论和方法。

10. 彼得罗夫斯基·弗拉基米尔·伊利奇

彼得罗夫斯基·弗拉基米尔·伊利奇（Петровский Владимир Ильич），国际信息化学院、鞑靼斯坦共和国信息化学院成员，喀山国立研究技术大学信息安全系统教研室教授，鞑靼斯坦共和国内阁信息安全顾问。

11. 马尔科夫·阿列克谢·谢尔盖耶维奇

马尔科夫·阿列克谢·谢尔盖耶维奇（Марков Алексей Сергеевич），信息安全教授，技术科学博士，俄罗斯政府科学技术奖获得者，“信息安全”标准化技术委员会 TK-362 成员，俄罗斯政府专家委员会成员，《网络安全问题》杂志主编。

12. 路易斯·普赞

路易斯·普赞（Louis Pouzin）是法国软件工程师，也被称为“法国互联网之父”，出生于 1931 年，毕业于法国著名的巴黎综合理工大学（École Polytechnique）。20 世纪 70 年代，普赞曾成功在法国、意大利与英国之间建立起大型数据网络，为日后全球性的互联网奠定了基础。他建立了早期的分组交换网络 CYCLADES，影响了之后的 TCP/IP。但是法国政府在 20 世纪 70 年代晚期撤走了对于普赞项目的资金支持，直到互联网开始在全球范围内普及才最终为其正名，因此路易斯·普赞也被称为是“被人遗忘的互联网第五人”。2003 年，法国政府授予普赞“荣誉军团骑士勋章”（Chevalier de la Légion d' Honneur），这是法国最高奖励之一。2013 年，在英国白金汉宫举办的一场颁奖盛典上，英国女王伊丽莎白二世嘉奖了五位计算机网络先驱者，获奖的第五人就是路易斯·普赞。

13. 安德烈·特鲁昂

1973 年，法国工程师安德烈·特鲁昂（André Truong）和弗朗索瓦·格内尔 François Gernelle 发明了微机 Micral，这是第一款使用 Intel 微处理器的商业个人电脑。这款电脑并非只是简单组装件，而是形成一套完整系统，基于英特尔 8008 微处理器设计。电脑历史博物馆上写道：“法国 r2e 公司创始人、公司总裁安德烈·特鲁昂（André Truong）开发

Micral 用以替代微型电脑，毕竟当时不需要太高的性能。”

14. 约瑟夫·希发基思

约瑟夫·希发基思(Joseph Sifakis)，希腊和法国双国籍，计算机科学家。1946 年 12 月出生于希腊，1969 年获雅典技术大学电子工程学士学位，1974 年获法国格勒诺布尔大学计算机科学博士学位。2007 年获国际计算机界最高奖“图灵奖”，2008 年当选法国工程院院士和欧洲科学院院士，2010 年当选法国科学院院士，2015 年当选美国人文和科学院院士，2017 年当选美国工程院外籍院士。现任法国国家科学中心主任研究员。

约瑟夫·希发基思的主要研究领域是模型检测及嵌入式系统设计与验证。他在 1979 年提出了通过对时序逻辑公式的计值来验证并发系统性质的思想，得到了一系列理论结果，包括对含有“可能”和“必然”模态算子的分支时序逻辑的不动点刻画。在此基础上他进一步提出了带有“until”算子的分支时序逻辑来表达“公平性”。他的这些工作与卡内基梅隆大学教授爱德蒙·克拉克(Edmund M. Clarke)、得克萨斯大学奥斯汀分校教授艾伦·爱默生(Allen Emerson)同时期的工作一起，为模型检测这个研究领域的创立和发展奠定了理论基础。模型检测已被应用于计算机硬件、软件、通信协议、安全认证协议等领域，取得了巨大的成功，成为分析、验证并发系统性质的最重要的技术，被 Intel、IBM、微软等公司用于日常生产实践中。他因开创了模型检测研究领域而与爱德蒙·克拉克(Edmund M. Clarke)、艾伦·爱默生(E. Allen Emerson)教授共同获得了 2007 年的 ACM 图灵奖。

约瑟夫·希发基思是欧洲嵌入式系统研究的先驱。他提出了首个面向带时间分支时序逻辑 TCTL 的符号模型检测算法，以该算法为基础实现了适用于实时系统模型检测的验证工具 Kronos。从 2004—2012 年，希发基思教授担任欧盟“卓越网络” ARTIST 嵌入式系统研究联盟的科学协调人，负责协调欧洲 35 个实时与混成系统领域研究小组的工作。在他担任欧盟 ARTIST 嵌入式系统研究联盟科学协调人期间，极力推动欧盟与中国在该领域的合作。在他领导下，该研究联盟从 2006—2011 年在中国举办了六届嵌入式系统设计讲习班，使用欧盟经费，邀请国际上嵌入式系统的知名专家为国内的研究生和青年学者讲课。希发基思教授频繁来中国开展学术访问，在中国科学院软件所、计算所、清华大学、北京大学、西北工业大学、东北大学、哈尔滨工业大学、华东师范大学、深圳大学、华为公司等处作学术报告。2017 年 8 月至今，他担任清华大学计算机学科顾问委员会委员。2019 年 1 月开始，他出任南方科技大学杰出教授。

15. 劳伦特·大卫·科恩

在 Guide2Researchs 网站发布的第六届年度计算机科学和电子领域 1 000 名顶级科学家的排名中，劳伦特·大卫·科恩(Laurant David Cohen)当选“2021 年度法国最优秀的计算机科学家”。劳伦特·大卫·科恩本科阶段就读于法国名校巴黎高等师范学院，研究生和博士生阶段则就读于巴黎六大应用数学系。1995 年开始，进入巴黎九大(Université Paris Dauphine)从事科研。他的主要研究领域是图形分析、计算机视觉、机器学习。同时他也是巴黎九大决策数学研究中心(CEREMADE)的负责人。

16. 元广土屋

元广土屋(Motohiro Tsuchiya)是庆应义塾大学全球研究中心副主任、教授、日本内阁信息安全政策委员会成员,主要关注全球治理与网络安全的关联性,从历史、当代趋势的角度来审视科技变迁对于国家安全的影响,科技对于国家安全可能造成的潜在危害。例如隐私权的侵犯,如何在网络安全与隐私之间达到平衡等问题。2017 年发表题为“改善美国和日本政府之间的网络安全合作”的报告,在 4 个领域提供了可操作的建议,以改善日美网络安全合作:①美国和日本政府在民间部门领域,在日本政府安全行动协调(GSOC)团队和美国国家网络安全和通信集成中心(NCCIC)建立交流职位。在领导者和利益相关者之间举行安全的视频会议,并通过面对面的会议进行增强,并在事件发生时进行实时协调。②美国武装部队和日本自卫队之间的军事网络:努力将日本纳入美国任务伙伴环境(MPE)和相关通信系统,以提高安全性和互操作性。③公共和私营部门之间:利用两国已经整合的反恐和自然灾害响应框架,将网络安全事件响应纳入其中,通过关注美国和日本的信息共享和分析中心(ISAC)来改善公私合作。④在私营部门实体中:调查两国的私营部门组织,以确定成员特别满意的合作组织,分享最佳实践并研究将这些方法制度化的措施。

17. 中村宏

中村宏(Hiroshi Nakamura)是东京大学系统信息学系、信息科学与工程研究生院教授,东京大学信息安全教育中心主任。出版著作《计算科学——别卷超级计算机》,作为国外优秀著作原版系列丛书,于 2020 年引入中国,全书共分 4 章,从计算机的基本原理出发,阐述了计算能力的高速化方法、并行编程、技术动向和今后的研究课题,并对其可实现性进行了探究,同时详细地介绍了计算科学在计算机中发挥的重要作用;关注跨学科领域研究合作,多次出席日本跨学科信息研究与共享研究中心的主题研讨会,并做计算机网络安全相关主旨发言;关注超级计算机研发,与筑波大学合作,联手运行并公开测试超级计算机“Oakforest-PACS”,其运算速度号称“日本之最”,超过了日本理化学研究所的“京”。

中村宏认为,近年来网络安全威胁具有攻击目标多样化、攻击手段复杂化的特点,有必要了解计算机系统的基本原理,以防止此类新的攻击并减少其危害,常规技术进步的外化是有限度的,在分析安全运行领域的实际威胁并利用研发知识的同时,可以将研发成果快速应用于该领域。除了技术研发,中村宏在网络安全人才培养方面也有所研究,努力构建涵盖广泛学术领域、在安全领域行之有效的教育体系,构建包括练习在内的实用性和系统性的实践性人力资源开发计划,要在在职成年人、人文学科的本科生、研究生中开展网络安全教育,确保通过培养安全人力资源保障整个社会的信息安全。

18. 田中英彦

田中英彦(Hidehiko Tanaka)是日本网络安全协会(JNSA)会长,日本信息安全大学名誉教授、东京大学名誉教授。田中英彦关注企业信息安全，他认为信息安全的重要性虽然被广泛认可，很多政府部门和企业采取了各种措施，开发了各种安全产品，但是信息安全措施和威胁是相互追逐的，目前的信息安全程度仍然不够。全球公司需要根据每个国家的文化和习惯采取措施，确保企业信息安全。

田中英彦将信息安全放在社会问题、全球性问题的层面来考虑，认为个人和企业信息极其容易被泄露，保障信息安全不仅仅是一个技术问题，而是一个必须与法律改革一起考虑的全球性问题，在这样的形势下，为保障信息安全，健康发展信息社会是一项十分重要的工作，是企业和社会赖以生存的基础。

第三节　网络安全技术学术交流

一、学术期刊

1.《IEEE 可靠性和安全性计算学报》

《IEEE 可靠性和安全性计算学报》(*IEEE Transactions on Dependable and Secure Computing*，简称 TDSC)是由 IEEE 主办的季刊，为可靠的、安全的计算方法、策略和系统研究、设计及开发提供了一个全面的国际论坛。主要涉及计算机安全和密码学、通用计算机科学、软件工程与编程领域。重点发表的文章主要是关于研究基础、方法和机制、设计、建模和评估，以及在不影响性能的情况下可靠、安全的系统和网络。国际刊号：ISSN 1545-5971。

2.《IEEE 信息取证和安全学报》

《IEEE 信息取证和安全学报》(*IEEE Transactions on Information Forensics and Security*，简称 TIFS)是由 IEEE 信号处理学会出版的季刊。该杂志由构成 IEEE 的几个学科协会共同赞助：IEEE 通信协会、IEEE 计算智能协会、IEEE 计算机协会、IEEE 医学和生物学工程协会以及 IEEE 信息理论协会。其内容涵盖了与信息取证、信息安全、生物特征识别、监控和系统应用相关的科学、技术和应用。国际刊号：ISSN 1556-6013。

3.《ACM 信息和系统安全学报》

《ACM 信息和系统安全学报》(*ACM Transactions on Information and System Security*，简称 TISSEC)，是一本同行评议期刊，目的是为信息安全领域的思想交流提供一个国际论坛，主要发表有关安全主题的研究，包括密码学、安全工程和系统安全。该期刊为发表关于信息安全、隐私和保障的原创研究提供了一个较好的平台，其内容涵盖了上述领域的理论、算法、系统、软件、硬件和应用等方面。国际刊号：ISSN 1094-9224。

4.《计算机与安全》

《计算机与安全》(*Computers & Security*)是由 Elsevier 出版管理的双月刊,出版国家为英国,是 IT 安全领域最受尊敬的期刊之一,在全球范围内被公认为 IT 安全研究和应用专业知识的主要参考来源。《计算机与安全》为 IT 安全社区提供了前沿研究和可靠实用管理建议的独特结合。它面向所有行业参与计算机安全、审计、控制和数据完整性的专业人士,包括工业、商业和学术界,帮助社区建立和运营完全安全的系统和组织。国际刊号:ISSN 0167-4048。

5.《网络安全问题》

《网络安全问题》的主要内容是信息安全。该杂志发表俄罗斯和外国学者在信息安全和信息战领域的文章,主要涉及网络安全、应用安全、技术信息安全等。

6.《信息保护学会杂志》

《信息保护学会杂志》(정보보호학회지)是由韩国信息保护学会于 1991 年创刊的信息保护领域学术期刊。发行周期:双月刊,国际刊号:ISSN 2288-2715(电子),Print:ISSN 1598-3986(印刷)。

7.《信息化政策》

《信息化政策》(정보화정책)是由韩国信息化振兴院于 1994 年创刊的信息化政策领域学术期刊。发行周期为季刊;国际刊号:ISSN 1598-3498。

二、学术会议

1. **IEEE 安全与隐私研讨会**

IEEE 安全与隐私研讨会(IEEE Symposium on Security and Privacy,简称 S&P),创办于 1980 年,是信息安全领域四大顶级学术会议之一,也是信息安全领域历史最为悠久的顶级学术会议,在信息安全领域的影响力首屈一指,其评审也以严格著称。该会议一直是计算机安全和电子隐私发展的主要论坛,且一直在美国加州奥克兰举办,主要接收与计算机安全相关的文章,以应用型为主。论文涵盖在理论、设计、实现、分析、经验评估等方面的安全系统进展。

2. **USENIX 安全会议**

USENIX 安全会议(USENIX Security Symposium)由计算机机构 USENIX 主办。USENIX 是一家总部位于美国加利福尼亚州伯克利的非营利会员组织,成立于 1975 年,支持先进的计算系统和操作系统研究。其明确的使命是促进技术卓越和创新,支持和传播偏向实践的研究,为技术问题的讨论提供一个中立论坛,并鼓励计算机推广。USENIX 在 2008 年成为第一家提供开源阅读服务的计算机机构。直到 2013 年,USENIX 都是唯一一所提供开放阅读论文的机构。USENIX 安全会议涵盖领域十分广泛,包含二进制安全、固件安全、取证分析、Web 安全、隐私保护、恶意分析等。

3. ACM 计算机与通信安全会议

ACM 计算机与通信安全会议(ACM Conference on Computer and Communications Security,简称 CCS),于 1993 年首次举办,是美国计算机协会(ACM)安全、审计和控制特别利益集团(SIGSAC)的旗舰年度会议。会议创始人为多萝西·丹宁(Dorothy Denning)、拉维·桑杜(Ravi Sandu)等资深安全研究人员。会议汇集了来自世界各地的信息安全研究人员、从业者、开发人员和用户,探讨最前沿的研究想法和成果。这是一个面向科研者的综合安全会议,在该领域具有极高地位。

4. 网络和分布式系统安全研讨会

网络和分布式系统安全研讨会(The Network and Distributed System Security Symposium,简称 NDSS),每年在美国加利福尼亚州圣地亚哥举办。会议偏应用型,目的是促进网络和分布式系统安全领域研究人员及从业者之间的信息交流。目标受众还包括那些对网络和分布式系统安全的实际应用方面感兴趣的人,关注重点是实际系统的设计和实现。主要目标是鼓励可用安全技术在互联网社区中的应用、部署和推进。

5. 国际研究型大学联盟(IARU)网络安全论坛

该论坛每年春季举行一次,由国际研究型大学联盟主办,每年由一所成员大学承办。国际研究型大学联盟成立于 2006 年,是一个由来自全球 9 个国家的 11 所国际研究型大学组成的网络联盟,成员包括澳大利亚国立大学、苏黎世联邦理工学院、新加坡国立大学、北京大学、加州大学伯克利分校、剑桥大学、开普敦大学、哥本哈根大学、牛津大学、东京大学和耶鲁大学。

该联盟设置了网络安全、可持续发展建设计划、国际气候变化科学大会、老龄化、长寿和健康相关的重大研究项目,并成立了网络安全论坛。自 2018 年起,先后由新加坡国立大学、开普敦大学、苏黎世联邦理工学院承办,所有成员大学的信息安全领域专家都做了主旨发言,分享了各自大学背景和国家/地区的网络安全实践。该论坛每年会商定通过下一阶段在网络安全若干合作领域的后续行动,包括联合制定技术标准、组建虚拟团队、创建一个共享的在线平台,并为具体问题提供联络点。

6. 日本信息安全国际会议

日本信息安全会议多是由各种政府部门、高校研究机构、企业主办,但是信息安全国际会议(CODE BLUE)是由个人发起的会议。该会议的倡导人筱田加奈对于信息安全以及在国际层面的合作有着持续深入研究。该会议还组织了黑客活动“AV TOKYO”,通过招募企业赞助商、聚集执行委员会成员等维持日常运行。会议每年分为两天的赛事培训和两天的会议,内容包括安全技术、产学合作、法律等,组织论文征集,并从来稿论文中遴选出优秀作者作为会议演讲者。

该会议旨在向与会者宣传、共享最新的安全技术和信息安全行业趋势，并为会议参会者提供沟通、联系、合作的渠道与平台，使与会者可以与外界分享研究成果，交流意见，扩展人脉，收集各种信息和知识。

三、其他信息

在网络安全技术学术交流方面，除了上述学术期刊、学术会议之外，还广泛存在如大赛、演练、培训等交流活动，以下提供了法、日、韩等国家大赛、演练、培训、战略理念构建、职业认证等信息。

1."网络欧洲"演练

"网络欧洲"(Cyber Europe)演练是欧盟网络与信息安全局目前主办的最大规模活动，每两年举办一次，该演练活动已成为目前欧洲最重要的网络危机演练活动。"网络欧洲 2020"(Cyber Europe 2020)演习于 2020 年 6 月举行，旨在建设网络安全能力，加强欧盟合作并提高医疗健康领域的网络安全意识。

演习活动场地分布在整个欧洲的几个中心地带，并由演练控制中心统一协调。参加演习的人员来自欧盟各成员国的网络应急机构、电信、能源企业、网络安全部门、金融机构、互联网服务提供商，以及其他私营公司和公共组织。

2.西方网络挑战大赛

卓越网络防御中心同时还为军队之外的武装部队和研究机构雇员培养作战模拟和训练能力。该中心于 2016 年为网络行业创业公司举办了"西方网络挑战大赛"(CWC)。大赛的重点设在网络安全和网络防御领域，由公司、银行、军事单位和南布列塔尼大学等众多 ICT 行业的合作伙伴协办。该比赛通过特定奖品，如通过承包方式获取专属和安全的场地等，对网络防御创业公司进行支持，建立一个网络产业孵化器，在理想地理位置为这些公司提供良好的产业、研发、训练和军事生态系统。大学、产业和政府机构间的其他跨机构合作也正在推进。

3.欧洲网络安全挑战赛

欧盟网络与信息安全局举办的一年一度的"欧洲网络安全挑战赛"(European Cyber Security Challenge，简称 ECSC)由欧洲各国大中院校学生组队参加本国的国家级竞赛，优胜者将在全欧决赛中一决高下。欧盟网络与信息安全局每年十月举办"网络安全月"，在欧盟各成员国开展旨在推广网络安全态势感知相关知识的若干活动。

4.国际网络安全挑战赛

因受全球新冠病毒疫情影响，欧洲网络安全局与其他地区和国际组织设计并主办的"国际网络安全挑战赛"(International Cybersecurity Challenge，简称 ICC)2022 年 6 月 14 日至 6 月 17 日在雅典的斯塔夫罗斯尼亚科斯基金会文化中心举行。参赛团队将在一系列具有挑战性的领域测试他们的实力，如 Web 应用程序和系统开发、密码学、逆向工程、硬件挑战、取证分析和攻击/防御等。国际网络安全挑战赛品牌将全球顶尖的网络安全人才联系在一起，有望成为网络安全创业的重点孵化器之一。

5. 欧盟网络和信息安全局

欧盟网络和信息安全局（European Union Agency for Network and Information Security，简称 ENISA）成立于 2004 年，其核心职能是为欧盟及其成员国提供增强信息与网络安全相关的建议和协助，保护能源、交通、金融市场、银行业、医疗保健及数字资产等欧洲大陆关键基础设施的安全。

欧盟网络与信息安全局与欧盟计算机应急响应小组（CERT-EU）和欧洲警察组织（Europol）下属的欧洲网络犯罪中心（European Cybercrime Center）建立了紧密联系。在 WannaCry 和 NotPetya 勒索软件攻击事件中，欧盟网络与信息安全局就积极地充当了欧盟各成员国间的网络威胁信息沟通与共享渠道。

欧盟网络和信息安全局的研究目的旨在推动网络安全技能发展领域的一系列新活动，重点制定成员国和欧盟范围内的创新举措。通过一系列活动，最终建立一个欧盟现有服务和项目的数据库，提高欧盟公民特别是网络安全专家的网络安全技能。为了实现这一目标，欧盟网络和信息安全局正在建立网络安全高等教育数据库（the Cybersecurity Higher Education Database）。该数据库是原有网络安全教育地图的更新版本，主要的创新在于用户界面以及提供更多有关网络安全学位的信息。本质上，它是一个覆盖欧洲经济区（以及瑞士）的网络安全学位列表。该数据库的过滤机制，可以提供有关网络安全学位的基本信息。

法国政府也为加强本国网络安全建设积极参与到欧洲网络与信息安全局（ENISA）、欧盟计算机应急响应小组（CERT-EU）和北大西洋公约组织（NATO）计算机事件响应能力团队（NCIRC）等机构工作，在国内和同盟的网络演习，尤其在“网络联盟”（Cyber Coalition）等 NATO 网络防御演习中表现积极。

6. 信息系统安全培训中心

为有力培养专业人才，法国政府和军方分别建立了两大网络安全培训中心。信息系统安全培训中心（CFSSI）是法国 ANSSI 建立的国家级网络安全专业培训机构，除了负责指导法国高等教育机构集成信息技术教育和网络安全教育，它还面向公众提供线上线下的网络安全培训项目并颁布相应的资格认证。其免费公开的在线网络安全培训项目 SecNum Académie 自 2017 年设立以来，已经培训了 12.5 万余人。

布列塔尼网络精英中心（PEC）则是面向法国军方和国防装备供应链公司服务的培训机构，负责提供计算机网络的初级培训、继续培训和高等教学。它还依托军队的技术作战机构，运用必要的平台来培训对网络攻击的处置，并对最新的网络安全产品进行使用前的检验。

为打造出贴合实际岗位需求、专业能力素质过硬、无需二次岗前培训的网络安全人才,CFSSI 和 PEC 都设置了一套连贯的培训课程。培训课程围绕网络防御和网络弹性,针对当前和未来需求,培训标准认证均与国家接轨。截至 2020 年 1 月,CFSSI 已设置了 57 个培训项目,每项培训结束后,受训者都可获得国家专业认证目录(RNCP)承认的专业证书、硕士学位或 7 级工程师等资格。培训分短期、中期和长期,短期、中期培训以普及性通识教育为主,而长期培训旨在打造网络安全专业人才,通过 CFSSI 长期培训的人员将获得由 ANSSI 颁发的信息系统安全专家(ESSI)资格认证。PEC 则提供从大学学士到硕士研究生的教育培训,完成后将会获得国家和欧洲级别的专业资格认证。

7. 日本的网络安全战略理念与构建

2013 年,日本发布《网络安全战略》,提出了日本国家网络安全战略目标,确立了保障网络安全需要遵循的基本原则和采取的具体措施,成为新时期日本网络安全治理的战略性文件;2015 年版《网络安全战略》提出,“从事后应对转为事前防御”“从被动实施变为倡议主导”成为网络安全战略方针;2018 年版《网络安全战略》更明确提出,日本政府施行“积极网络防御”策略,同时将网络威慑和反击能力视为维护网络安全的必备手段。为促进事前积极防御措施,政府将与网络安全企业合作,利用技术诱导攻击方式搜集攻击者信息,进而增进威胁信息的共享使用。

在网络安全顶层战略性指导意见下,日本加快了网络安全法制的构建,2000 年 1 月,日本政府发布网络安全领域首个政策文件——《保护信息系统免受网络攻击行动计划》,同年,制定“确保政府 IT 安全性”和“保护关键基础设施”双向战略,旨在从战略角度谋划解决网络安全问题。2014 年,出台《网络安全基本法》,首次对“网络安全”一词进行法律界定,并明确规定了日本政府、地方当局、关键信息基础设施提供商、网络相关企业经营者、教育/研究机构等的相关职责。在个人身份信息(PII)保护方面,日本于 2003 年 5 月颁布了《个人信息保护法》,是日本保护个人身份信息的法律基础,2019 年 1 月,欧盟委员会允许“在得到有效保护的基础上,个人数据可在日本和欧盟两个经济体之间自由流动”。2001 年 11 月,日本政府签署《网络犯罪公约》,该法案由欧盟委员会的 26 个成员国以及美国、加拿大、日本和南非等 30 个国家在布达佩斯共同签署,是全世界第一部针对网络犯罪行为的国际公约,目标是“制定旨在保护社会免遭网络犯罪侵害的共同刑事政策,并通过适当立法促进国际合作”。

8. 韩国网络安全领域认证介绍

(1)信息安全工程师。信息安全工程师(정보보안기사)是韩国互联网振兴院主办的国家级资格证书。需具备系统、应用服务器、网络设备及安全设备的专业知识和操作技能,同时具备网络及应用领域安全业务能力、安全政策制定、安全对策实施等业务执行能力。笔试科目包括系统安全、网络安全、应用程序安全、信息安全、信息安全管理与法规,实操科目包括信息安全实践。

(2)信息处理工程师。信息处理工程师(정보처리기사)是韩国产业人力协会主

办的资格证。需要具备对信息系统的规划、分析、设计、实施、测试、运营和维护等工作的能力。笔试科目包括数据库、电子计算机结构、操作系统、软件工程、数据通信，实操科目包括信息处理实务。

(3)数据分析专家。数据分析专家(데이터분석전문가)是韩国数据产业振兴院主办的韩国国内首个大数据国家级资格证。需要具备数据理解和处理技术等基础知识，同时能够从事数据分析规划、数据分析、数据可视化等工作，并支持流程创新和营销策略决策等科学决策。笔试科目包括数据理解、数据处理技术理解、数据分析规划、数据分析、数据可视化等，实操科目包括数据分析实践。

第四节 网络安全技术专业术语

有关网络安全技术方面的专业术语非常多，经过筛选，给出如下比较常用的、多语种对照的电子通信技术专业术语表，供大家学习参考。

表3:多语种对照网络安全技术专业术语表

	汉语	英语	俄语	日语	韩语	法语
1	IP欺骗	IP spoofing	IP спуфинг	IPスプーフィング	위조마킹	usurpation d'adresse IP
2	SQL注入	SQL injection	SQL- инъекция	SQLインジェクション	SQL주입 공격	injection SQL
3	URL注入	URL injection attack	URL- инъекция атаки	URLインジェクション攻撃	URL 주입공격	attaque par injection d'URL
4	安全监控	security monitoring	мониторинг безопасности	セキュリティ監視	비밀 감청	surveillance de la sécurité
5	安全套接字层	secure socket layer (SSL)	безопасный сокет слой	セキュア・ソケット・レイヤー;SSL	보안 소켓 계층	Secure Sockets Layer
6	爆破攻击	brute force attack	атака грубой силы	ブルートフォース攻撃	무제한 공격	attaque par force brute
7	主动攻击	active attack	активная атака	能動攻撃	적극적 공격	attaque active
8	被动攻击	passive attack	пассивная атака	受動攻撃	소극적 공격	attaque passive
9	打补丁	patching	исправление	パッチ	패칭	rapiécer
10	代理服务器	proxy server	прокси-сервер	プロキシサーバー	프록시 서버	serveur mandataire

续表 3

	汉语	英语	俄语	日语	韩语	法语
11	单点登录	single sign on (SSO)	единая точка входа	シングルサインオン；エス - エス - オー	싱글 사인온	Authentification Unique
12	对称密钥	symmetric key	симметричный ключ	対称鍵	대칭키	clé symétrique
13	恶意代码	malicious code	вредоносный код	悪性コード	악의적 코드	code malveillant
14	恶意广告	malvertising	облегчение	マルバタイジング；悪質なウェブ広告	멀버타이징	malvertisation
15	恶意软件	malware	вредоносное ПО	マルウェア	악성 소프트웨어	logiciel malveillant
16	防毒软件	antivirus	антивирус	防毒ソフト	안티 바이러스	antivirus
17	防火墙	firewall	межсетевой экран	ファイアウォール	방화벽	pare-feu
18	Web 应用防火墙	Web application firewall	Web брандмауэр приложения	Webアプリケーションファイアウォール	웹 애플리케이션 방화벽	pare-feu applicatif Web
19	分布式拒绝服务	distributed denial of service (DDoS)	распределенный отказ в обслуживании	分散型サービス拒否	고의적 네트워크 마비	Déni de service distribué
20	高级长期威胁	advanced persistent threat	усовершенствованная настойчивая угроза	APT 攻撃	지능형 지속 공격	Menace persistante avancée
21	攻击特征	attack signature	атака подписи	攻撃特徴	공격 시그너처	signature d'attaque
22	数据库审计	database audit	аудит базы данных	データベース監査	데이터베이스 감사	audit de base de données
23	数据完整性	database integrity	целостность базы данных	データ完全性	데이터베이스 무결성	intégrité de la base de données
24	加密	encryption	шифрование	暗号化	부호 매김	chiffrement
25	僵尸程序	bot process	бот процесс	ゾンビプログラム	봇 프로세스	processus de bot
26	僵尸网络	botnet	ботнет	ボットネット	봇넷	botnet
27	解密	decryption	дешифрование	暗号を解く	해독	décryptage
28	警报	alert	оповещение	警報	경보	alerte

续表3

	汉语	英语	俄语	日语	韩语	法语
29	拒绝服务攻击	denial of service (DoS)	отказ в обслуживании	サービス拒否攻撃	서비스 거부	Déni de Service
30	跨站点脚本	cross-site scripting (XXS)	сценарии по пересечению сайта	クロスサイトスクリプト	교차 사이트 스크립팅	script de inter-sites
31	垃圾邮件	spam	спам	迷惑メール	스팸 메일	pourriel
32	零日漏洞	zero-day	нулевой день	ゼロ・デー・ホール	제로 데이	jour zéro
33	漏洞	vulnerability	уязвимость	ホール	취약성	vulnérabilité
34	漏洞利用工具	exploit kit	эксплуатационный комплект	エクスプロイト	착취 키트	outils d'exploitation
35	逻辑炸弹	logic bomb	логическая бомба	論理爆弾	논리 폭탄	bombe logique
36	密码	cipher	шифр	パスワード	암호	cryptographie chiffre
37	密码嗅探	password sniffing	пароль нюхает	パスワードスニッフィング	암호 스니핑	reniflage de mot de passe
38	密匙	key	ключ	キー	키	clé
39	密钥	secret key	секретный ключ	鍵	비밀 키	clé secrète
40	蜜罐（蜜网）	honeypot (honeynet)	технология Honeypot	ハニーポット	허니팟	pot de miel (filet de miel)
41	网络蠕虫	worm	червь	ワーム	웜	vers réseau
42	入侵检测系统/入侵检测与防御	instruction detection system/instruction detection& prevention system (IDS/IDP)	система обнаружения инструкций/система обнаружения и профилактики инструкций	侵入検知システム/侵入検知および防御	명령탐지 시스템/지 침탐지및예 방시스템	Système de Détection d'Instructions/Intrusion Système de détection et de Prévention
43	网络渗透	network penetration	проникновение сети	ネットワーク浸透；ネットワーク侵入	네트워크 침투	pénétration du réseau
44	数据包嗅探器	packet sniffer	пакетнюхалка	パケットスニファー	네트워크 침투	renifleur de paquets
45	双因素认证	two-factor authentication (2FA)	двухфакторная аутентификация	二要素認証	이중 인증	Authentification à deux Facteurs
46	水坑（水坑攻击）	water-holing (watering hole attack)	водяное расслоение	水飲み場型攻撃	물웅덩이 공격	trou d'eau (attaque de trou d'eau)

续表3

	汉语	英语	俄语	日语	韩语	法语
47	特洛伊木马	Trojan horse	троянский конь	トロイの木馬	트로이목마	cheval de Troie
48	网络安全	cybersecurity	кибербезопасность	サイバーセキュリティ	사이버 보안	cybersécurité
49	网络钓鱼	phishing	фишинг	フィッシング	피싱 사기	hameçonnage
50	网络攻击	cyber attack	кибератака	サイバー攻撃	사이버 공격	cyberattaque
51	未经授权的访问	unauthorized access	не авторизованный доступ	不正アクセス	무단접근	accès non autorisé
52	堡垒机	bastion host	хост-бастион	要塞ホスト	요새 호스트	Bastionhost
53	行为监控	behavior monitoring	мониторинг поведения	挙動監視	행동 감시	surveillance du comportement
54	虚拟专用网	virtual private network（VPN）	виртуальная частная сеть	仮想プライベートネットワーク	가상 사설 통신망	Réseau Privé Virtuel
55	有效载荷	payload	полезная нагрузка	ペイロード	유효하중	charge utile
56	域名劫持	domain name hijacking	доменное имя угона	ドメイン名の乗っ取り；ドメイン名ハイジャック	도메인 이름 가로채기	détournement de nom de domaine
57	域欺骗	pharming	DNS отравление	ドメイン詐欺	파밍	pharming
58	远程访问木马	remote access Trojan（RAT）	удаленный доступ троян	リモートアクセス型トロイの木馬	원격 액세스 트로이목마	cheval de Troie d'accès à distance
59	中间人攻击	man-in-the-middle attack（MitM）	атака человека	中間者攻撃	중간자 공격	attaque de l' homme du milieu
60	字典攻击	dictionary attack	словарь атаки	辞書攻撃	사전단어 공격	attaque par dictionnaire
61	沙箱	sandbox	песочница	砂場；沙箱	샌드박스	bac à sable
62	网络欺骗	network cheating	обман сети	インターネット詐欺	네트워크 부정행위	tricherie réseau

第四章

数学密码

第一节　密码技术发展概况

一、历史进程

“密码技术”一词最早起源于希腊语，其含义包含“隐藏”和“书写”两方面的内容，使用密码的目的，简而言之，就是找到一种方法，把消息转换成一种隐藏的方式并阻止其他人得到它。

由于在战争时期，消息具有更多的敏感性，因此密码理所当然地被较早应用于战争。战争中密码的频繁使用，导致了密码的迅速发展。而密码学正是在不断编制密码和破译密码这一既对立又统一的过程中不断发展壮大并逐渐成熟起来，最终成为一门科学。

人类使用密码的历史，从今天已知的资料来看，最早可以追溯到我国的商周时代。《龙韬·阴符》第一次出现了关于如何进行安全军事通信的讨论。

19 世纪末，电报机的发明极大提高了信息的传输效率，通信技术的提高刺激了密码编码技术的发展，密码开始由手工密码向机械密码转变。

自从无线电和摩尔斯电码问世后，军事通信进入了一个崭新的时代，但是无线电通信完全是一个开放的系统，在己方接受电文的同时，对方也可“一览无遗”，因此，早就伴随战争出现的密码立即与无线电结合，无线电密码就此诞生。直到第一次世界大战结束，所有无线电密码都是使用手工编码，手工编码效率极其低下，同时由于受到手工编码与解码效率的限制，许多保密性强的复杂加密方法无法在实际中应用，而简单的加密方法又很容易被破译，因此在军事通信领域，急需一种安全可靠而又简便有效的方法。

为了提高编码效率，出现了机械密码，如二战期间盟军使用的 M-209、德国人使用的恩尼格玛密码(ENIGMA)和日本人使用的紫密等，都属于转轮密码。这一时期可看作是科学密码学的前夜时期，这段时期的密码技术可以说是一种艺术，而不是一种科学，密码专家常常是凭直觉和信念来进行密码设计和分析，而不是推理证明。

在用于军事和外交的密码里，最著名的是第二次世界大战中德国人使用的恩尼格玛密码(ENIGMA)。

在第一次世界大战期间，英国情报机关破译了齐默尔曼(Arthur Zimmermann，1916年起任德国外交部长)电报，导致美国对德宣战。但是英国人使用了很好的障眼法，并没有泄漏自己"能够破译德国人密码"的这种能力，德国人一直以为是墨西哥方面泄漏了秘密，而对自己的密码依然保持着足够的自信，直到8年后，德国才换用新型密码。

战后，英国仍旧保持着对德国通讯的监听，且破译率很高。但是从1926年开始，他们开始收到一些不知所云的信息，美国人和法国人碰到的情况也一样，并且不能破译的电文越来越多，这些异常特征标志着德国人开始启用了新型密码——这就是著名的ENIGMA，德国从此拥有了世界上最为可靠的通信保密系统。

1918年，德国人亚瑟·谢尔比乌斯为ENIGMA密码机申请了专利，并于1920年开发出了商用的基本型和带打印机的豪华型，德国为了加强无线电通信安全性工作，对ENIGMA密码机进行了严格的安全性和可靠性试验，认为德国军队必须装备这种密码机来保证通信安全。接到德国政府和军队的订单，谢尔比乌斯的工厂得以从1925年开始批量生产ENIGMA密码机，1926年，德军海军开始正式装备，两年后德国陆军也开始装备。

第一次世界大战结束后，由于是在和平时期，密码破译毕竟不像战争中那么急迫，第一次世界大战的战胜国很快就放弃了破译这种新型密码的努力。整整十三年里，英国人和法国人都以为ENIGMA是不可破译的，当然他们也缺乏足够的耐心和执着。

但是波兰的密码分析专家一直都在努力寻找方法破译ENIGMA，最著名的是以马里安·雷耶夫斯基(Marian Adam Rejewski，1905—1980年)、亨里克·佐加尔斯基(Henryk Zygalski，1906—1978年)、杰尔兹·罗佐基(Jerzy Witold Rózycki，1909—1942年)为代表的三位波兰籍密码学家。在20世纪30年代，他们率先对德国使用的ENIGMA密码进行了系统性的研究和破译。在破译过程中，雷耶夫斯基首次将严格的数学化方法应用到密码破译领域，这在密码学的历史上是一个重要成就。雷耶夫斯基等人在第二次世界大战期间破译了大量来自德国的信息，他们的工作成为整个第二次世界大战期间盟国破译德军ENIGMA密码的基础。雷耶夫斯基与波兰数学家杰尔兹·罗佐基并称为密码研究领域的"波兰三杰"。

1939年9月1日德国入侵波兰，"波兰三杰"带着他们的研究成果及其绰号"炸弹"的破译机器一同逃往罗马尼亚，而后穿越南斯拉夫和意大利的边界到达法国巴黎。在那里他们成立了Z小组，在法国维希的PC Bruno情报站继续进行破译ENIGMA和改进"炸弹"的工作达两年之久。

他们破译了9 000余条德军情报，直接或间接导致了德军在南斯拉夫、希腊和苏联的惨败，有力地支持了盟军在北非开辟战场的作战计划。

波兰人的成功重新鼓起了英国人的勇气。虽然德国人已经加强了密码机的安全性能，但是波兰人的实践表明，ENIGMA绝非坚不可破。波兰密码局的经验也表明，数学家在密码分析中能够起到非常重要的作用。在英国密码局,密码分析重任以往都由精于文字的语言学家或作家来担负,此后,英国密码局开始向牛津大学和剑桥大学招聘数学家和数学系学生。

这时候,阿兰·图灵(Alan Turing)来了。图灵这个名字无论是在计算机领域、数学领域、人工智能领域还是哲学、逻辑学等领域,都可谓掷地有声。图灵是计算机逻辑的奠基者,许多人工智能的重要方法也源自这位伟大的科学家。他在 24 岁时提出了图灵机理论,31 岁参与了 Colossus(第二次世界大战时,英国破解德国通信密码的计算机)的研制,33 岁时构思了仿真系统,35 岁提出自动程序设计概念,38 岁设计了"图灵测试",在后来还创造了一门新学科——非线性力学。虽然图灵去世时只有 42 岁,但在其短暂而辉煌的生涯中的那些科技成就,已让后人享用不尽。人们仰望着这位伟大的英国科学家,把"计算机之父""人工智能之父""破译之父"等头衔都加冕在了他身上,甚至认为,他在技术上的贡献及对未来世界的影响几乎可与牛顿、爱因斯坦等巨人比肩。

尽管 ENIGMA 在战时是最令人头疼的密码。它曾在大西洋中指挥纳粹德国的 U 型潜艇攻击盟军军舰,也曾使英国布莱切利公园的密码破译工作一度受挫。在密码专家的努力下,德国潜艇使用的 ENIGMA 密码被盟军破译。因此,盟军在海上作战行动中取得了极大的主动权,先后共击沉 41 艘德国 U 型潜艇,击伤 37 艘。为了更安全地与 U 型潜艇实现通联,1942 年 11 月德国海军给有三个转子、随意组合密码的 ENIGMA 密码机装上了第四个转子。同时,在编码过程中,一个利用电流换成对字母的连接板也让密码机变得更加错综复杂。当时德军得意地宣称该密码极为安全,"几乎不可能被破译"。布莱切利公园的解密工作碰壁了,而考虑到每艘 U 型潜艇能击沉 10 万吨位的船只,一时间盟军士气低迷。直到德国潜艇 U-559 被缴获,布莱切利公园的工作才重新走上正轨。因为英国皇家海军在潜艇上发现了新式密码机的密码本。在经历了很长一段时间破译不出密码的困境后,布莱切利重新活跃起来。只是纳粹司令们对改良版的 ENIGMA 依旧充满信心。当信息被布莱切利的数学家们解开时,他们显然不愿承认密码机本身被征服了,而情愿相信是间谍告知了盟军 U 型潜艇在大西洋中的位置。

德军自认为"几乎不可能被破译"的 ENIGMA,在"波兰三杰"、图灵以及更多的无名英雄的共同努力下被攻破后,盟军在海上的作战行动取得了极大的主动权,沉重打击了德军的"群狼战术",加速了德国法西斯灭亡的步伐。

同样在第二次世界大战中,印第安纳瓦霍土著语言被美军用作密码,从吴宇森导演的《风语者》(Windtalkers)中能窥其一二。所谓"风语者",是指美国二战时候特别征募使用的印第安纳瓦约(Navajo)通信兵。在第二次世界大战日美的太平洋战场上,美国海军军部让北墨西哥和亚利桑那印第安纳瓦约族人使用约瓦纳语进行情报传递。纳瓦约语的语法、音调及词汇都极为独特,不为世人所知道,当时纳瓦约族以外的美国人中,能听懂这种语言的也就十几人。这是密码学和语言学的成功结合。

1949 年,美国数学家,信息论创始人克劳德·艾尔伍德·香农(Claude Elwood

Shannon)发表的《保密系统的信息理论》《通信的数学理论》等论文为传统密码体制建立了理论基础。他将概率论、近世代数等第一次运用于密码学的研究,给密码学以定量的分析或数学模型的描述,引进了理论保密和计算保密的概念,密码专家开始重视数学在密码分析中的作用,为密码的进一步发展找到了理论依托。从此密码学成为一门科学,而这一时期,也被称作以电子密码理论和技术为标志的近代密码学时期。

1975 年 1 月 15 日,对计算机系统和网络进行加密的数据加密标准(Data Encryption Standard,简称 DES)由美国国家标准局颁布为国家标准,这是密码术历史上具有里程碑意义的事件。

1976 年,惠特菲尔德·迪菲(Whitfield Diffie)和马丁·赫尔曼(Martin Hellman)的《密码学的新方向》一文引发了密码学上的一场革命。他们首次证明了在发送端和接收端无密钥传输的保密通信是可能的,从而开创了公钥密码学的新纪元。随着公钥密码的出现和微电子技术、通信技术及计算机技术的发展,以实际保密为准则、以计算复杂性理论为基础的现代密码学拉开了帷幕。

1977 年,罗纳德·李维斯特(Ronald L. Rivest)、沙米尔(Adi Shamir)和阿德勒曼(Len Adleman)提出第一个较完善的公钥密码体制——RSA 体制,这是一种建立在大数因子分解基础上的算法。

二、发展现状

随着密码应用不断推进,密码学所覆盖的研究和应用范围越来越广,但是总体来说,密码理论研究所覆盖的核心任务大致上可以分为:消息的机密性、消息的完整性、对通信对象和内容的身份鉴别、承诺的不可抵赖性、密码学的基础理论体系、密码学的技术体系、密码应用体系。

(一)消息的机密性

消息的机密性是一种允许特定用户访问和阅读信息,而非授权用户对信息内容不可理解的安全属性。在密码学中,消息的机密性通过加密技术实现。

(二)消息的完整性

数据完整性即确保数据在存储和传输过程中不被非授权修改的安全属性。为提供这种信息安全属性,用户必须有检测非授权修改的能力。非授权修改包括数据的篡改、删除、插入和重放等。密码学可以通过采用数据加密、报文鉴别或数字签名等技术来实现数据的完整性保护。

(三)对通信对象和内容的身份鉴别

对于一次通信,必须确保通信的对端是预期的实体,这就涉及身份的鉴别。对于数据,仍然希望每一个数据单元发送到或来源于预期的实体,这就是数据源鉴别。数据源鉴别隐含地提供数据完整性服务。密码学可通过数据加密、数字签名或鉴别协议等技术来提供这种真实性服务。

(四)承诺的不可抵赖性

承诺的不可抵赖性要求无论是发送方或是接收方都不能够抵赖所进行的传输。一旦引起纠纷,可以通过可信的第三方进行公平处理。

当代的密码研究问题基本上就是在各类不同的应用背景下,围绕着上述四个核心任务进行相应的密码算法设计、密码安全性分析、密码工程实现等研究。发展至今,建成了其自身的理论体系、技术体系和应用体系。

(五)密码学的基础理论体系

密码学基础理论体系包括数学密码理论和计算复杂性理论。以代数学和计算机科学为基础理论,诞生出了适用于不同场景的密码体制,如对称密码与非对称密码;也诞生适用于不同应用需求的特性,如机密性、完整性、匿名性、不可否认性等基本属性。并通过研究密码学体系结构、可证明安全理论以及安全保密通信策略与治理等,建立了一套在各种环境中对密码学各种应用场景进行定性描述的理论,解决了密码学研究对象问题的可证明性问题。此外,以信息论和数学为基础的密码学,在长期的研究与发展过程中,建立了一套在复杂环境中对保密通信、可证安全、可信计算等进行定量分析的理论,解决了保密通信的原始理论依据问题。在定性和定量方面的研究为密码学今后的发展和研究提供了理论指导。

(六)密码学的技术体系

基于通信的机密性和不同应用场景的不同需求(如完整性、匿名性、不可否认性等)研究、设计和分析新型密码算法和密码协议,是密码学技术体系的核心。

密码算法理论与技术以密码算法的设计和分析为主要研究对象。密码的设计主要是研究新型密码算法,也就是密码体制的构造。它是密码理论的基础,也是保密系统设计的基础。密码分析主要研究加密信息的破译或认证信息的伪造。密码设计和分析是密码学的两个方面,两者既相互独立,又互相促进发展。密码协议以满足实际应用中的各种安全需求为出发点,构造满足各种需求的密码协议,并分析其安全性、可行性和实用性等,进而为实际应用保驾护航。通过对密码算法和协议的深入研究,形成了一套从加密、安全传输到解密验证、防伪、防篡改的保密通信技术体系。

(七)密码应用体系

从应用角度来看,密码学综合应用上述基础理论体系和技术体系,针对保密通信的不同应用需求,利用各种密码算法和协议技术解决在实际环境中面临的信息的保密性、合法性、完整性和不可抵赖性等问题。密码算法和密码协议的研究形成了一套涵盖物联网、电子商务、电子政务、云计算安全、区块链、金融系统、医疗大数据的应用理论体系,从而为密码学的应用提供广阔的舞台和安全保障。

三、前沿趋势

随着基础数学、信息科学和计算机技术的飞速发展，密码研究也进入了一个新时代。目前，国内外密码研究发展出现了下列主要趋势。

（一）关键技术1：抗量子计算的密码算法

随着量子计算机的理论研究逐渐成熟，一些在经典计算机下难以处理的数学难题，例如著名的离散对数问题、大数分解问题等在量子计算条件下可以很快地求解。由此导致基于这些数学困难问题的公钥密码算法也都受到了量子计算机的威胁。为了应对这种情况的发生，就出现了后量子密码算法。

从近期美国国家标准技术研究所（National Institute of Standards and Technology，简称NIST）征集的抗量子公钥密码方案中可以看出，现有的主流抗量子计算的公钥密码方案包括基于格、编码、多变量、哈希和其他方法构造的后量子密码算法。其中基于格和编码的构造是最多的，且主要被用于构造公钥加密（密钥交换）算法；基于多变量的构造主要集中于数字签名方案，公钥加密方案较少；基于哈希的构造方案目前只有数字签名的构造，缺少公钥加密算法。另外还有一些方案没有被归类于经典的4种后量子密码算法构造中。这些方案使用了不同于格、编码、多变量、哈希的困难问题进行构造，但是从目前大家的关注程度来看，难以形成广泛的影响力。

此外，由于量子计算中的Grover搜索算法对传统的密钥搜索有很好的加速效果，客观上也对传统的序列密码、分组密码造成了威胁。要求设计者在设计新的对称密码算法时翻倍其密钥长度。

（二）关键技术2：同态加密方案

随着互联网的发展和云计算概念的诞生，以及人们在密文搜索、电子投票、移动代码和多方计算等方面的需求日益增加，同态加密（Homomorphic Encryption）变得更加重要。同态加密是一类具有特殊自然属性的加密方法，此概念是罗纳德·李维斯特（Ronald L. Rivest）等人在20世纪70年代首先提出的，与一般加密算法相比，同态加密除了能实现基本的加密操作之外，还能实现密文间的多种计算功能，即先计算后解密可等价于先解密后计算。这个特性对于保护信息的安全具有重要意义，利用同态加密技术可以先对多个密文进行计算之后再解密，不必对每一个密文解密而花费高昂的计算代价；利用同态加密技术可以实现无密钥方对密文的计算，密文计算无须经过密钥方，既可以减少通信代价，又可以转移计算任务，由此可平衡各方的计算代价；利用同态加密技术可以实现让解密方只能获知最后的结果，而无法获得每一个密文的消息，可以提高信息的安全性。正是由于同态加密技术在计算复杂性、通信复杂性与安全性上的优势，越来越多的研究力量投入其理论和应用的探索中。

现有的全同态加密技术的主要瓶颈是计算效率比较低，为提高全同态加密的效率，密码学界对其研究与探索仍在不断推进,这将使得全同态加密越来越向实用化靠近。

(三)关键技术3:密码学与区块链

区块链技术是一种全新的分布式基础架构与计算范式,它利用消息区块和链式的数据结构来验证与存储数据,利用分布式节点公式算法来生成和更新数据,利用密码学的方式保证数据传输和访问的安全,利用由自动化脚本代码组成的智能合约来编程和操作数据。区块链的核心是一种按照时间顺序将数据区块以顺序相连的方式组合成的链式数据结构,同时也是以密码学方式保证不可篡改和不可伪造的分布式账本。我们可以发现区块链中有四项不可缺的核心技术,分别是分布式存储、共识机制、密码学原理和智能合约。

区块链提供了通过算法解决会话各方之间信任的全新方案,其核心就是在不完全信任的各方,通过深度使用密码学算法来保证数据的不可篡改特性。区块链和密码学是相互促进发展的一个过程,区块链使用了 Hash 函数、消息认证、数字签名、PKI 体系等大量的密码学知识,同时,为了满足区块链的不同场景也促进了密码学的进一步发展。许多密码学者开始研究密码学在区块链中的应用。总的来说,区块链为密码学的发展带来新的活力,密码学也为区块链的发展提供了有力保障。

(四)关键技术4:加密货币

加密货币是一种使用密码学原理来确保交易安全及控制交易单位创造的交易媒介。2008 年 11 月中本聪提出比特币的概念之后,加密货币迅速流行。以下是两种最为人所熟知的加密货币。

1. 比特币

比特币(Bitcoin)是第一种也是最广泛认可的加密货币。它通过使用去中心化协议、加密技术等机制实现数字领域中的点对点价值交换,以就定期更新的全球交易账本(称为"区块链")的状态达成全球共识。

实际上,比特币是一种数字货币形式,它独立于任何政府、州或金融机构而存在,可以在全球范围内转移,而无需集中的中介机构,其货币政策众所周知,并且几乎无法改变。

2009 年 1 月,比特币创世区块诞生,如今,比特币已经成为一种全球交易金融资产,每日结算量以数百亿美元计。尽管比特币的监管因地区而异,并且在不断演变,但比特币最常见的监管方式是作为一种货币或商品,并且在所有主要经济体中都可以合法使用(限制程度不同)。2021 年 6 月,萨尔瓦多成为第一个将比特币作为法定货币的国家。

比特币诞生后的数十年里,其价格和用户数量呈波浪式上升。随着主要经济体的监管机构明确了比特币和其他加密货币的合法性,大量比特币交易所建立了银行联系,使得本地货币与比特币的兑换变得更加容易,还有一些企业建立了强大的托管服务。随着越来越多的知名投资者表达了对比特币的投资兴趣,越来越多的投资者涌入了比特币领域。

2. 以太坊

以太坊(Ethereum)是一个开源的有智能合约功能的公共区块链平台,由 Vitalik Buterin 于 2015 年创建,通过其专用加密货币以太币(Ether,简称 ETH)提供去中心化的以太虚拟机(Ethereum Virtual Machine)来处理点对点合约。以太坊是仅次于比特币的第二大最有价值的加密货币。

以太坊是一个分散的区块链平台,它建立了一个安全执行和验证应用程序代码的对等网络,称为智能合约。智能合约允许参与者在没有可信的中央机构的情况下进行交易。交易记录是不可变的、可验证的,安全地分布在网络上,让参与者对交易数据拥有完全的所有权和可见性。交易由用户创建的以太坊账户发送和接收。发送方必须签署交易,并将以太坊的原生加密货币以太币作为在网络上处理交易的成本。

(五)关键技术 5:网络安全协议设计与分析

互联网技术的快速发展为人们的生活带来了极大的便利,但是这也衍生出了一系列的问题,而安全问题更是首当其冲。在这种情况下,网络安全协议就成为确保互联网信息安全的一个十分重要的手段,通过网络安全协议来对互联网的信息交互行为加以管控,这样才能在确保网络安全的前提下,让互联网可以更好地服务于人们的生活以及各个领域。除了传统的密钥交互、身份认证等协议之外,还出现了零知识证明协议、安全多方计算协议、可搜索加密、匿名认证、属性基加密等一系列新型网络安全协议。

(六)关键技术 6:认证加密密码算法设计与分析

认证加密算法是能够同时保护数据机密性、完整性,以及数据源认证的对称密码算法。其概念的提出仅有十余年的历史,从现有成果看,无论是安全目标的凝练刻画,还是算法设计的理念,或是分析评估的基本策略,缺乏大家公认的方法。认证加密算法的设计和分析目前主要存在两方面的问题:一方面从分析方面,人们在衡量比较不同算法的功能特性、安全强度时缺乏有效手段;另一方面从设计层面,认证加密算法是功能复合的算法,不同设计在保护机密性和完整性方面有着不同的偏好,设计理论并不成熟,缺乏学术界的共识。事实上,认证加密是一个发展中的概念。对其安全性基础进行研究,对安全性分析评估进行发展,是目前值得研究的问题。

(七)关键技术 7:侧信道密码攻击

传统的密码攻击通常基于算法本身的数学安全性分析。然而任何密码算法应用于工程实践以取得其算法功能时,首先都必须通过物理手段来实现其计算流程。因此攻击者能够通过时间、能耗、电磁辐射、声音等侧信道来观测密码运算过程中的中间值信息,同样也可通过激光照射、电源毛刺、时钟毛刺、电磁脉冲等物理手段干扰密码设备的正常运行,从其错误输出中推导密钥信息。这类利用实现过程信息的攻击被称作侧信道分析(side-channel analysis),又称旁路分析。与传统的密码分析不同,侧信道分析的攻击条件是需要获取具体的密码实现设备,但是一旦可以实施攻击,其攻击的效果往往是现实可行的。

第二节　数学密码研究实力

密码学以消息(包括文字、数据、语音、图像等)的保密通信为研究对象,具体包括密码算法、协议以及以算法和协议为组件的应用系统中的保密通信。密码算法包括公钥算法、私钥算法,以及用于抵抗量子攻击的新型密码算法。密码协议是指为了满足各种不同应用场景和应用需求的一系列基于密码技术的协议步骤(如身份认证、秘密共享以及零知识证明等)。此外,还有以密码算法设计分析和密码协议为组件的应用系统,包括区块链和各种网络系统,如国防、金融、教育、交通物流等的保密通信等。数学密码的研究主要包括密码编码、密码分析、密码算法设计分析和协议设计与分析等方向的研究,用于保证电子通信中信息的机密性、完整性、认证和不可抵赖性,提供密钥分配、访问控制、密文检索和匿名服务等功能。密码理论与技术是实现网络信息安全的核心。

(1)密码编码:密码编码主要研究如何使信息在保证一定质量的条件下尽可能迅速地传输。编码理论与技术支持消息在通信系统中高效率、高可靠性的传输,这使得编码不仅在通信、计算机及自动控制等电子领域中得到直接应用,还广泛渗透到生物学、医学生理学等领域。编码主要包含信源编码和信道编码两大核心内容。信源编码主要是通过提高通信的有效性而发展的技术,往往通过信息压缩来实现。信道编码旨在提高信源和信道的适配性、信息传输的可靠性和通信效率。

(2)密码分析:密码分析是指通过对密码算法、协议或设备进行攻击以获得密钥相关信息的分析方法。密码分析主要研究内容如下:①基本密码分析,其思想是按一定方法依次尝试可能的密钥,其攻击的复杂度依赖于密钥空间大小,如穷举攻击、时间—空间权衡攻击等;②数学理论分析,针对密码算法的数学基础和统计学特性,利用数学求解手段破解基于数学难题的现代密码体制,如差分分析、线性分析、代数分析等;③侧信道分析,利用密码设备在运行过程中的时间消耗、功率消耗或电磁辐射等物理信息泄露而恢复密码设备中秘密信息的方法,如时间分析、能量分析、错误分析等。

(3)密码算法设计分析:密码算法作为密码体制的核心,由加密算法和解密算法组成。密码算法用于提供数据机密性、完整性和不可否认性等安全服务,是保障信息安全的关键要素。根据密钥的特点,密码算法可以分为对称密码算法(包括序列密码和分组密码)和公钥密码算法(包括基于大整数分解的公钥密码、基于有限域上离散对数的公钥密码、基于椭圆曲线上离散对数的公钥密码,以及抗量子计算的公钥密码)。密码算法的主要研究内容包括:密码算法的设计理论、方法和技术,密码算法的应用范围和密码算法的规范标准。

(4)密码协议设计与分析:密码协议,又称安全协议,是建立在某种体系(密码体制、量子禀性)基础上且提供安全服务的一种交互通信协议,借助特定算法来完成密钥分配、身份认证,实现机密性、完整性、非否认性、公平性和匿名性等目的。安全协议包括密钥协商、秘密共享、身份认证协议、群签名协议、安全多方计算、电子钱币和电子投票等,是网络安全的一个重要组成部分,在金融、商务、政务、军事和社会生活等领域的通信系统中的应用日益普遍。安全协议主要包括基本安全协议、两方安全协议和多方安全协议等研究领域,研究内容主要包括两方面:安全协议的安全性分析方法研究和各种实用安全协议的设计与分析研究。

一、研究机构

密码学是战争的产物,人类使用密码的历史几乎与使用文字的时间一样长。自20世纪后半叶以来,随着计算机和网络技术的不断发展,密码学开始从单一的军事应用领域逐渐走向民用,并在社会经济发展、工业生产、网络安全等领域发挥了巨大的作用。

密码学最重要的学术组织是国际密码学研究协会(The International Association for Cryptologic Research,简称 IACR),是一个非营利性科学组织,成立于1983年,致力于密码学及其相关领域研究。当前密码学界最为重要的三个年度会议——美密会、欧密会、亚密会均为国际密码学研究协会主办。同时,国际密码研究协会也主办四个密码学年度讨论会,分别为:快速软件加密研讨会、公开密钥加密研讨会、密码硬件及嵌入式系统研讨会以及密码学理论研讨会。

此外,世界各国高度重视密码学研究。各个主要科技强国也都建立了一些知名的密码学、数学研究的组织机构。

(一)美国密码数学研究机构

1. 美国密码学协会

美国密码学协会(The American Cryptogram Association,简称 ACA),是一个非营利性组织,致力于推广密码分析,帮助人们学习如何破译密码。其成员构成复杂多样,行业领域分布十分广泛,即便未受过正规教育也可能成为协会一员。协会创办有双月刊《密码》。

2. 国际数学联合会

国际数学联合会(International Mathematical Union,简称 IMU),是一个国际非政府和非营利的科学组织,旨在促进数学领域的国际合作。它是国际科学联盟理事会(ISC)的成员。IMU 于1950年8月在美国纽约成立,1952年在意大利举办成立大会。其主要出版物有《国际数学联合会通报》《世界数学家人名录》等。

3. 美国数学协会

美国数学协会(Mathematical Association of America,简称 MAA),总部位于华盛顿市,是世界上最大的数学家、学生和爱好者团体。美国数学协会旨在通过数学进一步了解世界,认为数学驱动社会、塑造生活。其使命是促进对数学及其对世界的影响的理解。美国数学协会成员包括:大学、学院和高中教师;研究生和本科生;纯粹数学家和应用数学家;计算机科学家;统计学家;STEM 专业人士,以及其他学术界、政府、企业和工业界人士。每届威廉·罗威尔·普特南数学竞赛(William Lowell Putnam Mathematical Competition)都受到美国数学协会赞助。

4. 美国计算机协会

美国计算机协会(Association for Computing Machinery,简称 ACM),成立于 1947 年,是一个国际性的科技教育组织,是世界上第一个科学性及教育性计算机学会,总部设在美国纽约。

美国计算机协会创建于 1947 年 9 月,1954 年 12 月与特拉华计算机协会合并正式定名 ACM。ACM 致力于提高信息技术在科学、艺术等各行各业的应用水平。其成员覆盖全球各地,其近 10 万名成员中有一半以上居住在美国以外的国家。之后,ACM 成员不断增加,已在欧洲、印度和中国成立了理事会,为加强国家内部和国家间以及技术社区之间的联系创造了广阔平台。

美国计算机协会每年都出版大量计算机科学的专门期刊,并就每项专业设有兴趣小组。兴趣小组每年会在全世界(主要在美国)举办世界性讲座及会谈,以供各会员分享他们的研究成果。此外,ACM 积极开拓网上学习渠道,以供会员在工作之余或在家中提升自己的专业技能。

(二)俄罗斯密码研究机构

1. 俄罗斯联邦密码研究院

根据俄联邦总统“设立俄罗斯联邦密码学院,以发展密码学、信息安全和特别通信等最重要领域的基础和应用研究”的法令,俄罗斯联邦密码研究院(Академия криптографии Российской Федерации)于 1992 年 6 月成立,汇集了该国在广泛的信息安全问题上的主要科学家。密码研究院的主要结构是专门处理密码学和信息安全领域各种问题的部门,目前有四个分支机构和一个研究中心,现任院长为沙伊托夫·亚历山大·米哈伊洛维奇(Шойтов Александр Михайлович)。

研究院的主要科学活动包括作为一个独立研究领域的整个密码学,数学、电子和计算机技术的相关领域,以及信息和信息资源保护的相关领域。该研究院的科学活动旨在通过科学研究发展国内密码学,并促进俄罗斯联邦科学研究组织的研究。

研究院的主要任务是:开展基础和关键的应用研究,为实现新的科学技术进步创造科学条件,确定发展密码学的优先领域。

2. 加密(密码学)实验室

加密实验室(Лаборатория криптографии)设在俄罗斯新西伯利亚国立大学,是新西伯利亚密码学中心的一部分,加密实验室与比利时的 COSIC(计算机安全与密码学工业研究组织)、挪威卑尔根大学的 Selmer 中心以及法国巴黎大学和 INRIA 进行了密切的合作,加密实验室负责新西伯利亚大学几乎所有的加密课程,是国际密码学奥林匹克竞赛(NSUCRYPTO)的主要组织者。

该实验室专注于密码学和信息安全的现代问题,研究领域包括加密布尔函数、对称密码、轻量级密码学、区块链技术、量子密码学和信息安全。

3. 俄罗斯科学院计算数学研究所

俄罗斯科学院计算数学研究所(Иститут вычислительной математики РАН)成立于1980 年 3 月 27 日,是根据苏联科学院主席团 343 号决议组建的。

该所主要从事计算数学、数学建模和并行计算,即:计算数学领域的基础研究;采取有效的方法解决数学物理问题;计算技术解决复杂问题;对线性代数、伴随方程、并行计算等数值理论方法研究;创建气候数学理论;数学模拟大气环流、海洋环流及全球气候模式;复杂系统建模与分析(如环境、生态、医学、免疫学、生物信息学等)。

4. 俄罗斯科学院应用数学研究所

俄罗斯科学院应用数学研究所(Иститут прикладной математики РАН)始建于1953 年,旨在利用计算机技术和软件设计解决地球外层空间的科研探索、原子能和核能的发展等相关的复杂数学问题。

该研究所的研究方向主要包括:复杂结构和现象数学建模,数值方法理论,天体力学理论与应用问题,非线性分析,计算机软件系统,应用软件和模式识别。

(三)法国密码研究机构

1. 法国国家信息与自动化研究所

法国国家信息与自动化研究所(或称法国国立计算机及自动化研究院)(Institut National de Recherche en Informatique eten Automatique,简称 INRIA),其重点研究领域为计算机科学、控制理论及应用数学。该研究院于 1967 年在巴黎附近的罗克库尔创立,为法国国家科研机构,直属于法国研究部和法国经济财政工业部。INRIA 是世界著名的科研机构,其科研实力在世界大学和科研机构的计算机领域中排名前列。

INRIA 是戴高乐总统为了反对美国对法国的计算机禁运而成立的,逐渐发展成学术领先、服务国家安全与产业的国际化研究所。经费的 70% 来自政府固定拨款,课题的80% 与军事、安全、航空航天相关。科研组织为 PI 模式,有 8 个分布式的研究中心,5 个科研领域,约 25 个科研方向,包含了 170 个可以灵活调整研究方向的课题组,课题组平均20 人,生命周期 4 ~ 12 年,课题组与国际社会、大学或企业合作密切。近年来,INRIA 取得有 270 项专利、110 个 StartUp 公司,每个方向都配备了技术转移人员。INRIA 除了承担科研任务以外,同时也是博士研究生培养单位,为欧洲输送了大批的计算机科学人才。

2. 巴黎六大计算机实验室

巴黎六大计算机实验室是皮埃尔玛丽·居里大学和法国国家科研中心联合管理的

计算机科学研究实验室,致力于研究如何使用计算机建模来解决各类计算机应用中的问题。其优势研究方向覆盖了人工智能与数据科学(AID),计算机体系架构、系统和网络(ASN),信息安全性和可靠性(SSR)以及计算理论与数学(TMC)。

(四)日本密码数学研究机构

1.密码研究与评估委员会

2001 年 1 月,日本政府制定了 E-Japan 战略,计划在 5 年内把日本建成世界最先进的 IT 国家,2003 年完成电子政府的基础建设。为使国民安全放心地享受电子政府提供的服务,确保信息安全、可靠,2001 年日本政府专门成立了“密码研究与评估委员会”(Cryptography Research and Evaluation Committees,简称 CRYPTREC),负责在全社会征集密码技术,并对征集到的密码技术从电子政府可能利用的角度对其安全性及可实现性等方面进行了评估,目的是选出密码强度非常高、电子政府能放心使用十年、已被一般的商用软件采用或被采用的可能性大的密码技术。

密码研究与评估委员会是专为日本构筑电子政府推荐密码技术而成立的机构。该机构委员由日本著名的密码专家组成,代表着日本密码技术的最高水平。该机构的主要任务是自 2001 年起主要参考美国政府选定标准密码算法 AES 的做法,并与欧洲的密码评估项目组(NESSIE)和 ISO/IEC 国际标准组织进行协作,评估活动历时三年,公布了 29 种推荐密码。2003 年以后的主要任务是:监视电子政府推荐密码的实际应用情况;为十年后新电子政府推荐密码的制定进行调查研究;从事密码技术及其相关技术的研究,如制定密码技术评估及检验标准等的活动,该机构不仅能及时掌握日本电子政府信息安全技术的发展变化,还紧跟日本密码发展的潮流,把握其发展动向。2009 年 7 月 10 日,委员会密码技术研究组决定重组 CRYPTREC,修订电子政务推荐密码清单。密码技术监测委员会和密码模块委员会已分别转入密码方法委员会和密码执行委员会,并新成立密码运行委员会,对电子密码技术的正常运行进行调查和检查。2013 年 3 月,CRYPTREC 将现有清单修改为“推荐用于电子政务采购的加密清单(CRYPTREC 加密清单)”。从 2013 年 4 月起,密码技术研究组将 CRYPTREC 重组为由密码技术评估委员会和密码技术利用委员会组成的两个委员会系统。密码技术评估委员会以密码技术的安全评估为重点进行技术研究,而密码技术利用委员会将考虑提高密码技术的国际竞争力,提高操作安全性。

现在,该机构共设置有 3 个小组,分别是:①密码技术研究组,通过调查检查,以确保 CRYPTREC 密码学的安全性和可靠性,调查和检查 CRYPTREC 密码列表的修订,并通过密码技术的传播促进信息安全措施。②密码技术评估委员会,下设密码技术审查委员会,进行调查研究,如监控和评估安全性和密码技术的实施,新技术调查与评估(轻量级密码学、量子计算机抗密码学等),关于如何安全使用密码技术的调查(技术指南的制定、学术安全的研究和出版等)。此外,密码技术评估委员会还成立工作组,支持密码技术评估委员会开展专项调查和审查工作。密码技术评估委员会于 2013 年成立,接管了

2009—2012年成立的密码委员会的全部问题和密码执行委员会的部分问题。③密码技术应用委员会,开展以下调查研究:促进密码学普及增强安防行业竞争力的考察,密码技术使用状况调查及必要措施审查等,从中长期角度审视密码政策的努力。此外,密码技术应用委员会成立工作组,以支持具体的调查和审查。密码技术应用委员会成立于2013年,接管了2009—2012年成立的密码运营委员会的全部事宜和密码实施委员会的部分事宜。

2. 富士通研究所

富士通是日本最大的IT厂商,在全球拥有500多家子公司和18万名员工,在当今网络社会发展所必需的通信信息技术方面,不论是服务器、中间件、光网络技术,还是新一代移动通信,都拥有先进的技术和丰富的经验。此外在网络集成领域,富士通经营的@nifty还是日本最大的网络提供商,凭借这些强大的综合实力,富士通能够为客户提供最优秀的因特网整体解决方案。此外,富士通还协同政府机构、企业和大学构筑各种不同的信息系统,以及研究项目的开发。富士通创业86年来,一直致力于创造各种技术,为社会和客户的发展做出贡献。在瞬息万变的世界中,作为一家全球性公司,富士通有责任为社会变革做出独立贡献。富士通的关键技术目前存在于以下5大领域:①计算:超级计算机、HPC、量子计算;②网络:云原生网络、光子量子、融合;③人工智能:可解释的AI、可靠的AI、人类感知;④数据安全:区块链、数据信任、数字身份;⑤融合技术:最先进的数字技术、人文社会科学。

2021年,富士通发布了最新的全球品牌Fujitsu Uvance,利用富士通的技术能力与专业知识,为客户提供前所未有的价值。该品牌聚焦七大关键核心领域,包括四个跨行业的垂直领域:可持续制造、消费者体验、健康生活、可信社会,富士通将致力于推进上述行业领域的数字转型(DX),并解决各种各样的社会课题;另外三个横向技术领域:数字化变革、业务应用、混合IT,通过打造数据收集平台、应用整合以及数据分析,为上述四大垂直领域提供技术支撑。

富士通研究所目前正在研究和开发以下5大课题:①ICT系统,创造超越摩尔定律和诺伊曼瓶颈限制的尖端计算技术,以进一步提高对未来创新至关重要的计算性能。②人工智能,为了实现能够创造新价值的尖端人工智能开发,从而为可持续发展的社会带来社会和商业转型,并提供可靠的人工智能,消除人工智能在社会中实施时的风险和障碍。③数据安全,为了加快跨行业的信任数据和价值的分布,并实现为新的网络物理威胁做好准备的安全社会,开展先进的研究和并促进规则形成,从数据和安全两个方面建立数字信任。④先进的融合技术,为了解决多样化和复杂的社会问题,将人文和社会科学等各种知识与数字技术相结合,以开发能与人一起工作的技术,以及使整个社会数字化的数字孪生构建技术。⑤未来社会,与多元化的人力资源一起,通过挑战开发世界领先的技术和设计新的“城镇和生活方式”来解决社会问题,从而迈向一个有弹性和可持续发展的社会,使人们以自己的方式过上繁荣的生活。

针对密码学,富士通研究所以安全性评估、开发、密码算法的高速实现、开发具有传统密码技术所没有的功能的高性能密码技术等各种主题进行密码技术的研究和开发。在信息技术领域,富士通研究所也研究开发支持电子商务和电子政务的信息安全技术。富士通研究所多年从事密码技术的研究和开发,开发了公共密钥块密码 SC2000,制定了椭圆曲线密码 SECG(高效密码组标准)等标准规范,并由相关部门运营通信和经济产业省通过 CRYPTREC,为安全密码学的标准化做出了贡献。由于科学技术的进步以及移动设备和云计算的普及,社会生活发生了变化,密码技术所需的功能变得更加多样化。为了满足这种需求,富士通研究所开发了高性能密码技术,具有传统密码技术无法实现的各种附加功能。

3. 日本 KDDI 综合研究所

日本 KDDI 综合研究所是日本 KDDI 电信公司设置的综合研究所,KDDI 电信公司是一家在日本市场经营时间较长的电信运营商,其前身 KDD 公司成立于 1953 年。经过多年来不断的兼并与重组,尤其是先后与 DDI、IDO 两家公司合并,KDD 不断成长壮大,2001 年 4 月正式改名并组建成为 KDDI。KDDI 是日本的电信服务提供商,提供的业务包括固定业务,也包括移动业务。当前 KDDI 为其全业务体系建立了"Au""TU-KA""Telephone""For Business"和"DION"五大服务品牌。"Au"是基于 CDMA 网络的移动业务品牌,提供基于 5G 网络各种移动通信服务,并于 2021 年 6 月,在富士山顶成功开通 5G 网络;"TU-KA"是基于 PDC 网络的移动业务品牌;"Telephone"是固定电话业务品牌,当前 KDDI 在这一领域主要提供国际长话服务;"For Business"是针对企业用户的业务品牌,主要提供 VPN 与 Data Center 等针对企业客户的解决方案;"DION"是互联网服务品牌,主要提供 ADSL、FTTH 等互联网接入服务。

综合研究所于 1998 年 4 月 1 日设立,注册资金 22.8 亿日元,由 KDDI 株式会社、京瓷株式会社、丰田汽车株式会社共同出资,截至 2021 年 4 月,成员 303 名。该研究所由 2 个部门组成:研究工作室和前沿技术研究所。研究工作室设有企划室、未来发展部 1、未来发展部 2 和创新中心。前沿技术研究所设有未来网络发展部 1、未来网络发展部 2、网络安全部、媒体 ICT 部、数据分析部、物联网部。研究所目前有 3 大研究领域:①引进世界级的前沿技术,加快 5G 网络在日本社会渗透;②加速日本的未来社会体系建设,构建国家最先进的开放式平台的环境;③通过开放式创新,加快日本数据存储公司创业。目前,研究所与兵库县立大学研究生院信息科学研究科的五十部孝典副教授组成的研究团队,开发出了具备 Beyond 5G/6G 时代所需处理性能和安全性的新通用密钥算法"Rocca"。

(五)韩国密码数学研究机构

1. 韩国国家安全技术研究院

韩国国家安全技术研究院(National Security Research Institute;국가보안기술연구소)成立于 2000 年,是韩国专门研究信息安全的研究所。该研究院面向社会提供有偿在线

教育服务，包括基础教育、职业教育和特殊教育。

2021 年，在韩国国家安全局和国家情报局的推动下，国家安全技术研究院成立了由产学研专家组成的抗量子密码学研究中心（KpqC Research Center）。该研究中心是由政策顾问、技术顾问、运营成员等共 35 名专家组成的产学研联合机构，韩国信息安全协会会长柳在哲等 6 名成员担任政策顾问，为研究中心的发展方向提出建议，首尔大学全正熙教授等 8 名成员进行专业详细项目研究，为研究成果提供深入的技术咨询，此外还有 20 名产学研专家组成了技术咨询委员会，研究中心宣布将推进抗量子密码技术研发，为应对量子计算机带来的安全威胁做好准备，提升国内密码技术水平。

该研究院正在积极研究量子技术和安全，为了在量子计算时代抢占量子密码通信的领先地位，研究院一直在以公私合作的形式研究抗量子密码学（PQC），在理论上这是用目前的计算机 1000 万亿年都无法解决的。2021 年，国家安全技术研究院与韩国国家情报局共同发起了由产学研专家组成的“量子容错密码学研究小组”，并宣布了第二年的商业化目标。许多专家预测，抗量子密码学将在接下来的两年内成为主流。

2. 韩国标准科学研究院

韩国标准科学研究院（KRISS；한국표준과학연구원）成立于 1975 年，是韩国国家计量标准的代表机构，根据 1999 年 2 月颁布的《韩国国家标准框架法》，标准科学研究院需每五年制定一个基本的国家标准计划。1988 年 10 月，韩国标准科学研究院被任命为国际度量衡委员会（CIPM）咨询委员会成员，2017 年 7 月变更为隶属于韩国科学和通信技术部的国家科学技术研究会管辖的研究所。主要机构有物理标准总部、化学生物标准事业部、材料融合测量研究所、先进测量设备研究中心、量子技术研究中心和安全测量实验室。

量子技术研究中心主要开发测量和控制量子物理（如光子、原子、电子和声子）技术，以及创建和控制量子力学效应（如量子比特和量子纠缠）技术，这些量子技术可应用于各种领域，如新概念计算机（量子计算机），不可窃听的加密系统（量子密码学），以及超灵敏传感与成像（量子传感器）等。该中心设有众多团队，包括量子自旋团队、超导量子系统团队、量子信息团队、量子磁测量组、量子磁成像团队、Fab 基础设施团队、低温原子量子研究团队。

量子技术研究中心下属的量子信息团队主要致力于开发基于单光子和超导元素的量子信息通信核心元件技术，建立测量技术基础设施，设立下一代量子测量标准，实现量子密码通信。2021 年 3 月，量子信息团队和韩国国家安全研究所（NSR）通过联合研究成功开发和实施了“量子直接通信”技术，这是一种通过在最小的光单位光子上携带信息来阻止窃听可能性的技术，它可以直接通过量子信道传输秘密消息，而无需将加密和消息分开。这是韩国标准科学研究院在国际上首次提出的独创方法，尚处于基础研究阶段，为完成此项研究而开发的元件技术已在国际期刊 Optics Express（IF：3.669）和 Metrologia（IF：3.447）上发表，并已注册 6 项国内外专利。

3. 韩国科学技术信息研究院

韩国科学技术信息研究院（KISTI；한국과학기술정보연구원）的前身是成立于1962年的韩国科学技术信息中心（KORSTIC），2001年1月正式改名为韩国科学技术信息研究院，2009年10月召开韩国科技信息委员会（ASTI）成立大会暨研讨会，2012年被指定为“国家超高性能计算中心”，2014年获韩国国家研发绩效评价总统表彰。该研究院被誉为韩国科技信息服务的领军者，多年来在科技信息开发与流通、情报信息分析、高性能研究网络建设、超级计算机基地构建等领域取得了斐然的成果。韩国科学技术信息研究院的主要机构包括国家科技数据中心、国家超算总部、数据分析科、科技数字融合总部、开放数据融合研究中心以及对外合作办公室等。

韩国科学技术信息研究所近几年特别关注安全技术的重要性，研究所刚刚成立了韩国信息安全协会量子密码学研究小组，目前正致力于开展量子和安全技术的研究。为迎接量子计算机时代的到来，研究小组开始进行量子密钥分发（QKD）和抗量子密码学（PQC，Post-Quantum Cryptography）的研究，另外，研究院在量子力学领域使用自主研发的计算科学平台EDISON，在运营国家科技研究网络的同时，努力创造研究成果，促进研究人员之间的合作，使来自各个研究领域的量子安全技术得到整合。2020年，科学技术信息研究所在举办的国际量子力学软件研讨会中，就利用EDISON平台在线邀请世界级学者。

4. 韩国电子通信研究院

韩国电子通信研究院（Electronics and Telecommunications Research Institute，ETRI；한국전자통신연구원）的前身是成立于1976年的韩国电子技术研究所（KIET）和成立于1981年的韩国电信研究所（KETRI），1985年合并为韩国电子通信研究所（ETRI），成为韩国信息通信专业研究机构，根据韩国《电信基本法》，1997年1月韩国电子通信研究所正式更名为韩国电子通信研究院。

研究院以为国家创造新价值、增强产业竞争力、开拓新市场为目标，研究开发包括信息通信在内的广泛的数字化创新技术，以“打造未来社会的国家智能化综合研究机构”为展望。主要部门包括人工智能研究所、通信与媒体研究所、智能融合研究所、ICT创意实验室、KSB融合研究团、SDF融合研究组、DMC融合研究团、大庆圈研究中心、湖南地区研究中心、首尔SW-SoC融合R&BD中心、中小企业事业化本部、规划总部、行政总部、公共关系部。

在2021年8月韩国大田会议中心（DCC）在线举办的国际量子计算机密码学会议PQCrpyto 2021国际研讨会上，研究院推出了密码分析专用平台“QCrypton”，引起了全世界的关注。这是首次在量子计算环境中分析各种密码安全性的案例研究，它能够验证在量子计算机环境中防止黑客入侵的安全加密系统，是全球首个密码量子安全验证技术。

5. 韩国科学技术研究院

韩国科学技术研究院（Korea Institute of Science and Technology，KIST；한국과학기술연구원）

的前身是1966年2月成立的财团法人韩国科学技术研究所,1989年6月正式命名为韩国科学技术研究院。该研究院是韩国国家级科技信息基础设施的中心,被誉为韩国科技知识的心脏,通过建设科技信息研发的基础设施来提高国家竞争力,主要致力于推动国家科技工业,综合采集分析和管理科技工业数据,研究技术、政策和信息管理标准化,开发管理科技研发的基础设施。研究院的主要机构包括4个部和7个研究所。

量子信息研究中心隶属于下一代半导体研究所,主要致力于开发将量子现象应用于信息处理的量子计算源技术和保证安全通信的量子通信技术。2018年1月,量子信息研究中心的Young-wook Cho博士团队通过与韩国浦项科技大学Yunho Kim教授团队的联合研究,提出了一种验证量子计算机计算过程的方法,即通过量子测量方法中允许的弱量子测量技术,测量不相容的观测值而不完全崩溃量子态,打破量子物理学的刻板印象。联合研究团队在2019年通过使用基于量子比特的量子电路取得了另一项成就,该研究被认为是量子比特控制和测量技术的一大进步,它通过实验阐明了在量子信息的基本单位量子比特的量子测量过程中产生几何相位的机制,因此受到了广泛关注。

二、重点院校

(一)英美数学密码重点院校

1.美国约翰斯·霍普金斯大学

约翰斯·霍普金斯大学(Johns Hopkins University,简称Hopkins或JHU),创立于1876年,是私立综合研究型大学,位于美国马里兰州巴尔的摩市,是美国第一所研究型大学,也是北美学术联盟美国大学协会(AAU)的14所创始校之一。美国国家科学基金会连续33年将该校列为全美科研经费开支最高的大学。学校的教员与职工共有37人获得过诺贝尔奖。位于2022 US News世界大学排名世界第9位。

约翰霍普金斯大学信息安全研究所(ISI)是该大学在信息安全、保障和隐私方面的研究和教育中心。在ISI的领导下,该大学被国家安全局和国土安全部指定为信息保障教育和研究学术卓越中心,其在密码学、网络、无线、系统评估、医疗隐私和电子投票等领域的研究在学术界和政策制定者中广为流传。

2.美国普渡大学

普渡大学(Purdue University),创建于1869年,位于印第安纳州的西拉法叶市(West Lafayette)。该校是十大联盟创始成员、美国大学协会成员校、公立常春藤大学。该校侧重于理工科、商科、社科,不设医学院、法学院。普渡大学计算机科学系(Department of Computer Sciences)开设的研究生学位项目计算机科学硕士—信息安全方向(MS in Information Security for Computing Professionals)的主要研究方向有:信息安全基础(Foundations of Information Security)、密码学(Cryptography)、网络安全(Network Security)、软件安全(Software Security)、社会学、经济学与法律问题(Social, Economic, and Legal Aspects)、安全性分析(Security Analytics)和数据安全与隐私(Data Security and Privacy)等。

3. 美国卡内基梅隆大学

卡内基梅隆大学(Carnegie Mellon University,简称 CMU),位于美国宾夕法尼亚州的匹兹堡,是美国 25 所新常春藤盟校之一。该校由工业家兼慈善家安德鲁·卡耐基在 1900 年创建,当时名为卡内基技术学校,1912 年改名为卡内基梅隆大学,开始向研究型大学转变。除了在匹兹堡,卡内基梅隆大学还在美国硅谷及卡塔尔设有校区,且在世界各地设有合作研究机构,包括纽约、洛杉矶、华盛顿特区、中国、澳大利亚、葡萄牙、卢旺达等。

该校拥有享誉全球的计算机学院与戏剧学院,其艺术学院、商学院、工程学院及公共管理学院等也在全美名列前茅。CMU 位列 2022 US News 美国最佳大学排名第 25 名,US News 计算机本科及硕士项目与斯坦福大学、麻省理工学院、加州大学伯克利分校并列全美第 1 名。

4. 英国华威大学

华威大学(The University of Warwick),是一所位于英国沃里克郡和考文垂市交界处的公立研究型大学,是罗素集团、米德兰兹创新联盟、欧洲大学协会、英联邦大学协会、全球大学高研院联盟、中英大学工程教育与研究联盟成员。

华威大学在英国国内院校榜单中长期位居前十名。华威数学学院在英国及世界各大主流排行榜中已连续多年名列前茅,实力稳居欧洲前十位,此外,其商学院为英国顶尖的商学院之一,其经济系在《完全大学指南》(2020)排名中位居全英第 3 名。

(二)俄罗斯数学密码重点院校

1. 密码通信和信息学院

密码通信和信息学院(简称 ICSI)的历史可追溯到 1949 年 10 月 19 日根据苏联中央政治局的决定成立的密码学高等学校,以及同年成立的莫斯科国立大学机械和数学系的独立分部。后来,这些机构改组为苏联克格勃高等学校的技术系。1992 年,技术系改为俄罗斯联邦安全局大学下属的密码通信和信息学院。目前密码通信和信息学院有教职员工 200 多人,其中博士、院士和各院通信院士 150 余人。该学院下设应用数学系、特种技术系、信息安全系和业务技术系等四个系,学制为 5 年,毕业生毕业时均获"信息安全专家"资格。

应用数学系下设密码学和信息安全与分析专业,该系两个专业均需要学习基础数学与信息技术课,从三年级开始学习应用数学和专业课。

2. 俄罗斯新西伯利亚国立大学

新西伯利亚国立大学简称新西伯利亚大学,位于俄罗斯联邦第三大城市新西伯利亚，是教学与科学相结合思想之体现的典型大学，也是一所世界著名的公立研究型大学，该校在ARWU、THE、QS、US News等高校排名及ESI等科研机构排名中长期处于俄罗斯高校前三名的位置，其中在2020 QS世界大学排名中名列全球第231位、俄罗斯高校第2位。新西伯利亚国立大学由苏联科学院（俄罗斯科学院）西伯利亚分院创办，现隶属俄罗斯联邦教育与科学部，是俄罗斯唯一一所与科学院紧密合作的高校，该校学生有非常好的机会接近现代科学研究。新西伯利亚国立大学是首批入选俄罗斯国家研究型大学和5～100计划资助的高校，被誉为“俄罗斯硅谷”，具有良好的社会声誉和世界影响力。

除此之外，前文所提到的莫斯科大学、俄罗斯国立高等经济大学也是俄罗斯国内数学专业相当优秀的高等院校。

（三）法国数学密码重点院校

1. 巴黎高等师范学院

巴黎高等师范学院（École normale supérieure，简称ENS），或称巴黎高等师范学校（简称巴黎高师），于1794年10月30日由法兰西第一共和国国民议会下令创建。学校在法国大革命中饱经动荡，1808年由拿破仑和拉普拉斯整顿后重新开学。现为巴黎高师集团和巴黎文理研究大学（PSL）的成员之一。

巴黎高师是一所师范大学，其初始使命是“培养已受过实用知识训练的公民，使他们在各方面都在最有能力的教授的指导下，学习教学的艺术”。两百多年来，巴黎高师为法国培养了无数杰出的教师人才、数百位法兰西学院院士、13名诺贝尔奖获得者、14名菲尔兹奖获得者（世界第4），是世界重要的数学、科学和哲学研究中心。

巴黎高等师范学院拥有的杰出人才包括拉普拉斯、拉格朗日、柯西、傅里叶、蒙日、伽罗瓦、勒让德、埃尔米特等数学家，古诺、巴斯德、丹尼尔·拉加什、涂尔干、饶勒斯、德布鲁、托马斯·皮凯蒂等科学家，罗曼·罗兰、萨特、波伏娃、阿隆、阿兰、布尔迪厄等哲学家，蓬皮杜、洛朗·法比尤斯、朱佩等政治家。

2. 巴黎综合理工大学

巴黎综合理工大学（法语：École Polytechnique，别称X），是1794年创立的法国工程师大学校。

巴黎综合理工大学以培养领导人才著称，毕业生大多进入法国或者国际上的私有企业，还有20%的毕业排名优秀的学生选择进入国家高级机关职团。巴黎综合理工大学拥有悠久的数学教育历史，历史上著名的数学家拉格朗日和蒙日就曾在该校执教数学；自创立以来，曾培养出柯西、庞加莱、泊松等著名科学家；校友中有菲尔兹奖得主洛朗·施瓦茨（Laurent Schwartz）、四位诺贝尔奖获得者和三位法国总统。该校本科的数学课基本是国内本科实变函数和泛函分析的内容，同时开设了概率论、统计学、傅立叶分析、马尔可夫链和鞅论、动力系统、PDE数值解、生物数学、运筹、金融数学等与应用紧密联系的课程。

3. 索邦大学

索邦大学(Sorbonne Université)由原巴黎索邦大学(Université de Sorbonne,又名巴黎第四大学)与原皮埃尔和玛丽·居里大学(Université Paris VI 或 Université Pierre et Marie Curie,又名巴黎第六大学)于 2018 年1 月合并而成。其中巴黎第六大学是巴黎大学科学学院的主要继承者,也是现在法国最大的科学和医学集合体,在许多领域都处于顶尖水平。2017 年世界大学学术排名(ARWU)将巴黎第六大学评为法国第 1,全球第 40。在数学领域位于全球第 3,仅次于普林斯顿和纽约大学,力压麻省理工。在物理领域全球第 13,自然科学领域全球第 14,工程、信息等理工科领域全球第 25。拥有知名校友如居里夫人、庞加莱、郎之万等。巴黎第六大学共有 19 个诺贝尔奖得主、7 个费尔兹奖得主。

该校本科阶段的数学教育旨在促进学生理解和掌握高级数学工具与方法,学生在第二年就可以从基础数学、概率和随机模式、概率和金融、数学和建模、统计学等五个方向中选择具体的研究方向,该校在应用偏微分方程、数值分析、控制论、最优化、概率统计、金融数学方面具有很强的研究实力,下属的 Lions 实验室是世界上最好的应用数学研究机构。

(四)日本数学密码重点院校

1. 东京大学

东京大学在研究生教育阶段,设置有信息工程研究生院,该研究生院开设有数理信息专业,并建立了数理密码信息研究所,又称“数理信息第 1 研究所”“高木·高安研究所”,由高木刚教授负责。

该研究所主要针对以下主题进行研究:①后量子密码学,由于已知目前广泛使用的 RSA 密码学和椭圆曲线密码学被量子计算机用于对多项式时间进行解码并受到损害,因此使用对量子计算机具有抵抗力的数学问题进行后量子密码学的研究引起了人们的关注。2015 年 8 月,美国国家安全局 NSA 宣布过渡到后量子密码学,2016 年 2 月,美国国家标准与技术研究院 NIST 宣布了后量子密码学的标准化计划。该研究所正在研究典型的后量子密码学的多元多项式密码学和基于格的密码学的安全评估和有效实现方法。②安全认证技术,该研究所正在研究现在和未来使用的加密协议的安全性,需要一个安全模型来准确确定加密协议的安全性。标准模型是语义安全。可证明密码学是指可以在这种模型上以数学方式证明其安全性的系统。③高速应用技术,无处不在的计算机有望通过与密码技术的融合带来富有成果的应用技术。然而,无处不在的计算机缺乏计算资源(如 IC 卡和 RFID),因此必须努力优化设备安全系统中使用的内存和速度。旨在为计算机设计一种新的高效密码算法。④安全安装技术,即使一个系统可以在数学上被证明是安全的,在实现级别使用的密码系统也可能被破坏。例如,侧信道攻击 (SCA) 是一种尝试通过分析与加密计算相关的附加信息(例如计算时间和功耗)来推断加密设备中使用的私钥的攻击。其他已知的实施攻击包括差异故障攻击、异常处理攻击和内存转储攻击。旨在估计这些攻击的威胁级别并提出防御措施。⑤安全应用技术，密码协议可以创建新的应用范例，如果没有密码技术，这些范例是不可能的。例如，可以使用密码协议来实现电子支付系统、电子选举系统、电子时间认证方法等。其中一些已经在社会中使用，并且是支撑电子社会的基本基础设施。

2. 京都大学

京都大学在研究生教育阶段，开设有信息学研究生院，共 6 个专业方向：①智能信息学系，知识的阐释和建构，实现人工智能的柔性信息处理；②社会信息学系，寻求社会与信息技术的和谐发展；③前沿数学科学系，从科学和工程的角度开拓数学科学的前沿；④数学工程系，工程、自然系统建模、分析、操作、设计解决方案搜索；⑤系统科学系，开辟信息系统新领域；⑥通信信息系统专业，旨在建立支持信息化社会的基础技术。

京都大学在社会信息学系，信息安全研究领域内建立了阿部・ティブシ研究所（Abe・Tibochi），是与日本电信电话株式会社（简称 NTT）合作建立的研究所。NTT 集团作为日本第一大通信公司建立了亚洲最早的大数据分析、处理和应用平台之一，也是日本的第一个大数据平台——jubatus，旗下的 NTT 数据集团也一直从事相关工作，是目前日本通信产业最重要的旗舰企业，同时也是目前世界上首屈一指的通信公司之一。

Abe・Tibochi 以合作领域的形式设置在京都大学内部，以建立通过密码学实现安全的网络社会为研究内容，由 NTT 安全中心的阿部正幸教授负责指导。针对当下使用互联网的电子支付和拍卖等电子政务功能以及在线税务申报等电子政务功能的广泛普及，需要通过密码技术确保网络服务的安全。保证这种安全性的密码技术，不仅是一种防止窃听的密码技术，而且是一种电子签名，可以验证通信伙伴的身份并保证数据的有效性（数据未被篡改）。现代密码学正在积极研究和开发一种技术、理论体系，是一种提供高级网络服务同时保证隐私的集成加密协议。该研究所将从理论上阐明在现代密码学中发挥核心作用的各种密码学应用技术（如公钥密码学、电子货币和电子投票）的安全性，提出新的密码协议，并将其应用到实际系统中，探索其在网络社会中的有效性。

3. 东京工业大学

东京工业大学工学部的信息通信系建设有密码学研究所，称为“尾形研究所”。该研究所正在进行的密码学研究，分为保护数据的密码学研究和密码应用研究两部分。其中保护数据的密码学研究方向包括高性能加密方式，具有加密以外功能的密码学、基于身份的密码学、全同态加密；重要数据的分布式管理，通过数据的分布式管理处理信息泄漏和丢失、秘密分享；量子密码学，即使在量子计算机时代也是安全的密码学、基于格的加密、多元多项式密码学。密码应用研究方向包括区块链，即算法改进和应用，共识建立方法的提议、处理汇款历史跟踪、加密货币以外的应用；安全寄售计算，即使用加密技术实现安全云，可搜索密码、隐藏访问模式；秘密计算，即在信息保密的情况下合作进行的计算，受隐私保护的机器学习。

4. 公立函馆未来大学

公立函馆未来大学(Future University-Hakodate)位于日本北海道函馆市亀田中野町,始建于2000年,是一所以信息科学为特色的公立大学。该校有两大学院:系统信息科学研究科和系统信息科学专业;3个学部:信息建筑学科、复杂系统学科、系统信息科学部。学校研究与教育涵盖了以硬件为中心的计算机科学、认知科学、信息系统设计与复杂系统。公立函馆未来大学的密码学课程分为以下几部分:①数学基础,该部分讲述整除、同余、模运算、欧几里得算法、扩展的欧几里得算法、欧拉函数、群、环、域和概率论等的基本概念。②密码学基本概念,该部分讲述密码学的历史、加密和隐私概念、密码学的目标、攻击模型、密码协议和可证明安全性等。③对称密码体制,该部分讲述了流密码和分组密码体制。流密码只是介绍了一些基本概念。分组密码主要讲述了DES、AES和分组密码的工作模式。④公钥密码体制,该部分讲述公钥密码体制的概念、RSA公钥密码体制、ElGamal公钥密码体制、Rabi公钥密码体制、基于椭圆曲线的密码体制和基于身份的密码体制。⑤数字签名,该部分讲述数字签名的基本概念、RSA数字签名、ElGamal数字签名、数字签名标准DSS、群签名、代理签名、盲签名和环签名等。⑥Hash函数,该部分讲述Hash函数的基本概念、MD5、SHA、基于分组密码的Hash函数和Hash函数的应用。⑦密码协议,该部分讲述密钥分配和密钥交换、认证体制、零知识证明、电子选举和电子现金等。⑧可证明安全性,该部分讲述公钥密码和数字签名的可证明安全性。包括公钥加密体制的安全性概念、数字签名体制的安全性概念、随机预言模型、RSA-OAEP等。

(五)韩国数学密码重点院校

1. 国民大学

国民大学(국민대학교)成立于1946年9月,是一所以“爱国精神”为建校思想的私立大学,学校设置有14个学院、51个系、15个研究生院,以及57个附属研究所和其他下属机构。

信息安全与密码数学系(정보보안암호수학과)隶属于国民大学科学技术学院,是韩国唯一一个系统连结数字取证等高级专业课程的系。该系主要通过提供实地培训、国内外企业实习、交换生和海外知名大学留学等机会,培养社会需要的具有创造力和领导力的密码学专业人才。该系认为,当前信息安全技术正在向物联网环境转变,智能设备、网络、通信和服务技术依赖于通信环境的融合,最终发展成为物理安全与信息安全技术融合的融合安全技术。因此,只有对数学、密码学、计算机结构与操作系统、电子工程、网络、金融安全等进行融合教育,才能应对未来社会的人才需求。因此,该系在基于数学的密码学系统教育的基础上,平衡了培养信息安全人才所需的课程。此外,基于作为IT安全源技术的加密技术,该系还配备了具有开发加密模块、智能卡安全分析技术和数字取证分析技术能力的最高水平的专业教师队伍,同时通过产学合作特色项目,如都市大学专业化项目(CK-II)、初创领先大学培育项目和SW专业大学的特殊支持,达成其教育目标。

该系目前开设的主要课程有:信息保护概论、整数论、集合论、基础编程、S-TEAM 课程、电子计算学实践、理工科数学、线性代数、数理电算、解析学、解析几何学、矢量解析、数理统计学、对等加密、算法概论、现代代数、组合与图表概论、安全协议、应用概率论、拓扑学与实践、现代几何学、复数函数论、顶峰设计、公钥密码学、密码分析、侧信道攻击与应对、数字取证概论、密码学原理、高级应用编程、网络安全编程、随机数生成理论等。

该系负责运营的实验室有计算科学实验室、物联网安全实验室、智能设备安全分析实验室、未来加密设计分析实验室、随机性分析与安全评价实验室、数字取证和加密货币实验室、密码优化与密码应用实验室。其中未来加密设计分析实验室主要研究后量子密码学、椭圆曲线密码学和密码软件的优化处理。数字取证和加密货币实验室主要研究数据加密、删除和隐藏的反取证响应技术,勒索软件等恶意代码分析,密码原语分析,例如分组密码、散例函数、消息认证码、认证加密等。密码优化与密码应用实验室主要研究嵌入式环境下公钥密码优化方法、PQC 算法的优化方法、密码模块验证技术、网络安全技术等。

2. 汉阳网络大学

汉阳网络大学(한양사이버대학교)是于 2001 年获得韩国教育人力资源部许可,并于 2002 年开设的 4 年制私立远程大学,2010 年开设研究生院,是目前韩国国内网络大学生数量最多的大学。在韩国教育部的远程大学评价中,课程、人力资源、物力资源、管理、教学成果等领域均获得最佳评价。

黑客安全系(해킹보안학과)属于汉阳网络大学计算机和软件工程学院,该系的教育目标是培养具备应对网络攻击能力的信息保护专业人才,同时具备发现信息系统漏洞和寻找防御措施的理论知识和实践能力,应对网络攻击和隐私事件,收集网络侵权证据,等。毕业生今后进入的领域有:司法/行政/研究所、国防机关、信息安全服务行业、国内外研究院、金融/通信/广播等行业。该系开设的主要课程有:密码基础技术、系统安全实践、网络安全、信息保护编程、物联网安全、Python 编程、黑客安全项目、网络调查概论、信息安全审计、病毒分析技术、数字信息学、网络攻击技术、安全编码等。

3. 高丽大学

高丽大学(고려대학교)的前身是成立于 1905 年的私立高等教育机构宝城专门学校,该校是环太平洋大学联盟成员、亚太国际贸易教育暨研究联盟成员、亚太国际教育协会发起成员和 Universitas21 的创始会员。高丽大学长期位列韩国大学排名第 2 位、私立综合大学第 1 位,设有安岩和世宗两个校区。高丽大学有 35 个研究学会,活跃于各个研究领域,其中 18 个属于人文科学和社会科学,17 个属于自然科学和医学。

信息保护学院(정보보호대학원)创建于 2000 年 9 月,本科部设网络与防卫系、智能安全学院,研究生部设信息安全系、信息保护系、金融安全系、数字取证系、网络安全系、大数据应用与安全系、融合安全系、区块链系等。该学院目前开设的课程有:法律和

政策、网络概论、密码学和算法、个人信息保护法、现代密码学、智能金融安全、网络法、信息保护概论、CPS 安全性、侵权事故应对管理、数字取证概论、大数据挖掘、探索性统计、代币经济学、加密货币概论、融合安全概论、安全编码、隐私政策、电子金融实践、恶意软件和逆向工程、网络犯罪调查技术、AI 安全等。

该学院在 1999 年成立了信息保护研究所(정보보호연구원),这是韩国第一家专门研究信息安全的研究所,通过开展密码学研究,为韩国互联网安全、基础设施安全、区块链安全等奠定了基础。过去 20 多年来,信息安全研究所在论文、专利、研究资助订单和技术转让等研究指标上一直在韩国国内处于领先地位。该研究所包括国防 RMF 研究中心、全球信息分析中心、数字取证研究中心、区块链安全研究中心、网络弹性研究中心、网络安全政策中心、密码学研究中心。密码学研究中心下设加密研究中心(CRC)和军事加密研究中心(MCRC)两个机构,在韩国国防采办计划管理局和国防科学研究所的支持下建立,以提高国防加密分析能力,培养国防加密技术研究专家。主要研究的内容有:加密分析源技术、量子计算环境下的安全加密技术、轻量级的分组密码设计技术和侧信道攻击响应、云安全加密技术、源代码混淆和解密技术、硬件逆向工程技术、应对非入侵/准入侵攻击的加密技术、伪随机数生成技术和加密算法识别技术、非线性加密技术分析和并行计算加密技术分析、哈希函数分析技术和分析工具开发、公钥加密分析技术和分析工具开发等。

三、代表人物

1. 惠特菲尔德·迪菲

惠特菲尔德·迪菲(Whitfield Diffie)是世界著名的密码技术与安全技术专家,1975 年,他与斯坦福大学电气工程教授马丁·赫尔曼(Martin Hellman)一起发现了公钥密码的概念,惠特菲尔德·迪菲也因此而著名。公钥密码学不仅彻底改变了密码学,也改变了密码学界。20 世纪 80 年代,迪菲在北方电讯担任安全系统研究经理,1991 年加盟 Sun 公司,在 Sun 实验室工作。

惠特菲尔德·迪菲是马可尼基金会(Marconi Foundation)成员,曾获得多项奖项,包括国家计算机系统安全奖(由 NIST 和 NSA 联合颁发)和富兰克林研究所利维奖。

2. 马丁·E. 赫尔曼

马丁·E. 赫尔曼(Martin E. Hellman)1945 年 10 月出生于纽约州纽约市,1966 年在纽约大学获得学士学位,1967 年、1969 年在斯坦福大学获得电机工程硕士和博士学位。1968—1969 年,赫尔曼就任于 IBM 沃森研究中心,1969—1971 年在麻省理工学院担任电气工程助理教授。1971 年回到斯坦福大学,1996 年成为名誉教授。他撰写了70 多篇技术论文,获得 12 项美国专利。

马丁·E. 赫尔曼最为人所知的是他与惠特菲尔德·迪菲一起发明的公钥加密技术,

这项技术实现了互联网安全交易。他一直是计算机隐私辩论的贡献者,也是 20 世纪 70 年代末和 80 年代初"第一次加密战争"的关键参与者,这场战争确立了学术密码研究人员在不受政府干预的情况下发表论文的权利。马丁·赫尔曼获得了多项荣誉和奖项,不仅当选为美国国家工程院院士,还获得了被称为"计算机科学界诺贝尔奖"的 ACM 图灵奖。

3. 阿迪·沙米尔

阿迪·沙米尔(Adi Shamir)1952 年 7 月 6 日出生于以色列特拉维夫,以色列密码学家和计算机科学家,与美国计算机科学家伦纳德·阿德曼和罗纳德·李维斯特一起,获得 2002 年 ACM 图灵奖,以表彰他们"为使公钥密码术在实践中发挥作用做出的创造性贡献"。这三位科学家为他们的"加密通信系统和方法"(通常称为 RSA 加密)申请了专利,并将专利权转让给麻省理工学院(MIT)。

沙米尔获得特拉维夫大学数学学士学位(1973 年)、魏茨曼研究所计算机科学硕士学位(1975 年)和博士学位(1977 年)。沙米尔在英国华威大学(University of Warwick)做了一年博士后,在麻省理工学院(1977—1980 年)从事研究,然后加入魏茨曼研究所(Weizmann Institute,1980 至今),在那里他是保罗和玛琳·博曼(Paul and Marlene Borman)的应用数学教授。

4. 罗纳德·李维斯特

罗纳德·李维斯特(Ronald L. Rivest)是麻省理工学院电气工程和计算机科学系的教授,也是该学院计算机科学和人工智能实验室密码学和信息安全研究小组的负责人。他于 1969 年获得耶鲁大学数学学士学位,1974 年获得斯坦福大学计算机科学博士学位。

他是计算机械协会和美国艺术与科学院的研究员,也是美国国家工程院和美国国家科学院的成员,是 ACM 图灵奖的获得者。李维斯特是 RSA 公钥密码系统的发明者,也是 RSA 数据安全的创始人。他在密码设计和密码分析方面拥有丰富经验,并在此领域发表了大量论文。他曾担任国际密码研究协会主任,在算法、机器学习、选举安全和数字联系人追踪等领域做出大量贡献。

5. 伦纳德·阿德曼

伦纳德·阿德曼(Leonard M. Adleman)1945 年 12 月出生于美国加利福尼亚州旧金山,美国计算机科学家,与美国计算机科学家罗纳德·李维斯特和以色列密码学家阿迪·沙米尔共同获得 2002 年 ACM 图灵奖。

阿德曼在加州大学伯克利分校(University of California,Berkeley)获得数学学士学位(1968 年)和计算机科学博士学位(1976 年),他的论文导师是曼努埃尔·布卢姆(Manuel Blum,1995 年图灵奖获得者)。离开伯克利后,阿德曼在麻省理工学院数学系(1976—1980 年)任教,后执教于南加州大学计算机科学系。

6. 大卫·乔姆

大卫·乔姆(David Chaum)曾就读于加州伯克利大学,并于 1982 年获得计算机科学和工商管理博士学位。乔姆是多个密码协议的创造者,被认为是数字货币的先驱者,他在 1982 年的论文中提出了盲签名技术和基于该技术的匿名数字现金 eCash。1990 年,David Chaum 创建了 DigiCash 公司,实现了数字现金 eCash。

乔姆作为一名教师、研究人员以及密码协议的开发人员,对密码学领域有着巨大的贡献。毕业同年,他成了美国密码研究协会(CAII)的创始人。该基金会目前处于活跃状态,负责组织密码研究学术会议。

7. 安东尼·祖克恩

安东尼·祖克恩(Antoine Joux)是国际密码研究会会士,法国凡尔赛圣康坦伊夫林大学的助理教授。他还是国际密码学研究协会的主任。对密码学有重要贡献,共同提出了基于配对的密码学,在散列函数和离散对数密码分析方面也进行了杰出工作。他关于杂凑函数的多碰撞工作获得国际密码学会的“最佳时间奖”。

8. 克劳德·卡莱特

克劳德·卡莱特(Claude Carlet)1990 年获得法国巴黎第六大学博士学位,1994 年获聘法国亚眠大学博士生导师。1990 年起担任亚眠大学计算机科学系副教授至 1994 年;1994—2000 年,担任法国卡昂大学计算机科学系教授;并在法国圣但尼巴黎第八大学数学系任职,目前是该校的名誉教授。自 2017 年起,他还在挪威卑尔根大学塞尔默中心工作。他的研究兴趣包括布尔函数、密码学和编码理论。2002—2005 年,他担任 *IEEE Transactions on Information Theory* 的 Coding Theory 副主编,自 2020 年 7 月起担任序列密码部分的副主编。他是 *Cryptography and Communications*: *Discrete Structures*, *Boolean Functions and Sequences* 的副主编,同时也是 *Designs*, *Codes and Cryptography* (*DCC*, *Springer*), *Advances in Mathematics of Communications* (*AMC*, *AIMS*), *International Journal of Computer Mathematics* (*IJCM - TCOM*, *Taylor&Francis*), *Journal of Algebraic Combinatorics* (*JACO*, *Springer*) 和 *International Journal of Information and Coding Theory* (*IJICoT*, *Inderscience Publishers*)的编委会成员。

9. 梅德韦杰夫·尤里·伊万诺维奇

梅德韦杰夫·尤里·伊万诺维奇(Медведев Юрий Иванович)生于 1964 年,是物理和数学科学博士,教授,精通概率论、数理统计、离散数学及其应用。他是俄罗斯联邦密码学院正式成员(自 1998 年起担任主席团成员),获得苏联国家奖(1975 年)、俄罗斯联邦杰出科学家等荣誉,拥有州级荣誉。撰写了 200 多篇学术论文,包括 10 多本应用数学教科书、教具和专著。

10. 弗拉基米尔·谢尔盖维奇·阿纳申

弗拉基米尔·谢尔盖维奇·阿纳申(Владимир Сергеевич Анашин)是莫斯科大学信息安全研究所首席科学家,长期从事群论、环论、多项式代数、遍历理论及其在密码学和计算机科学中的应用,其研究成果直接导致了著名流密码算法 ABC 的设计,开创了代数动力系统在T函数方面的研究,是将代数动力系统应用于密码学研究的开拓者和奠基人之一。

弗拉基米尔·谢尔盖维奇·阿纳申曾多次访问中国,长期与中国的相关单位开展合作研究,他的学识在中国信息安全领域广为人知。曾任中国科学院外国专家特聘研究员,在此期间,从事“代数动力系统在密码学中的应用”合作研究项目,进一步研究代数动力系统理论与方法在密码学中的应用,研究基于T函数的变换的统计特性的分析方法和新的密码学原子模块的设计。阿纳申教授还通过举办定期讨论班,合作指导博士生,并开设相关课程讲授自己的专著 *Applied Algebraic Dynamics*。

11. 高木刚

高木刚(Tsuyoshi Takagi)是东京大学研究生院信息科学研究专业教授,高木·高安研究所负责人。1995年于名古屋大学研究生院完成数学硕士阶段学习,先后供职NTT实验室、日本电报电话公司、德国达姆施塔特工业大学、公立函馆未来大学系统与信息科学学院、九州大学数学研究院、东京大学信息科学研究生院。目前在研课题为:数学建模以避免下一代密码学的安全妥协(2014—2021年),后量子社会所需的高性能密码学数学基础的创建和开发(2021—2026年),文部科学省研究课题(后量子密码标准化的安全密码参数的推导、通过大规模解密实验对公钥密码的安全性分析、在公钥密码算法中考虑安全性的效率分析与应用等)。作为NTT实验室、富士通实验室、日立实验室、KDDI实验室、东芝研发中心、三菱电机实验室、NHK广播技术实验室、NEC实验室、三菱研究实验室、信息和通信研究组织(NICT)、韩国电子通信研究所(ETRI)、美国国家信息与通信工程师学会(I2R)等多个研究所和协会的委员,高木刚带领东京大学高木·高安研究所与之开展联合研究。

高木刚2019年出版专著《密码学和量子计算机——抗量子计算机密码学简介》,解释即将到来的量子计算机时代的密码学,本书从多个角度考虑了量子计算机对密码技术的影响,为读者提供了即将到来的量子计算机时代的密码技术基础知识。读者将能够了解量子计算机对信息化社会的影响,并获得他们所参与的信息安全方面未来相关的重要信息。高木刚在密码学领域的显著成就使得其在2014年6月,获2013年电子信息通信学会成就奖,2015年2月,获第11届日本学术振兴会奖,2020年6月,获2019年信息处理学会论文奖。

12. 阿部正幸

阿部正幸(Masayuki Abe)是NTT社会信息学研究所特聘研究员,京都大学研究生院客座教授,1992年东京理科大学电机工学硕士,2002年12月东京大学博士,博士期间研究课题为“离散日志设置中加密应用程序的高效组件”。1992年起任NTT网络信息系统实验室工程师,开发用于密码操作的快速算术算法及其软硬件实现。1996年起任苏黎世联邦理工学院客座研究员,在Ueli Maurer教授的指导下学习多方计算。1997年起任NTT信息共享平台实验室研究工程师,2003年起担任特聘科学家,2018年起任京都大学研究生院信息学客座教授至今。

研究方向为密码原语和协议的设计和分析，包括电子投票、密钥托管系统、数字现金系统的盲签名、消息恢复和其他具有附加功能的签名方案、可公开验证的加密方案、基于密码假设的高效多方计算和安全计算中的零多方知识证明。

第三节 数学密码学术交流

一、学术期刊

1.《密码学杂志》

《密码学杂志》(*Journal of Cryptology*)是国际密码学研究协会的官方刊物，为发表现代信息安全所有领域的原始成果提供了研究论坛。第一卷始于1988年，目前每年发行四期。内容包括密码学和密码分析、信息论和复杂性理论观点以及实现、应用和标准问题。覆盖范围包括公钥和传统算法及其实现、密码分析攻击、伪随机序列、计算数论、密码协议、不可追踪性、隐私、身份验证、密钥管理和量子密码等主题。该杂志由Springer出版。国际刊号：ISSN 0933-2790。

2.《ACM信息与系统安全学报》

《ACM信息与系统安全学报》(*ACM Transactions on Information and System Security*，简称TISSEC)，是一本由计算机协会出版的同行评议期刊。发表安全相关主题的研究，包括密码学、安全工程和系统安全。本期刊为发表关于信息安全、隐私和保障的最佳原创研究提供了一个论坛。此外，它涵盖了这些主题的所有方面，包括理论、算法、系统、软件、硬件和应用。其目的是为信息安全领域的思想交流提供一个国际论坛。此外，它还为发表与安全相关的高质量创新研究提供了一个国际论坛。国际刊号：ISSN 1094-9224。

3.《IEEE信息论汇刊》

《IEEE信息论汇刊》(*IEEE Transactions on information theory*，简称TIT)，该期刊为双月刊，主要发表与信息理论传输、处理和利用有关的理论和实验论文。投稿主题界限并不十分明确，这就使得该刊投稿政策能够随着研究热点的改变而发生变化。国际刊号：ISSN 0018-9448。

4.《设计、编码与密码学》

《设计、编码与密码学》(*Designs，Codes and Cryptography*)为月刊，主要为理论和实践性质高质量论文提供论坛。该期刊所发表的论文至少涉及设计理论、编码理论和密码学中的一个以上领域，并鼓励跨学科融合，为工程师、数学家、计算机科学家以及教育、工业和政府部门的其他人士提供学术参考。国际刊号:ISSN 0925-1022。

5.《数学年刊》

《数学年刊》(*Annals of Mathematics*)1874 年创建,起初由 Joel E. Hendricks 担任创刊主编。创刊主旨为介绍和分析纯数学及应用数学中社会感兴趣或重要的问题,特别是在天文学、机械学和工程学中有趣的创新和发现。创办 10 年后因 Hendricks 的个人健康问题出现过停办,后又在次年 3 月份继续出版。继续出版的《数学年刊》更换了主编,几年后期刊被带到现在的普林斯顿。该期刊的崛起极大促进了美国数学的发展。目前由普林斯顿大学及其高等研究院联合出版,每两个月出版一刊,每年不过百篇。国际刊号:ISSN 0003-486X。

6.《美国数学会杂志》

《美国数学会杂志》(*Journal of the American Mathematical Society*,简称 AMS),由美国数学学会创刊,自 1891 年以来,AMS 刊载高水平的理论数学与应用数学研究论文。AMS 期刊由著名编辑领导,涵盖数学的所有领域,是数学研究的必备资源。国际刊号:ISSN 0894-0347。

7. ***Nextcom***

Nextcom 由日本 KDDI 综合研究所主办,季刊,2010 年春季创刊,至 2022 年春季已出刊 49 卷。每期均有特定主题,最近 4 期的专题分别为数字时代的"新冠"应对、冬季循环经济、数字政府、5.0 时代智慧城市。每期均设置特别约稿、公开征稿栏目、未来展望、征稿通知等栏目。该期刊主页链接为:https://rp. kddi-research. jp/nextcom/volume,还设置有评论员博客。国际刊号:ISSN 2434-625X。

8.《富士通技术评论》

富士通作为通信信息技术方面的厂商,于 1998 年创立了《富士通杂志》,季刊发行,发表关于网络、通信等领域的前沿研究,2019 年 4 月号(第 70 卷第 2 期)主题为"支持互联社会的安全性",2019 年 7 月刊(Vol. 70,第 3 期)主题为"数字银行加速金融机构的数字创新",2019 年 9 月刊(第 70 卷第 4 期)主题为"数字时代 R&D-Trust 的前沿",至此停刊。停刊后,富士通重新建立新网络媒体《富士通技术评论》,新媒体包括期刊《富士通技术评论》及媒体网页,用于发布专栏文章及评论,该媒体的主页链接为 https://www. fujitsu. com/jp/about/resources/publications/technicalreview/。该期刊于 2020 年春季首次发布,专注于技术文章,例如论文、技术解释和圆桌讨论。国际刊号:ISSN 2435-6085。

二、学术会议

1. 美密会

美密会(International Cryptology Conference,简称 Crypto),是密码学和密码分析领域

最大的学术会议之一。它由国际密码学研究协会组织,每年8月在美国加州圣巴巴拉大学圣巴巴拉分校举行。第一次会议召开于1981年——这是第一次关于密码学的大型会议,由于政府、工业界和学术界之间的关系相当紧张,会议显得尤为重要。加密被认为是一个非常敏感的话题,就当时而言,来自不同国家的代表聚集在一起讨论如此敏感的话题是闻所未闻的。IACR的成立是在Crypto'82期间发起的,Crypto'83是IACR发起的第一次会议。

2. 亚密会

亚密会(International Conference on the Theory and Application of Cryptology and Information Security,简称Asiacrypt),是国际密码学界最著名的三大学术会议之一,每年一次在亚太国家轮流举办。

3. 欧密会

欧密会(European Cryptology Conference,简称Eurocrypt),是关于密码学所有方面的国际会议,全称密码技术理论与应用国际会议(International Conference on the Theory and Applications of Cryptographic Techniques),每年春季在欧洲各地举行。该系列会议首次于1982年举行,Eurocrypt 2020首次在线上举行。欧密会在CCF推荐列表和CACR列表中均为A类会议。

综上,美密会(Crypto)、正密会(Asiacrypt)、欧密会(Eurocrypt)是国际密码学协会IACR旗下的三个最著名的会议。

4. 快速软件加密会议

快速软件加密会议(Fast Software Encryption,简称FSE)自2004年起由IACR赞助。FSE专注于对称密码学的快速和安全原语,包括分组密码、流密码、加密方案、分析和评估工具、哈希函数的设计和分析、MAC算法。

5. 密码硬件和嵌入式系统会议

密码硬件和嵌入式系统会议(Cryptographic Hardware and Embedded Systems,简称CHES)自2004年以来一直由IACR赞助。会议的重点是嵌入式系统中密码硬件和安全性的各个方面。该会议介绍来自研究界以及行业和其他相关方的新成果。重点感兴趣的是描述安全和高效硬件实现的新方法,以及嵌入式系统的高速或防泄漏软件的贡献,例如智能卡、微处理器、DSP等。会议旨在弥合密码学研究和密码学应用领域之间的差距。

6. 国际公钥密码学实践与理论会议

国际公钥密码学实践与理论会议(Public Key Cryptography,简称RKC)自2003年起由IACR主办。PKC是主要的年度会议,重点关注公钥密码的各个方面,吸引了该领域世界著名科学家的前沿成果。

7. 密码学理论会议

密码学理论会议(Theory of Cryptography Conference,简称 TCC),是自 2004 年以来 IACR 每年举办的会议。它关注用于概念化、定义和提供自然密码问题解决方案的范例。

8. 澳大利信息安全和隐私会议

澳大利亚信息安全和隐私会议(The Australasian Conference on Information Security and Privacy,简称 ACISP),是澳大利亚关于信息安全、隐私和网络安全的首要会议。会议的主要议题集中于计算机安全行业、政府和研究人员面临的最新问题和全球挑战,具体包括区块链技术、加密货币、物联网(IoT)安全、后量子加密、病毒和恶意软件、云安全、网络物理安全、隐私增强技术等最新趋势。ACISP 是一个世界知名的会议,吸引了来自世界各地的知名安全专家。

9. 国际数学家大会

国际数学家大会(International Congress of Mathematicians,简称 ICM),由国际数学联盟主办,是数学界规模最大、最重要的国际盛会,主要供数学家们交流、展示、研讨数学界的最新发展,是数学家们会见老朋友、结交新朋友的国际性会议。大会每四年举行一次,1897 年在瑞士苏黎世举办首届大会,目前已有百余年的历史。它是全球性数学科学学术会议,被誉为数学界的奥林匹克盛会。

10. 俄罗斯密码学年会

俄罗斯密码学年会由俄罗斯密码学会和信息系统学院举办,是密码学和信息安全领域专家之间交流的平台,每年都会有大量开发商及其潜在客户、科学家、商界人士和政府官员等人员参会,俄罗斯密码学年会已成为理论与实践、新技术展示和意见交流的平台,参会者不仅能够获得最新的密码学信息,还能非正式讨论信息安全专业人士对他们的挑战,近年来参会者的地域分布不断扩大,小组会议和圆桌会议成员由领域内主要专家构成。

11. “密码学的当前趋势”研讨会

“密码学的当前趋势”研讨会由俄罗斯联邦密码研究院、信息密码保护标准化委员会等机构联合筹办,每年一届,研讨会涉及密码算法和协议研究、俄罗斯密码算法和协议的密码稳定性评估、俄罗斯密码算法和协议的有效实现、密码学的数学方面、“物联网”中的密码学等领域,研讨会内容的设置紧贴当前密码学发展现实需求和问题。研讨会发言文章将被刊登在《密码学的数学问题》杂志上。

三、其他信息

北京大学与莫斯科大学共建中俄数学中心。根据《中国科学报》介绍,2020 年初,北京大学与莫斯科大学在线上共同成立中俄数学中心。该中心注重探究并借鉴俄罗斯数学独立发展的成功经验，尤其是独立于欧美的学术传统和评价体系。该中心的任务是，在数学的主流研究领域有重要贡献，做出具有原创性的工作，在若干研究领域达到世界领先水平。紧紧围绕国家战略发展需求，积极承担面向国家发展重大需求的科研任务，以解决实际科技问题为导向开展应用数学研究。汇集国家一流的数学领域专家学者，凝聚国内外优势资源与力量，培养一批富有开拓进取精神和创新意识、具有国际视野和国际竞争力的数学家。建设国际一流的科学研究与人才培养平台，打造国际一流的创新型人才培养基地，若干领域率先建成世界前沿水平的研究团队等。

第四节　数学密码专业术语

密码学研究方面的专业术语非常多，我们根据使用频率，经过筛选，给出了如下比较常用的、多语种对照的专业术语表，供大家学习参考。

表 4：多语种对照电子数学密码专业术语表

	汉语	英语	俄语	日语	韩语	法语
1	密码分析	cryptanalysis	Анализ пароля/ Крептанализ	暗号解析	암호 해독	cryptanalyse
2	分组密码	block cipher（BC）	Блок шифра	パケット暗号	블로크 암호	chiffrement par bloc
3	序列密码	stream cipher（SC）	Поток шифра	シーケンス暗号	스트림 암호	chiffrement de flux
4	公钥密码	public-key cipher（PKC）	Шифрпубличного ключа	公開鍵暗号	공개 키 암호	chiffrement à clé publique
5	对称密码学	symmetric cryptography	Симметричная криптография	対称暗号学	대칭형 암호 해독	cryptographie symétrique
6	量子安全模型	quantum security model	Квантовая модель безопасности	量子セキュリティモデル	양자 보안 모형	modèle de sécurité quantique
7	量子计算攻击	quantum attack	квантовая атака	量子コンピューティング攻撃	양자 공격	attaque quantique
8	抗量子计算密码设计	quantum-secure design	Квантово-безопасный дизайн	耐量子暗号デザイン	양자보안 설계	conception sécurisée quantique
9	Feistel 结构	Feistel structure	Структура Feistel	ファイステル構造	페이스텔 구조	structure de Feistel
10	SPN 结构	SPN structure	Структура SPN	SPN 構造	SPN구조	structure SPN

续表 4

	汉语	英语	俄语	日语	韩语	法语
11	Lai-Massey 结构	Lai-Massey structure	Структура Lai-Massey	lai-massey 構造	라이-매시 구조	structure Lai-Massey
12	AES 分组密码	block cipher AES	Блок шифра AES	AESブロック暗号	블록 암호 AES	chiffrement par bloc AES
13	轻量级密码	lightweight cipher	Легкий шифр	軽量暗号	경량 암호	chiffrement léger
14	可证明安全	provable security	Доказанная безопасность	証明可能セキュリティ;証明可能安全性	안전성 증명	sécurité prouvable
15	Simon 算法	Simon algorithm	алгоритмSimon	サイモンのアルゴリズム	사이먼 알고리즘	algorithme de Simon
16	Grover 算法	Grover algorithm	АлгоритмGrover	Groverアルゴリズム;グローバーのアルゴリズム	그로버 알고리즘	algorithme de Grover
17	签名	signature	подпись	シグネチャ;署名	서명	signature
18	加密	encryption	шифрование	暗号化	부호 매김	chiffrement
19	格	lattice	решетка	ラティス	격자	treillis
20	最短向量问题	shortest vector problem（SVP）	кратчайшие векторные проблемы	最短ベクトル問題	최단 벡터 문제	problème vectoriel le plus court
21	格上筛法	lattice sieving	решетка просеивания	ラティス篩	격자 체	tamisage en treillis
22	S 盒	S-box	Коробка S	Sボックス	S-박스	s-box
23	P 盒	P-box	Коробка P	Pボックス	P-박스	p-box
24	密钥生成算法	key schedule/key generation	ключ поколения	鍵決定;鍵の生成	키 생성	génération de clés
25	可调分组密码	tweakable block cipher	Твижный блок шифра	微調整可能なブロック暗号	조정 가능한 블록 암호	chiffrement par bloc modifiable
26	差分分析（差分攻击）	differential cryptanalysis（DC）	Дифференциальный криптоанализ	差分解読法	차분 공격	cryptanalyse différentielle
27	线性分析	linear cryptanalysis（LC）	Линейный криптоанализ	線形解読法	선형 공격	cryptanalyse linéaire

续表 4

	汉语	英语	俄语	日语	韩语	法语
28	不可能差分分析	impossible differential cryptanalysis (IDC)	Невозможный дифференциальный криптоанализ	不可能差分解読法	불가능한 차등 암호 분석	impossible cryptanalyse différentielle
29	积分分析	integral cryptanalysis	Интегральный криптоанализ	積分分析	적분 암호 분석	cryptanalyse intégrale
30	相关攻击	correlation cryptanalysis	Корреляционный криптанализ	関連攻擊	상관 암호 분석	cryptanalyse de corrélation
31	时间复杂度	time complexity	Сложность времени	時間複雜性	시간 복잡성	complexité temporelle
32	存储复杂度	memory complexity	Сложность памяти	記憶複雜性	기억의 복잡성	complexité de la mémoire
33	布尔函数	Boolean function	Булева функция	ブール関数	논리 함수	fonction Booléenne
34	侧信道攻击	side-channel attack	Атака на боковых каналах	サイドチャネル攻擊	부채널 공격	attaque par canal latéral
35	二元序列	binary sequence	Двоичная последовательность	二次元配列	이진 배열	séquence binaire
36	差分故障攻击	differential fault attack (DFA)	Дифференциальная ошибка атаки	差分故障攻擊	차동 결함 공격	attaque par faute différentielle
37	量子密钥分发	quantum key distribution (QKD)	Распределение квантового ключа	量子鍵配送	양자키 분배	distribution de clé quantique
38	元胞自动机	cellular automata	Сотовые автоматы	セルオートマトン	세포오토마타	automate cellulaire
39	环签名方案	ring signature scheme	Кольцо подписи схема	リング署名方式	반지 서명 제도	schéma de signature en anneau
40	差分路径	differential path	дифференциальный путь	差動パス	차동 경로	chemin différentiel
41	离散对数	discrete logarithm	Дискретный логарифм	離散対数	이산 대수	logarithme discret
42	消息认证码	message authentication code (MAC)	Код аутентификации сообщения	メッセージ認証コード	메시지 인증 코드	Code d'Authentification de Message
43	杂凑函数	hash function	Хаш-функция	ハッシュ関数	해시 함수	Fonction de hachage
44	秘密分享方案	secret sharing scheme (SSS)	Схема секретного обмена	秘密共有法	비밀 분산법	Schéma de Partage Secret
45	门限函数	threshold function	пороговая функция	しきい値関数	한계값 함수	fonction de seuil

续表 4

	汉语	英语	俄语	日语	韩语	法语
46	区块链	blockchain	блокчан	ブロックチェーン	블록체인	chaîne de blocs
47	密钥交换协议	key exchange protocol (KEP)	Протокол обмена ключами	鍵交換プロトコル	키 교환 프로토콜	Protocole d'échange deClés
48	中间相遇攻击	meet-in-the-middle (MitM) attack	Атака встречи в среднем	中間者攻撃	중간 공격	Attaque de rencontre aumilieu
49	彩虹表	rainbow table	радужный стол	レインボーテーブル	무지개 테이블 공격	table arc-en-ciel
50	抵抗碰撞	collision resistance	Сопротивление столкновения	衝突抵抗	충돌 저항성	résistance aux collisions
51	弹性函数	resilient function	Устойчивая функция	弾性関数	탄력적 기능	fonction résiliente
52	代数次数	algebraic degree	алгебраическая степень	代数的数	대수적 정도	degré algébrique
53	立方攻击	cube attack	Атака куба	キューブ攻撃	큐브 공격	attaque de cube
54	比特切片	bit-slice	Битовыйломтик	ビットスライス	비트 단편	tranche-bit
55	全同态加密	fully homomorphic encryption (FHE)	Полностью гомоморфное шифрование	完全準同型暗号	동형 암호	chiffrement entièrement homomorphe
56	随机数发生器	random number generator (RNG)	Генератор случайных чисел	乱数発生器	난수 발생기	générateur de nombres aléatoires
57	安全多方计算	secure multiparty computation (MPC/SMPC)	Безопасная многопартийная вычисление	秘匿マルチパーティ計算	안전한 다자간 계산	calcul multipartite sécurisé
58	快速相关攻击	fast correlation attack(FCA)	Быстрая корреляционная атака	高速相関攻撃	고속 상관 공격	attaque de corrélation rapide
59	认证方案	authentication scheme	Схема аутентификации	認証スキーム	인증 계획	schéma d'authentification
60	白盒实现	white-box implementation	Реализация белой коробки	ホワイトボックス実現	화이트박스 구현	implémentation en boîte blanche

第五章 大数据与人工智能

大数据与人工智能作为计算机科学与应用的重要研究领域，集合了包括信息学、逻辑学、生物学、医学、仿生学、心理学、语言学等在内的众多学科，以数据和算法为基础，研究领域为机器人、机器学习、图像处理、自然语言处理和专家系统等。

第一节 大数据与人工智能发展概况

一、历史进程

“人工智能”这一术语首次于20世纪50年代被提出，这也标志着“人工智能”这门新兴学科的正式诞生。然而人类对大数据与人工智能的认识和研究经过了漫长的过程。

我国汉魏时期出现的指南车被英国科学史学者李约瑟博士称为“人类历史上第一家体内稳定器”，并称这是“人类历史上迈向控制论机器的第一步”。指南车是一种双轮独辕车，车上立一个木人，一只手臂伸直，行车前根据天象把木人的手臂朝向南方，那么无论车子向哪个方向，由于车内安装了能够自动离合的齿轮系定向装置，木人的手臂始终可以指向南方。

中世纪的欧洲人为了提高工作效率，制造了各种能模仿人类工作的简易机器人，如机械粉刷工、面包工、笛手、钢琴演奏者等。17世纪，法国哲学家笛卡尔成为“机械论唯物主义”派别代表，他在著作《论人类》中提出，“低等动物和人类就其许多机能来说，与自动机相似”，也就是说“人是一架会自己发动自己的机器”。18世纪，法国著名唯物主义者拉梅特里在《人是机器》一书中，明确提出了不仅动物是机器，而且人也是机器的观点。

到了20世纪，大数据与人工智能逐步形成了研究领域。1936年，被誉为“人工智能之父”的图灵从数学角度构建了计算机模型，也就是图灵机。1950年图灵发表论文《计算机器与智能》（“Computing Machinery and Inteligence”），进行了闻名世界的“图灵测试”，生动地解释了什么是人工智能，以及评价机器是否智能的标准，这些成果对于推进人工智能的发展产生了非常深刻的影响。

“人工智能”一词的首次提出,是在1956年的达特茅斯会议,这次会议标志着“人工智能”这一概念的诞生。会议的主要参与者有约翰·麦卡锡(John McCarthy)、明斯基(Marvin Minsky)、塞弗里奇(Oliver Selfridge)、纽厄尔(Allen Newell)、西蒙(Herbert Simon)和香农(Claude Shannon)等当时顶尖的科学家。达特茅斯会议确定了人工智能的发展方向和发展目标,同时也标志着以符号主义学派为主导的人工智能浪潮的兴起。符号主义主张应用逻辑推理法则,从公理出发推演整个理论体系。纽厄尔和西蒙等人于20世纪50年代率先完成了 Logic Theorist 程序的编写,并成功证明了伯特兰·罗素(Bertrand Arthur William Russell)和阿尔弗雷德·诺思·怀特黑德(Alfred North Whitehead)在其著作《数学原理》中提出的38个定理,同时成功编写出了 GPS(General Problem Solving)通用问题求解程序。1959年,IBM公司的阿瑟·塞缪尔(Arthur Lee Samuel)提出了机器学习理论,并给出通用定义:机器学习是一个研究领域,它使计算机能够学习而不是被显示编程。基于机器学习理论,人们开始不断探索计算机如何模拟人类学习的过程,如开发人工智能程序挑战人类西洋跳棋、发现与证明数学理论、进行音乐创作,以及进行心理学理论研究等,然而这些探索并没有想象中容易,很多构想直至20世纪90年代甚至21世纪才得以实现。

20世纪70年代中叶符号主义学派消沉,而以仿生学为主导的联结主义学派则逐渐兴起。人工智能中的联结主义主张模拟人类大脑的神经元网络,BP算法的发展和广泛应用使神经网络训练得以更快速的进步。随后人们通过对动物进行视觉中枢解剖实验逐步发现,人类有多个视觉中枢,并且这些视觉中枢是阶梯级联,具有层次结构。这启发了计算机科学家将人工神经网络设计成多级结构,把低级的输出作为高级的输入。80年代,随着神经网络的快速发展,人工智能开始向着解决实际问题的实用方向发展。例如美国DEC公司在80年代通过使用XCON/R1等专家系统支持生产和组装电子设备,节省了数千万美元量级的成本。还有美国开发的PROSPECTOR(地质勘探专家系统)可用于地质勘探,分析出了价值数亿美元的矿藏。但此时的人工智能专家系统仅限于在单一的领域应用,各领域通用的人工智能技术开发对于此阶段来说还有相当大的困难。

到了21世纪,科学家们经过大量实验和研究发现,大脑其实可以看作是一台“万用学习机器”(universal learning machine),人类的DNA并不是生来就具备各种用途的算法,而只是具备基本的、普适的学习功能。同时科学家们还发现人类的大脑具有很强的可塑性,很多原以为是大脑本身具有的功能其实取决于后天的训练。2006年计算机科学家杰弗里·辛顿(Geoffrey Hinton)、杨立昆(Yann LeCun)和约书亚·本吉奥(Yoshua Bengio)终于在深度学习(Deep Learning)领域取得重要成果,从而在全球范围内掀起了深度学习的浪潮。深度学习是一种复杂的学习算法,非常接近于人类研究人工智能的最初目标,即让机器具备像人一样能够分析和学习的能力,同时能够识别文字、图像和声音等数据。

目前,世界各国都在大数据与人工智能领域投入研究,并不断增强自身的竞争力,全球有38个国家已制定了国家层面的人工智能战略政策,以及颁布了人工智能产业规划文件。

美国政府将大数据与人工智能作为国家战略进行发展实施，同时致力于将人工智能产业化，以维护其在大数据与人工智能领域的优先权和话语权。2020 年美国通过第 13859 号行政命令启动了“美国人工智能计划”，发布年度报告，从国家安全、人才培养、技术优势、国际合作等方面向国会提出了 80 余项与人工智能领域相关的建议。美国国会还通过了《军队人工智能法案》，提高了人工智能在国防领域的权重。此外，美国白宫科技政策办公室、国家科学基金会和能源部共同宣布未来 5 年将投资 10 亿美元用于成立 12 个人工智能和量子研究机构，其中人工智能研究中心有 7 个。美国国防部高级研究计划局（Defense Advanced Research Projects Agency，简称 DARPA）于 2020 年宣布将开发用于空域规划管理的人工智能决策算法、虚拟实时测试平台和传感器网络，以在执行军事任务时提供决策支持。

欧洲主要国家为与美国抗衡，纷纷将人工智能作为国家重点发展领域。欧盟委员会发布《人工智能白皮书》，主要关注政策框架和未来监管框架两方面内容，以谋求欧盟在人工智能领域的世界领先地位，同时欧盟特别关注人工智能的伦理和安全性，投资力度不断提高。英国在人工智能领域向来重视英美合作，英国防务智库皇家联合军种国防研究所发布《人工智能与国家安全报告》，报告中系统阐述了人工智能对国家安全的威胁以及应用。英美政府还共同签署了《人工智能研究与开发合作宣言》，以促进两国在人工智能发展方面的国际交流与合作。德国主要致力于完善人工智能国家战略，并谋划长期发展。德国联邦政府根据近两年的国际局势以及新冠肺炎疫情产生的影响，对 2018 年公布的《德国人工智能发展战略》进行了完善，根据完善后的战略计划，到 2025 年德国将通过经济刺激和未来一揽子计划，把人工智能开发投入额从 30 亿欧元增加到 50 亿欧元。

俄罗斯不断加强技术革新，以谋求大数据与人工智能的全球领先地位。俄罗斯公布了《俄罗斯 2030 年前国家人工智能发展战略》，内容包括如何提高人工智能领域的科学研究水平，以及如何完善人工智能领域人才培养体系等。俄罗斯经济发展部目前正在制订人工智能在工业、农业、国防工业、交通、卫生和智慧城市等领域的应用战略和时间表。俄罗斯国家原子能集团公司还和俄罗斯量子研究中心共同宣布，将联合建立俄罗斯第一个量子人工智能实验室，致力于研究和开发基于量子计算机的机器学习和大数据与人工智能技术，特别是这些技术在核工业领域的应用。

二、发展现状

随着科学技术的不断进步和发展，大数据与人工智能对人类社会的影响越来越大，虽然它的发展历史并不算久远，但作为计算机科学的一个关键分支，它应用的深度和广度都不容小觑。近年来，伴随人工智能技术创新发展，它已经逐步参与到大众生活的方方面面，可以逐步代替或者辅助人类进行一系列复杂的工作，大数据与人工智能已经改变了人类生活方式的事实是毋庸置疑的。人工智能的发展与应用离不开技术支持，支撑人工智能技术飞速发展的相关技术很多，主要介绍以下几种：

（一）机器学习

机器学习是指研究计算机如何模仿和实现人类的学习方式，同时获取新的知识和技能，并将知识结构重组以不断改善自身性能的学科，机器学习被称为人工智能的核心技术，是一门多领域交叉学科，覆盖面较广，涉及统计学、概率论、逼近论、凸分析理论等多门学科。基于学习策略，机器学习可分类为模拟人脑的机器学习和直接采用数学方法的机器学习。基于学习方法，机器学习可分类为归纳学习、演绎学习、类比学习和分析学习。基于学习方式，机器学习可分类为监督学习、无监督学习和强化学习。基于学习目标，机器学习可分类为概念学习、规则学习、函数学习、类别学习和贝叶斯网络学习。机器学习的常见算法有决策树算法、朴素贝叶斯算法、支持向量机算法、随机森林算法、人工神经网络算法、Boosting 与 Bagging 算法、关联规则算法和深度学习。

（二）知识图谱

知识图谱是指通过将应用数学、图形学、信息可视化技术、信息科学等学科的理论和方法与计量学引文分析、共现分析等方法结合，把复杂抽象的知识通过数据挖掘、信息处理、知识计量和图形绘制展现出来，从而使人们直观地领会知识领域动态发展规律。知识图谱把互联网中动态、海量的大数据信息进行管理，提高网络的智能化水平，使杂乱的知识信息更加接近于人类的认知思维。知识图谱可应用的范围很广，有智能搜索、深度问答、社交网络和垂直行业应用等。比如深度问答，它是信息检索系统的一种高级形式，能够针对问题从知识库中抽取匹配的答案，再将答案进行合并，最终通过准确简洁的自然语言为用户提供问题解答。再比如垂直行业应用，知识图谱可以对金融、医疗、电商、教育科研等垂直行业的资源进行整合关联，从而提供更加精确规范的行业数据和丰富的表达，帮助用户更加准确便捷地获取行业信息。

（三）自然语言处理

自然语言处理是指利用计算机对人们日常使用的语言（如汉语、英语、法语等）的形、音、义等信息进行处理，并对词、句、篇章的输入、输出、识别、分析、理解等进行操作加工，从而实现人机间的信息交流。自然语言处理是人工智能领域的重要方向，属于典型边缘交叉学科，涉及的领域有语言科学、计算机科学、数学、认知学、逻辑学等。它包含的概念和技术包括信息抽取、自动文摘、语音识别技术、Transformer 模型、基于传统机器学习的自然语言处理技术和基于深度学习的自然语言处理技术等。当前关于自然语言处理的研究热点方向有预训练技术和图神经网络技术，其中图神经网络技术包括图卷积神经网络和基于空间的图卷积神经网络。

（四）人机交互

人机交互主要研究计算机与用户之间的信息交换，它属于人工智能领域的外围技术。人机交互的具体研究内容包括人机交互界面表示模型与设计方法（model and methodology)、可用性分析与评估(usability and evaluation)、多通道交互技术(multi-modal)、认知与智能用户界面(intelligent user interface,IUI)、群件(groupware)、Web 设计(web-interaction)、移动界面设计(mobile and ubicomp)和移动计算(mobile computing)等。当前人机交互热点技术已经应用于相当范围的社会领域,比如可穿戴式计算机、沉浸式游戏等动作识别技术,虚拟现实、遥控机器人和远程医疗等触觉交互技术,智能家居、智能办公等语音识别技术等。此外,科学家们还致力于发现更多的人类特征,如眼睛虹膜、掌纹、笔迹、步态、唇读、人脸和 DNA 等来实现人机交互,以达到用户满意度最大化。

(五)计算机视觉

计算机视觉是研究如何使用计算机及相关设备对生物视觉进行模拟,使计算机具备与人类相似的提取、处理、理解、分析图像的能力。计算机视觉属于综合性学科,涉及的领域包括计算机科学、信号处理、物理学、应用数学、统计学、神经学和认知科学等。当前计算机视觉技术应用的领域越来越广,比如医疗计算机视觉和医学图像处理,可以利用计算机视觉技术从图像数据中提取患者的医疗诊断信息。此外,计算机视觉还可应用于军事领域,比如战争时探测敌方士兵或车辆、选择导弹制导发送区域,以支持战略决策。

(六)生物特征识别

生物特征识别是指通过对人类等生物体的生理特征或行为特征进行身份辨别、认证的技术。生物特征识别技术的核心在于如何提取、获得生物特征,并将其转换为数字信息,存储后再完成识别和验证生物身份的过程。生物特征识别包括指纹识别、人脸识别、虹膜识别、声纹识别、静脉识别、步态识别、基因识别以及多模态识别等。对于这些特征的采集手段和技术有很多种,包括传感技术、光学系统设计、智能定位、机械控制技术和人机交互设计等。生物识别技术目前已经发展为非常安全和方便的识别技术,全球各行业逐步将生物识别技术与互联网、物联网的交集作为着力点。

(七)虚拟现实/增强现实

虚拟现实和增强现实都是以计算机为核心的新型视听技术,囊括计算机、电子信息、仿真技术、多媒体、智能交互、三维建模、传感等多种技术手段。虚拟现实技术主要由环境模拟系统、环境感知系统及环境传感系统构成,通过对空间体验进行虚拟,使用户感受图像刺激,从而达到三维成像技术应用的目的,目前在全球主要以娱乐应用为主。与虚拟现实技术不同,增强现实技术是将计算机生成的虚拟世界叠加在现实世界上,且增强现实技术的应用领域更加宽泛,比如教育、健康医疗、展示导览、信息检索、工业设计交互等。

三、前沿趋势

大数据与人工智能从最早提出发展到今天,成果斐然。近两年,先进、多样的算法结构不断涌现,各个研究方向的研究成果不断突破。目前,国内外大数据与人工智能技术的发展出现了下列主要趋势。

(一)关键技术1:深度强化学习

深度学习是人工智能第三次发展浪潮的重要推手,目前在语音识别、自然语言处理、文字识别、自动机器翻译、自动驾驶汽车等方面,已经取得了有力技术支撑。但随着科技的不断进步,深度强化学习在处理复杂、多角度和需要决策的问题时显现出一定不足。此外,目前的很多技术都基于深度监督式学习技术,科学家们正致力于如何让深度学习在自然语言处理方面超越现在的方法,接下来深度无监督学习和深度强化学习将是未来研究的方向和趋势。

(二)关键技术2:对抗式机器学习

对抗式机器学习属于机器学习与计算机安全的交叉领域,旨在给恶意环境下的机器学习技术提供安全保障。目前机器学习领域更多处于一种攻防战的状态,也就是攻击方不断提出能攻破最新防御方式的攻击,而防御方不断更新对最新攻击的防御模式。为改变这一状态,科学家们将致力于研究如何拓展对抗样本,原先的对抗样本仅仅只是生成图像判别器,而其他网络或应用的对抗样本亟待被拓展。此外,研究对抗样本的迁移性、研究不同攻击模型下的防御都将是对抗式机器学习技术的研究趋势。

(三)关键技术3:图神经网络

图神经网络一般划分为五大类别,即:图卷积网络(Graph Convolution Networks, GCN)、图注意力网络(Graph Attention Networks)、图自编码器(Graph Autoencoders)、图生成网络(Graph Generative Networks)和图时空网络(Graph Spatial-Temporal Networks)。图神经网络的应用领域将是未来人工智能技术的研究热点,如计算机视觉中的人物交互、少镜头图像分类、语义分割、视觉推理和问答等。在化学领域,图神经网络还将应用于预测分子性质、推断蛋白质结构等。此外,程序验证、程序推理、社会影响预测、电子健康记录建模等都将是图神经网络的热门研究趋势。

(四)关键技术4:网络安全领域应用

根据世界经济论坛于2021年1月发布的《2021年全球风险格局报告》,网络安全风险是全世界今后面临的一项重大风险。网络安全涵盖的个人身份信息(PII)、受保护的健康信息(PHI)、个人信息、知识产权、数据以及政府和行业信息系统等敏感数据可通过人工智能来进行保护。人工智能可以根据收集的数据对网络攻击的方式和时间进行预测分析,在真正的网络攻击发生之前进行风险识别。此外,如何通过分析网络流量来识别恶意应用,将智能算法应用于防御网络安全威胁也是人工智能未来几年内的研究趋势之一。

(五)关键技术4:"人工智能+X"

在不断更新的信息技术支撑下,"人工智能+X"的创新模式已经成为新一轮的研究热点。目前,人工智能已经在众多行业渗透,比如服务、医疗、汽车、金融等,且市场规模逐步稳定。特别是在新冠肺炎疫情蔓延全球的大背景下,大数据与人工智能逐渐显现出其技术优势,比如在医疗行业,AI 辅助诊疗、AI 药物研发、AI 医疗服务已经充分发挥其效能;在物流行业,如何构建智能化、自动化和可视化供应链运作体系是物流企业的新发展方向;在教育行业,越来越普遍的"线上教育"给人工智能带来新的机遇和挑战,人工智能对于未来教育的技术变革将成为研究热点。此外,智能安防、智能销售、智能驾驶、智能金融等也值得人工智能研究者们高度关注。

第二节　大数据与人工智能技术研究实力

一、研究机构

大数据与人工智能作为目前全球最热研究领域之一,世界各国都拥有相关研究机构。2022 年 2 月 16 日,俄罗斯经济发展部发布《俄罗斯和国外高新技术发展白皮书》。白皮书中研究了世界人工智能、物联网等共 10 个领域的现状和发展趋势,分析了俄罗斯在上述领域与领先国家存在的差距、具备的优势和不足以及未来面临的风险。在人工智能方面,白皮书作者指出,2015—2019 年,全世界人工智能领域相关的专利申请数量从 2.25 万项增长到 6.37 万项。俄罗斯申请者每年提交的申请数量大约为 100 ~ 140 项。白皮书作者还指出,俄罗斯在人工智能领域的优势是拥有超级计算机。定期更新的世界 500 强超级计算机榜单 2021 版中,俄罗斯共有 7 台超级计算机入围,其中 Yandex 公司的"切尔沃年基斯"超级计算机在计算能力上排名第 19 位。俄罗斯研发企业能够制造世界级产品,但是必须刺激部门用户的需求。俄罗斯在该领域的主要短板是在电子元件方面比较落后。

俄罗斯高层非常重视人工智能等高新技术的研发和应用,普京总统在 2019 年 10 月亲自批准了《2030 年前俄罗斯国家人工智能发展战略》。这一战略目的在于促进俄罗斯在人工智能领域的快速发展,包括强化人工智能领域科学研究,为用户提升信息和计算资源的可用性,完善人工智能领域人才培养体系等。根据命令,俄罗斯政府将人工智能发展战略文件纳入"俄罗斯联邦数字经济"国家发展计划,并且每年向总统提交关于 2030 年前国家人工智能发展战略执行情况的报告。实施这一战略是俄罗斯确保在全球人工智能领域占据领先地位的必要条件,将使俄罗斯在该领域获得技术独立和竞争力。俄罗斯人工智能发展路线图的制定,也体现了鲜明的军民融合特征,如建立 AI 和大数据联盟、建立人工智能培训和教育国家体系、跟踪全球 AI 发展、建立国家人工智能中心等措施。在民用领域,俄罗斯人工智能工作的重点是图像和语音识别,国防部希望在数据和图像收集与分析中使用AI,寻求在信息处理的速度和质量方面获得某些优势。在军用领域,俄罗斯军方正在努力将人工智能元素纳入其电子战、导弹、飞机和无人系统技术中,使战场决策和目标选择更加快速、精确。另外,俄罗斯政策制定者和军事设计师正在努力将人工智能的元素整合到无人集群、无人自主系统反制和雷达预警系统中。近年来,俄罗斯政府正越来越多地发展和资助各种各样的人工智能项目,其中许多项目是在国防部及其附属机构和研究中心的支持下进行的。

由于日本在处理个人信息方面的限制很多,从而也限制了日本人工智能大数据的收集和使用,所以目前日本在大数据与人工智能领域的研究相对中美落后,但是在人工智能技术应用方面依然可见一些亮点,尤其是日本的人工智能与制造行业的结合非常好。比如机器人、智能制造,已经利用AI技术进行产品、制品的检测等。因为日本的传统制造、工业的技术基础雄厚,再加上IT/AI更容易产出实际的产品。比如养老康复等服务行业,日本已经有大量的实际经验,只要把这些经验转换成AI就会很快有效益和出效果。

日本在人工智能领域一直处于领先的地位,有的国家比较重视机器人的功能,而日本除了功能之外,还比较注重机器人的外表,想要让机器人更加的“拟人化”。1996年,日本制造出了首个通过双脚行走的机器人,而研发者加藤一郎也获得了“仿人机器人之父”的称号,之后日本也不断在仿人机器人和服务、娱乐等机器人方面进行研究。

2021年,日本政府公开了由经济产业省汇总的2020年度预算概算要求的全部内容。2020年度的预算总额为14 292亿日元,比2019年度的初始预算总额增加了15.1%。其中,日本政府不仅对人工智能和机器人的开发进行支援,还将扩充与新产业创造相关的创业支持等。

(一)英美大数据与人工智能技术研究机构

1. MIT-IBM沃森人工智能实验室

MIT-IBM沃森人工智能实验室(MIT-IBM Watson AI Lab)由麻省理工学院(MIT)和国际商业机器公司(IBM)研究院的科学家共同组成,致力于推动人工智能前沿科技发展,并将人工智能领域的各项突破转化为对世界的现实影响。该实验室成立于2017年,与业界有广泛合作,致力于将基础科学转化为能够解决商业界及其他领域紧迫问题的现实应用。该实验室目前管理80多个项目,重点是以数据驱动和深度学习为基础的语言、视觉世界理解方法,以及使大规模人工智能系统变得更高效强健的关键技术。同时,该实验室还致力于开发医疗保健及决策应用等人工智能系统。

2. 微软研究院

微软研究院(Microsoft Research)是微软的研究子公司,由理查德·拉希德(Richard Rashid)、比尔·盖茨(Bill Gates)和内森·米尔沃尔德(Nathan Myhrvold)于1991年创建,旨在通过与学术、政府和行业研究人员合作进行技术创新,推进最先进的计算技术,解决世界上的难题。微软的研究团队拥有1 000多名计算机科学家、物理学家、工程师和数学家，其中包括图灵奖、菲尔兹奖、麦克阿瑟天才奖和迪克斯特拉奖得主。目前，微软研究院在阿姆斯特丹、北京、剑桥、印度、蒙特利尔、新英格兰、纽约、雷德蒙德等地均设有实验室。人工智能是微软研究院的一大研究重点，其中微软亚洲研究院更是被誉为“中国 AI 的黄埔军校”。

此外，微软研究院还设立了“AI For Good”实验室，致力于利用人工智能、机器学习和统计建模来应对人类面临的一些最大挑战。该实验室与一些非营利性组织、研究机构、非政府组织和政府合作，以加速实现实验室在无障碍、人道主义行动、文化遗产、健康以及其他紧迫问题工作的目标。

3. 谷歌人工智能实验室

谷歌人工智能实验室（Google AI）原名谷歌研究院（Google Research），是谷歌人工智能研究和开发分支机构，负责其人工智能应用。事实上，谷歌内部关于人工智能的实验室不止一个。英国人工智能公司 DeepMind，由人工智能研究者兼神经科学家 Demis Hassabis 等人联合创立，2014 年就被谷歌收购，击败围棋高手李世石的 AlphaGo 就是这家公司的成果。

4. 艾伦·图灵研究所

艾伦·图灵研究所（Alan Turing Institute）总部位于伦敦大英图书馆，2015 年由剑桥大学、爱丁堡大学、牛津大学、伦敦大学学院和华威大学等五所创始大学以及英国工程和物理科学研究委员会成立，成立之初为国家数据科学研究所。2017 年，根据政府建议，将人工智能纳入研究所职责范围。该研究所的命名是为了纪念艾伦·图灵（1912—1954 年）在理论和应用数学、工程和计算方面的开创性工作，及其对数据科学和人工智能领域做出的重要贡献。2018 年，利兹大学、曼彻斯特大学、纽卡斯尔大学、伦敦玛丽女王大学、伯明翰大学、埃克塞特大学、布里斯托大学和南安普顿大学等八所大学加入该研究所。

该研究所主要致力于创新和发展数据科学和人工智能领域的世界级研究，支持下一代理论发展，并应用于现实世界问题，创造新的业务、服务和就业机会；培养新一代数据科学和人工智能领导者，使其具备必要的技术和道德技能的广度和深度，以满足英国不断增长的工业和社会需求；通过议程设定研究、公众参与和专家技术建议，推动对行业、政府、监管或社会观点有重大影响的创新想法。

5. 脸书人工智能实验室

脸书人工智能实验室（Facebook AI Research，简称 FAIR）由著名人工智能学者、纽约大学教授杨立昆（Yann LeCun）领导，主要致力于基础科学和长期项目的研究。目的是理解智慧本质，创造真正意义上的智能机器。脸书人工智能实验室不断发展壮大，逐渐成长为一个在多个国家均设有实验室的国际性研究组织，包括硅谷门罗公园、纽约、巴黎、蒙特利尔、特拉维夫、西雅图、匹兹堡和伦敦。

（二）俄罗斯大数据与人工智能技术研究机构

1. 库尔恰托夫国家研究中心

库尔恰托夫国家研究中心是俄罗斯第一个国家级研究中心，作为世界级科研机构，是俄罗斯最大的国家实验室，在俄罗斯基础研究和大科学工程方面占有极其重要的地位，曾在世界上第一座工业性原子能发电站、最早的供潜艇以及破冰船使用的核反应堆的建造中发挥了关键作用。近年来在加速器驱动次临界系统（ADS）领域开展了相关研究。该中心还负责代表俄罗斯政府参与国际大科学计划，协调俄罗斯国内各科研单位参与国际大科学工程。

俄罗斯政府于2018年3月24日批准第502-p号《库尔恰托夫国家研究中心2018—2022年研究计划》方案。新方案是2012年12月20日签署的第2440-p号《库尔恰托夫国家研究中心2013—2017年研究计划》方案的延续。该计划的主要任务是建立与俄罗斯科学和技术优先发展领域相符合的新设备和新技术的研究方向；为国家科技园区建设，设计、建造新一代的科研设施；确保核物理和材料科学中心安全、高效地运作；提升俄罗斯工业在核物理研究方面的技术潜力；培养新一代高素质专家和研究人员。近些年来，俄联邦政府给予库尔恰托夫国家研究中心充分的财政支持，重点投向纳米、生物、信息技术和人工智能等领域。

2. Yandex公司

Yandex公司是俄罗斯本土最大的互联网企业，创始人叫阿卡迪・沃罗兹，该公司成立于1993年，比中国的门户网站（新浪、搜狐、网易）和BAT（百度、阿里、腾讯）都要早。该公司的主营业务是搜索引擎市场，占据俄罗斯搜索引擎第一，世界搜索引擎排第四，公司市值近150亿美元。Yandex是俄罗斯网络拥有用户最多的网站。该公司所提供的服务包括搜索、最新新闻、地图和百科、电子信箱、电子商务、互联网广告及其他服务。

当前Yandex公司致力于开发会自动识别用户在网站的重要活动并将其计入统计数据中的更为广阔的功能。从广告商的角度来说，借助自动定向功能广告商可以快速启动广告且无需花费时间挑选关键词。另外，自动定向会找到被用户遗漏的查询，且自动定向出错率不会比专家高。新的设置使广告商能够降低此比例并选择需要算法帮助的查询种类、在预览中评估挑选的关键词与获得所有查询的统计数据。

3. VisionLabs公司

俄罗斯公司VisionLabs成立于2012年，专注于开发人脸识别、目标识别、机器人技术、增强现实和虚拟现实领域的产品和解决方案。其开发的Luna面部识别软件能基于照片或视频图像，帮助企业客户立刻识别、验证客户。Luna软件不仅拥有高质量的识别能力，而且也有先进的类型识别技术。目前已在安全、银行、零售、建筑、运输等行业得到应用。近些年来，依托其Luna生物特征识别平台，公司一直与大型银行、谷歌和Facebook等大公司合作。

2020 年,根据相关新闻报道:VisionLabs 与华为公司签署了合作协议。双方在战略伙伴关系框架内商定借助基于计算机视觉和华为人工智能加速模块(AI accelerator)Atlas 的产品创建联合解决方案。VisionLabs 与华为的联合解决方案可在视频流和照片中查找人脸,并从这些人脸图像中提取生物特征模板,并将其与下载的数据库进行比对。系统的图像源可以是公路上的 IP 摄像机、行车记录仪、可穿戴式设备等。这是人工智能共同发展前进的一大步。

4. NtechLab 公司

NTechLab 公司成立于 2015 年,是生物识别技术的全球领跑者之一,也是俄罗斯国家技术集团的技术合作伙伴,凭借自己的面部识别技术迅速成为这个新兴行业中的翘首。在 2015 年于美国华盛顿州举行的 MegaFace 面部识别大赛中,该公司一举击败了谷歌。

NTechLab 公司的技术特点在于它的面部识别系统的高度准确性,以及它搜索庞大照片数据库的强大功能。在扫描人脸后,面部识别系统就会建立一个含有 80 个数字的特征矢量,详细地记录该面部的信息。每个人都有一组独特的数字组合,可以用来与别人区分开来。系统还会识别人脸中始终保持不变的特征。

5. 俄罗斯联邦储蓄银行

俄罗斯联邦储蓄银行(СберБанк)是俄罗斯最大的一家商业银行,同时也是国有银行,占整个俄罗斯国内银行体系 25% 的资产组合。该银行(Sberbank)于 2022 年 3 月宣布,已获得俄罗斯央行颁发的许可证,被允许发行和交易数字资产。Sberbank 表示,通过该银行,企业可以发行自己的数字资产,以吸引市场投资,也可以通过该银行购买数字资产或进行数字资产交易。该行目前正面临美国和欧盟的制裁。2022 年 2 月,俄罗斯央行和市场参与者开始测试数字卢布平台,并在公民之间进行了首次数字卢布转账。

6. VK 公司

VK 公司是一个成立于 2006 年的俄罗斯社交平台,创始人是帕维尔 · 杜罗夫。这是一个类似于 Facebook、INS 功能的公司。总部在圣彼得堡,同时在首都莫斯科设有 VK 代表处。按照 Alexa 数据统计,VK 全球流量排名第 14 位,在俄罗斯则排名第一位。VK 的主要用户均为俄语区国家人群,俄罗斯用户占了一半以上,在哈萨克斯坦、白俄罗斯、乌克兰等东欧邻国用户也不少,VK 排名都在前五。

VK 可以关注社团关注名人,看新闻看视频,同时具有好友聊天功能。其找人搜索功能比较细致,可以通过国家、城市、中小学、大学、院系、毕业年份、年龄、感情状况、信仰等方面进行高级搜索,比较容易找到有相同兴趣的朋友。

7. 俄罗斯技术国家集团 POCTEX

俄罗斯技术国家集团 POCTEX 是一家成立于 2007 年底的俄罗斯国营公司,旨在促进民用和军用高科技工业产品的开发、生产和出口。它由 700 多个组织组成,其中有 14 个控股公司(11 个在国防部门,3 个在民用工业),80 多个直属机构。

8. 俄罗斯人工智能协会

俄罗斯人工智能协会(Российская ассоциация искусственного интеллекта)汇集了来自俄罗斯和许多独联体国家的科学家,其专业活动领域是人工智能。协会的主要目标是:在自愿的基础上团结人工智能领域的专家,并为专家的专业活动创造有利的条件;协助实施人工智能领域中最有前景的工作;保护协会成员的合法权利和利益;发展人工智能及其应用方面的国际合作。

除上述研究机构及公司外,卡巴斯基实验室在大数据和人工智能方面也颇有研究。关于卡巴斯基实验室,在第三章已有详细介绍,这里就不再赘述。

(三)法国大数据与人工智能技术研究机构

1. 法国国家科学研究中心

法国国家科学研究中心(Centre National de la Recherche Scientifique,简称 CNRS)成立于 1939 年,隶属于法国高等教育和研究部,是法国最大的政府科研机构,也是欧洲最大的基础科学研究机构。该中心总部位于法国巴黎,在世界多地设有直属行政办公室,包括北京、布鲁塞尔、东京、新加坡、莫斯科等。它涵盖了自然科学和人文社会科学的所有领域,下属 1 200 多个科研机构,其中 40 个实验室对外开放,30 个科研团体与国际研究机构具有紧密联系,并建有 15 个国际联合实验室。因其在科学领域的卓越贡献而在国际上享有盛誉,在法国国家科学研究中心工作过的科学家中,产生过 16 位诺贝尔奖与 9 位菲尔兹奖获得者。在 2020 自然指数排名中,法国国家科学研究中心位居世界第 4。

2017 年,法国国家科学研究中心与泰雷兹集团联合物理研究组、日本产业技术综合研究所、美国国家标准技术研究所纳米科学与技术中心以及法国国家科学研究院和巴黎第十一大学的纳米科学与纳米技术中心联合开发了世界上第一个能够识别出不同人说出的数字的"纳米神经元",准确率高达 99.6%。该电子纳米神经元是人工智能及其潜在应用的一个突破,这一突破得益于使用了超稳定的磁振荡器。这种纳米罗盘每次旋转都会产生一个电子输出,它能有效地模拟生物神经元产生的电脉冲。在未来几年里,这些磁性纳米神经元可以通过人工突触相互连接,实现实时大数据的分析与分类。这一研究代表了磁振荡器的极高稳定程度,而高稳定性磁振荡器意味着可以构建模拟生物神经元,快速处理实时大数据,最终制造出更节能的微型芯片。该项目是法国国家科学研究中心基础研究实验室与应用研究伙伴的合作倡议。其长期目标是开发极其节能的微型智能芯片,能够学习并适应现实世界中不断变化而且模棱两可的情景。这些电子芯片将有广泛的实际应用,如为机器人或自主驾驶汽车提供智能引导、帮助医生诊断病情和改进医学假肢。

2018 年 3 月,法国国家科学研究中心、国家信息化与自动化研究所、巴黎文理研究大学共同体以及相关企业在巴黎联合成立了"PRAIRIE"研究所,集中了法国人工智能研究学术界和企业界的力量,共同培养人工智能专业人才,孵化人工智能初创企业,旨在将该研究中心打造成为世界一流的人工智能研究院。

2. 法国国家信息与自动化研究所

法国国家信息与自动化研究所(Institut National de Recherche en Infomatique et Automatique,简称 INRIA)成立于 1967 年,隶属于法国研究部和法国经济财政工业部,是法国信息、自动化和人工智能领域的国家科研机构。该研究所在法国巴黎、波尔多、格勒诺布尔、里尔、南锡、雷恩、法兰西岛、地中海尼斯附近八个地区设有 8 个分布式研究中心。同时,法国国家信息与自动化研究所与国际大学和企业合作密切,设有 8 个海外研究所,分别是:美国硅谷分院,伊利诺伊大学香槟分校实验室,智利分院,巴西分院,日本庆应义塾大学实验室,中国台湾分所,中国香港与 INRIA 金融与保险研究中心以及中国科学院中法信息、自动化与应用数学联合实验室。

法国国家信息与自动化研究所自成立以来,一直是法国和欧洲数字研究和创新的驱动力,除承担科研任务外,也是博士研究生培养单位,为欧洲输送了大批计算机科学人才。该所也是巴黎文理研究大学(PSL)、尼斯蔚蓝海岸大学(UCA)、巴黎—萨克雷大学(Université Paris-Saclay)和国家跨学科人工智能实验室(3IA)的创始成员机构,其计算机学科在世界科研机构学科竞争力排行榜中排名全球第七,在苏黎世联邦理工(ETH Zürich)分布式计算实验室发布的"2018 Ranking of Computer Science and Information Technology Universities and Research Labs"中排名世界第 6(数据来源:Guide2Research)。

2018 年,法国国家信息与自动化研究所与 PSA 集团共同成立专注于人工智能技术的 OpenLab 开放实验室。该实验室的研究方向覆盖众多领域,其中包括智能自动驾驶汽车、移动出行服务、生产制造、设计开发工具、数字化营销及质量控制等。在智能自动驾驶汽车领域中,OpenLab 致力于研发一系列人工智能算法,预见性保养维护、动力总成设计优化及诸如城市等复杂系统的建模与分析,全方位满足消费者的出行需求。

3. 法国国防部

法国国防部(Ministère des Armées)是法国武装力量的最高领导机关。2019 年,法国国防部发布《人工智能的国防应用路线图》。作为总体国家战略的一部分,该报告构成了国防部在人工智能领域的战略规划。它提出了一个雄心勃勃的、务实的、尊重法国价值观的路线图,主要包括道德和法律框架、数据及硬件的基本需求、管理组织及重点工作、创新及研发战略、国际合作与出口战略几个方面。与民用系统相比,军事作战系统具有显著的特殊性。为了将数据应用或处理用于军事领域,国防部必须在算法链的自主性设计及其参数化方面进行更多的投资。

国防部在军队和各服务支撑部门中加速部署人工智能(AI)。为了实现这一目标,国防部建立了一个隶属于国防创新局(AID)的国防人工智能协调小组 (CCIAD),其职责是促进人工智能技术应用,协调不同项目、行动及横向工作的组织管理(如技术和工业监控、生态系统赋能、方法学研究工作,以及对跨部级工作做出贡献等)。这个常设的多学科团队包括项目主任、部长级协调员领导的十几位专家,负责积极推动和协调不同实体中与人工智能相关的活动,人工智能解决方案项目和行动负责人具体实施国防人工智能协调小组的指导方针,并定期向工作组汇报进展情况以及可能需要的支持和指导。

国防部的研发战略与国家科研署的政府战略研究工作相配合,通过与法国国家信息与自动化研究所、法国国家科学研究中心、高等院校等科研组织紧密互动,促进可用于军队及其指挥和服务系统的技术演进。国防部将侧重支持关键系统人工智能领域的学术和工业研究,专注于将人工智能集成到针对关键系统技术挑战的学术和工业研究领域。同时,法国加强国际合作在人工智能领域设立了一系列大型合作项目,特别是在欧洲地区的合作,以提高法国的战略地位,并在建立基于人工智能的技术出口的技术标准或法规方面发挥作用。合作涉及的目标是多方面的,包括政策目标(增强战略自主性、深化联系)、工业目标(在不同细分市场中实现临界规模或对资产进行评估)及军事目标(能力、理论与治理合作),同时,合作也扩展到人工智能的国防应用。此外,法国与北大西洋公约组织、盟军转型司令部也提供了合作框架。

[注:资料来源为法国国防部《人工智能的国防应用路线图》报告(“L' Intelligence Artificielle au Service de la Défense”)]

4. 人工智能跨学科研究所

人工智能跨学科研究所(Instituts Interdisciplaires d' Intelligence Artificielle,简称 3IA)是法国政府在其人工智能发展战略计划框架内建立的一个人工智能跨学科领域研究机构。2018 年法国政府宣布为全国各地的专业研究中心提供资金来投资人工智能项目,所选人工智能研究机构的前四名将获得“人工智能跨学科研究所”(缩写为“3IA”)的标签,此标签有效期为 4 年。第一批被选中的 3IA 研究所由巴黎地区的 PRAIRIE 中心、格勒诺布尔地区的 MIAI@ Grenoble-Alpes 中心、尼斯地区的 3IA Côte d' Azur 中心以及图卢兹地区的 ANIT 中心四个研究中心组成,他们将共同获得法国政府以及私立机构在内的至少 2 亿欧元的资金支持。每个 3IA 研究所专注于不同的应用领域,涉及与人工智能相关的健康、环境、能源、交通等。例如,尼斯地区的 3IA Côte d' Azur 中心将重点关注人工智能在健康及地域发展领域的研究与实践,而图卢兹地区的 ANIT 中心则优先进行交通运输领域人工智能发展研究。

5. DATAIA 研究所

DATAIA 研究所(Institute Data Science, Intelligence, Society)是法国国家研究机构(ANR)于 2017 年发起的“融合研究所”(Instituts Convergences)项目征集的获胜者,是法国第一个人工智能研究所,由国家信息与自动化研究所(INRIA)直接领导。研究所位于距离巴黎西南部 30 千米处的萨克雷(Saclay),这里是全欧洲汇集最多科研单位和研发中心的地区之一,这些科研单位几乎涵盖了从自然科学到社会人文科学所有的领域及分支,为巴黎—萨克雷区域发展带来持续、雄厚的创新力量。同时,这里还有一所巨型大学巴黎—萨克雷大学(Université Paris-Saclay)(关于巴黎—萨克雷大学的相关介绍参见本章第二节第二部分法国大数据与人工智能技术重点院校)。巴黎—萨克雷地域辽阔,享有战略地理优势和社会经济地位，有助于加强其国际知名度。巴黎—萨克雷大学在一个受保护的自然环境中运作，从巴黎途径奥赛博物馆、埃夫里和凡尔赛宫到达萨克雷大学，处于一个充满活力的经济结构的核心。该区域由此形成了一个高度融合的跨学科科研空间，成为 DATAIA 研究所在“融合研究所”项目脱颖而出的重要因素。

继被选为唯一的数字技术融合研究所之后，DATAIA 研究所的目标就是汇集大学、科研机构跨学科专业技术开发数据科学、人工智能领域的前沿研究与培训，培养未来的“数据科学家”，增进学术界和工业界之间的密切合作，促进科研成果的转移转化。该研究所现有来自巴黎—萨克雷大学及周边 42 个实验室的 1 200 多名研究人员和教师研究人员，与 PRAIRIE（PaRis 人工智能研究学院）和 SCAI（索邦人工智能中心）合作创建了欧洲网络 ELLIS（欧洲学习和智能系统实验室）的巴黎机构，并持续不断拓展与国际和工业伙伴密切合作。这种科学合作巩固了 DATAIA 研究所数据科学界的国际知名度和专业知识。

（四）日本大数据与人工智能技术研究机构

1. 日本产业技术综合研究所

日本产业技术综合研究所（National Institute of Advanced Industrial Science and Technology，简称 AIST）是一家设法使用集成科学和工程知识来解决日本社会和经济发展需要的研究机构，作为独立行政机构成立于 2001 年，总部位于东京。作为日本最大的公共研究机构之一，产业技术综合研究所专注于创造对日本工业和社会有用的技术，并将其投入实际应用，即发挥“桥梁”作用，将创新技术种子商业化。AIST 为突出综合能力，将核心技术进行捆绑集成，并建立了“5 个领域”“2 个综合中心”，利用 7 个研究领域的多样性，加强与工业界、社会和国家的合作，创造具有社会和经济价值的创新，以解决世界领先的社会问题。来自日本 11 个研究基地约 2 300 名研究人员根据创新环境的变化以及根据这些变化制定的国家战略，在国家创新系统的核心和开创性位置进行研发。其中，筑波中心为 AIST 的核心研究中心，塔卡中心主要开展 AIST 的人工智能与人体工学中心，临海副都心中心主要开展数字 AI 的研究与应用。

2. 国立情报学研究所

国立情报学研究所（National Institute of Informatics，简称 NII）是日本唯一一家以“创造未来价值”为使命的大学联合使用机构，其使命是在新的信息学领域创造未来价值。从信息学的基础理论到人工智能、大数据、物联网（IoT）和信息安全等前沿主题，国立情报研究所促进从长期角度进行的基础研究，以及旨在解决社会问题的实践研究。研究所建立了 4 个研究系统和 15 个研究设施（中心），以全面推进从信息学基础理论到人工智能、大数据、物联网和信息安全等前沿主题的综合研究。同时，研究所还致力于与海外大学和研究机构进行国际交流，以及产业—政府—学术界合作，将研究成果与社会实施联系起来。

3. 日本理化学研究所先进智能研究中心

日本理化学研究所(RIkagaku KENkyusho/Institute of Physical and Chemical Research,简称RIKEN),成立于1917年,属于文部科学省。日本理化研究所是日本唯一的自然科学研究所,也是日本最大、最全面的基础和应用科学研究机构,在物理、工程、化学、数学和信息科学、计算科学、生物学和医学等广泛领域开展研究。RIKEN有大约3 000名研究人员,每年的预算约62亿人民币,大部分研究经费来自政府。本部位于埼玉县和光市,在茨城县筑波市、兵库县佐用郡、神奈川县横滨市、兵库县神户市、宫城县仙台市、爱知县名古屋市及东京都板桥区设有分所。

RIKEN先进智能研究中心(AIP)成立于2016年,是MEXT-AIP项目的研究中心,主要开展日本领先的人工智能研究。2017年度开始全面运营,办事处设在东京日本桥。中心下设通用技术、以目标为导向的技术、人工智能社会等3个研究部门,重点开展5类活动:加强基础技术研究,如研究深度学习机理、创新下一代AI技术等;加速科学研究,进一步强化人工智能技术在再生医学、材料开发和制造等具有高度国际竞争力领域的研究;提供社会问题的解决方案,支持通过人工智能技术解决关键社会问题,如老年人医疗保健、抗灾能力和基础设施管理;研究分析人工智能的道德、法律和社会问题,讨论将人工智能技术渗透到日常生活中所必需的道德准则和法律制度;聚力人工智能研究人员和数据科学家的培养,资助提高工业工程师和学术界学生和研究人员的技术水平,并与其他国家的大学和研究机构建立伙伴关系。

4. 日本统计数学研究所

日本统计数学研究所(The Institute of Statistical Mathematics)是根据学术研究会议关于"建立以统计数学为中心的统计科学研究所"的提案,于1944年成立,其宗旨是"负责概率数学及其应用的研究,并促进其研究的联络、统一和促进"。成立迄今,一直作为日本统计数学研究的中心研究机构,为日本统计数学研究和大数据技术的发展起到了先锋作用。2004年,研究所成为大学联合使用机构法人信息与系统研究组织的成员,旨在"从信息和系统的角度解决与人类社会相关的各种问题,如生命、地球和环境",并与其他领域的研究机构合作,开展超越领域界限的融合研究。目前,统计数学研究所的研究组织由核心研究组织和战略研究组织组成。此外,统计科学和技术中心是一个研究基础组织,提供最新的计算基础,以支持统计界的研究活动,并收集和传播信息。

5. 国家情报通信研究机构

国家情报通信研究机构(National Institute of Information and Communications Technology,简称NICT)是隶属于日本总务省的独立行政法人。该机构成立于2004年4月,总部位于日本东京都小金井市,主要进行信息技术领域的研究和开发,同时对信息通信提供业务支持。该机构下属的"大数据研究中心"部门主要开展跨学科数据联动分析基础技术研发,通过利用各种传感技术获取的数据和各种社会大数据,搭建智慧服务平台,以促进社会的发展。在大数据领域,基于 NICTDE 综合测试平台,构建了 xData 平台(跨数据平台),实现生成和分发 GIS 数据、搜索路线和通知警报的功能;通过聚合和整合在多个信息源中积累的传感数据来分析相关性,开发了一种高效用频率项集(High Utility Frequency Itemset)的方法,用于从过去发生大雨、大雪等异常天气的情况中预测交通事故、交通堵塞等的可能性;通过卷积神经网络(CNN)的空间模式学习和长短期记忆(LSTM)的时间模式学习相结合的卷积循环神经网络(CRNN)方法,进行预测技术的开发,针对天气和大气等环境数据,开展基于深度学习的环境质量预测。

6. 东京大学下一代智能科学研究中心

该中心旨在超越目前的人工智能框架,创造新的智能科学技术系统,并实施新的智能技术系统,真正为人类服务,并推动未来社会的发展,研究的重点是“动态现实世界智能”和“人类人工智能”。下设四个部门:机械智能部门、动态现实世界智能部门、人类智能部门和智能社会部门。其中,机械智能部门的主要目标是加强和促进与数据学习、识别、判断和生成相关的前沿理论、方法和实施研究领域,促进不同领域的联合和产业—学术合作,开发各种应用,并负责人力资源开发。动态现实世界智能部门的目标是实现一个智能系统,将开放性、适应性、稳定性和可靠性相结合,在现实世界中始终明智地正确行事,而不是在有限的世界中,如围棋板和仓库的货物操作。该技术涵盖机器人、物联网、交通、城市、基础设施、经济和社会系统等,包括身体智能、下一代计算、创新材料、设备和机制等元素技术。人类智能部门主要目标是实现基于人类大脑和心灵科学知识的创新智能系统,同时理解人类的思想、价值观和伦理,支持人类,并做出人类能够接受的决策,解决没有正确答案的现实世界问题,从而实现有益的人工智能(Beneficial AI),为人类服务。除了认知科学、神经科学、脑信息处理、情感识别和理解、人机界面等,它还与人文社会系统合作,重新审视人性。智能社会部门主要研究人工智能相关技术的应用,以及与社会和人类有关的人文社会系统的合作,包括人工智能的使用和影响如何改变社会;人本身会改变还是应该改变;人工智能应该如何被利用,需要什么样的新技术和社会系统来做到这一点;人工智能技术本身应该如何发展等课题。

(五)韩国大数据与人工智能技术研究机构

1. 韩国科学技术研究院·人工智能研究所

韩国科学技术研究院·人工智能研究所(한국과학기술연구원·인공지능연구소)成立于 1997 年,致力于人工智能和机器人领域的技术开发和应用,以解决社会问题,克服国家障碍,帮助人们享受更安全、更舒适的生活,并为未来创造新的价值。人工智能研究所由三个机构组成,即人工智能中心、智能与互动机器人中心和医疗机器人中心。

人工智能中心主要专注于研究虚拟现实和增强现实、无处不在的计算、多模态交互、使用电磁波的非识别测试、3D 立体视频,以及机器学习等先进核心技术。该中心先后实施了 2010 年全球前沿项目、2018 年千兆韩国项目、2018 年识别先进集成智能(AIID)开发项目、2018 年基于 AI 的电厂故障分析诊断技术项目等大型政府研发项目，为韩国学术界和工业界提供了未来技术发展方向。人工智能中心目前在研的项目有“超链接非凡智能机器人化身(HERO)”和“用于识别的高级集成智能(AIID)”。

智能与互动机器人中心主要致力于开发能够为人类提供智能辅助和服务的核心技术，包括人工智能机器人技术、虚拟世界和远程世界、人与机器人之间的交互技术、人机之间的交互和共存现实技术等。该中心开展的研发项目有“整合现实/虚拟世界的交互解决方案”“服务阿尔茨海默病患者的生命护理机器人”“互联活动空间中的机器人平台”等。

医疗机器人中心主要致力于开发基于人工智能(AI)、虚拟现实和增强现实(VR/AR)和机器人(软机器人、协作机器人、显微外科机器人)等先进技术的数字医疗解决方案。在过去的 10 年里，该中心开发了 VR/AR 手术导航系统、可介入手术的导管操作机器人，以及显微外科机器人等，目前正在进行的项目有“靶向选择性荧光图像引导微型手术机器人”“用于硬膜外神经成形术的内窥镜导管机器人”等。

2. 韩国电子通信研究院·人工智能研究所

韩国电子通信研究院·人工智能研究所(한국전자통신연구원·인공지능연구소)以发挥“国家智能综合研究机构”的支柱作用为愿景，主要致力于研究复合人工智能、智能机器人、智能半导体、AI 超级计算等关键技术，同时，支持中小企业，为其增强相关产业的生命力。

该研究所目前有 8 个所属部门，即超级计算技术研究中心，DNA+无人机平台研究中心，信息研究本部，超高性能计算机研究总部，智能半导体研究总部，智能机器人研究总部，自主无人机研究团，区块链、大数据研究团。

智能半导体研究总部主要致力于研究人工智能所需的海量数据、计算量以及实时处理复杂深度神经网络所需要的高性能人工智能处理器。研究团队致力于开发的“AB 处理器”半导体是 40 teraflops 的 AI 处理器，性能是现有处理器的 1 000 倍，同时，为了提高效能，还研发了“VIC”视觉智能芯片、服务器多芯片 AI 模块、移动 LPDDR5 内存接口等超低功耗智能边缘处理器。智能半导体研究总部目前正在开发的项目有智能雷达无人机和人体探测、植入式生物信号处理、基于同位素的半永久电池等，还参与同半导体功能安全相关的国际标准化工作。

智能机器人研究总部主要致力于研究自动驾驶智能数据收集、机器学习、V2X 互联感知、人机社交互动技术、机器人融合服务技术、个性化智能技术等。该部下设 4 个实验室，分别是自动驾驶研究实验室、人机交互研究实验室、智能机器人与智能位置导航研究实验室和智能机器人蔚山研究室。

区块链、大数据研究团主要致力于利用区块链研究大数据和人工智能，获取关键源技术，提高工业流程效率，为建立超智能信息社会打下基础。具体的研究领域包括：完全去中心化控制和共识成本优化技术，节点间最优路线协议技术，智能合约技术，区块链用户身份管理和隐私保护，TDC 连接技术，以人工智能为基础的智能数据分析技术，大数据管理平台技术，大规模区块链数据分布式存储和高速分析技术，克服数据限制技术等。

二、重点院校

（一）美国大数据与人工智能技术重点院校

1. 美国卡内基梅隆大学

卡内基梅隆在大数据和人工智能发展方面，也走在世界高校前列。其计算机学院设有计算机科学系、机器学习系、机器人研究所、语言技术研究所、人机交互研究所等，在计算机研究和教育、编程语言、人工智能、系统和理论等专业领域一直享有极高的声誉。

1979 年，卡内基梅隆大学机器人学院成立，成为该大学享誉世界的机器人研究所的一部分，致力于利用机器人技术的激励效应激发学生对科学和技术的兴趣。其管理人员和开发团队位于国家机器人工程中心（NREC），与政府及商业机构合作，进行农业、矿业、核能、航天和国防等项目研究。

2. 美国麻省理工学院

麻省理工学院电气工程与计算机科学系（EECS）设有 4 个实验室：计算机科学与人工智能实验室（CSAIL）、信息与决策系统实验室（LIDS）、微系统技术实验室（MTL）、电子研究实验室（RLE），其中 CSAIL 据称是该校最大的实验室，植根于麻省理工学院的两个计算强手：计算机科学实验室（LCS）和人工智能实验室（AI 实验室）。

计算机科学实验室成立于 1963 年，由国防部赞助，旨在开发一个可供大量访问的计算机系统。人工智能实验室于 1959 年作为人工智能项目成立。该实验室开创了图像引导手术和基于自然语言的网络访问的新方法，生产了新一代微显示器，实现了触觉界面，并开发了细菌机器人和基于行为的机器人，用于行星探索、军事侦察和消费设备。随着这两个实验室之间合作的增加，以及麻省理工学院（MIT）信息科学大楼的建设，这两个实验室于 2003 年合并，成为计算机科学和人工智能实验室。目前，该实验室有 60 多个研究小组，主要涉及算法和理论、人工智能与机器学习、计算生物学、计算机体系结构、图形和视觉、人机交互、编程语言和软件工程、机器人、安全与密码学、系统与网络等领域。

3. 美国斯坦福大学

根据《美国新闻与世界报道》发布的 2020 年美国最佳研究生院排名（2020 Best Grad Schools Rankings），卡内基梅隆大学、麻省理工学院、斯坦福大学在人工智能领域位列前三。斯坦福大学人工智能方向的科研训练主要在斯坦福人工智能实验室（Stanford Artificial Intelligence Laboratory，简称 SAIL）进行。

斯坦福人工智能实验室（SAIL）由约翰·麦卡锡教授（Professor John McCarthy）于 1962 年创建，通过跨学科合作，SAIL 致力于探索通过人工智能增强人机交互的新方法，同时培养下一代研究人员。

2019 年,斯坦福大学还成立了斯坦福以人为本人工智能研究院(Stanford Institute for Human-Centered Artificial Intelligence,简称 HAI),致力于研究、指导和开发以人为中心的人工智能技术和应用,以推进人工智能研究、教育、政策和实践,改善人类状况。李飞飞和约翰·赤门德(John Etchemendy)任联合院长。

4. 美国加州大学伯克利分校

美国加州大学伯克利分校同样设有人工智能研究实验室(BAIR),汇集了加州大学伯克利分校计算机视觉、机器学习、自然语言处理、规划、控制和机器人技术领域的研究人员。实验室包括 50 多名教员、300 多名研究生和博士后研究人员,他们致力于研究上述领域的基础性进展,以及跨领域主题,包括多模式深度学习、与人类兼容的人工智能,以及人工智能与其他科学学科和人文学科的联系。其中的机器人和智能机器实验室,致力于用机器人复制动物行为。其自动化科学和工程实验室从事更广泛的机器人功能研究,如机器人辅助外科手术和自动化制造。还有计算机可视化小组,学生可以学到如何帮助机器人"看得见"。

5. 美国匹兹堡大学

匹兹堡大学(University of Pittsburgh),简称"匹大"(PITT),成立于 1787 年,历史悠久,是世界顶尖的公立研究型大学,也是美国最早的十所大学之一。根据美国国家科学基金会(National Science Foundation)报告,匹兹堡大学在美国联邦科学和工程基金中排名第 9。2017 年,新的计算与信息学院成立,科研投入也十分可观,受到来自美国空军科学研究局、图书馆和信息科学教育协会、国防高级研究计划局、谷歌、博物馆和图书馆服务研究所、国立卫生研究院、国家科学基金会、桑迪亚国家实验室、陆军等机构的资金支持。目前该院进行的研究主要包括:档案与档案研究、人工智能、计算机体系结构和网络、关键基础设施保护、数据科学、数据管理、节能计算、人机交互与可视化、物联网等。

(二)俄罗斯大数据与人工智能技术重点院校

1. 莫斯科国立鲍曼技术大学

莫斯科国立鲍曼技术大学(Московский государственный технический университет им. Н. Э. Баумана)是一所与莫斯科国立罗蒙诺所夫大学齐名的俄罗斯高等院校,世界最优秀的大学之一,拥有 180 多年的建校史,并用牺牲在此的革命家,与列宁并肩战斗过的尼古拉·埃内斯托维奇·鲍曼来命名。鲍曼大学是俄罗斯理工科类院校的最高学府,是俄罗斯最古老且成就最高的技术类大学,为俄罗斯培养了许多优秀的科技人才,在俄罗斯具有极高的声望。

计算机科学、人工智能和控制系统系的研究领域包括:人工智能系统、信息和电信技术、智能控制系统、高精度导航系统、智能信息处理系统、自动化系统的计算机和信息安全、纳米技术、理论计算机科学、软件工程、计算机系统和网络。

2. 莫斯科理工大学

莫斯科理工大学（Московский политехнический университет）是俄罗斯联邦历史悠久的学府和教学、科研、文化中心，也是俄罗斯历史悠久的技术大学之一。

莫斯科理工大学位于俄罗斯首都莫斯科，于1864年成立，成立初期为技术学校，自建校以来经过多年的发展，1997年改称为莫斯科国立技术大学，2012年改称为莫斯科国立机械制造大学。2016年在俄罗斯联邦教育和科学部的决定下合并莫斯科国立技术大学和莫斯科国立机械大学，正式更名为莫斯科理工大学。

3. 莫斯科国立大学

莫斯科国立大学（московский государственный университет имени М. В. Ломоносова，简称 МГУ），全称"莫斯科国立米哈伊尔·瓦西里耶维奇·罗蒙诺索夫大学"，简称"莫斯科大学"，于1755年由沙皇俄国教育家米哈伊尔·瓦西里耶维奇·罗蒙诺索夫倡议并创办，是俄罗斯联邦规模最大、历史最悠久的综合性研究型高等院校，欧洲顶尖、世界著名的高等学府，国际公立大学论坛、欧洲首都大学联盟、欧洲大学协会成员。

计算数学与控制论系是人类知识急剧发展的应用数学和信息学领域的主要教学与科研中心。本系培养与教育、科学、工业、经济和管理的计算技术应用相关的众多问题方面的专家。现该系有250多位教授和教师，其中有80位博士，8位俄罗斯科学院院士和10位通信院士。

除此之外，前文提到的斯科尔科沃科技学院，也在数据科学与人工智能、生命科学与生物医学、尖端工程和先进材料、能量效率、量子技术等领域有着卓越的学术贡献。

（三）法国大数据与人工智能技术重点院校

1. 巴黎—萨克雷大学

巴黎—萨克雷大学（Université Paris-Saclay）是一所于2014年在法国巴黎西南部30千米处的萨克雷地区（Saclay）成立的综合研究型大学。

该校为巴黎—萨克雷大学共同体成立的DATAIA研究所提供教研支持，通过将数据科学与人文社会科学相结合的跨学科方式，培养人工智能领域人才。2019年底，法国国家科研署（ANR）、日本科学技术振兴机构（JST）和德国科学基金会（DFG）三方发起了共同征集和资助人工智能领域的国际合作项目，特别是在知识提取与学习、知识管理方法和模型、最先进的进展来完成复杂的任务和以人为本的人工智能方法的项目征集。最终，获奖的9个项目中有4个来自巴黎—萨克雷大学DATAIA研究所合作研究项目：老龄化社会的人工智能，从基本概念到人工智能促进认知训练的实用工具；学习回旋加速器；人机交互的自适应人工智能；用于药物警戒的跨语言知识增强信息提取。作为法国国家立足全球的研究型大学，巴黎—萨克雷大学成为国家高科技领域与工业创新发展的重要驱动力。

2. 巴黎综合理工大学

巴黎综合理工大学(École polytechnique)成立于1794年,隶属于法国国防部,是法国最负盛名的工程师大学校,被誉为法国精英教育模式的巅峰。

2018年,法国发布《法国人工智能发展战略》,法国政府从人才培养、数据开放、资金扶持等建设入手,加快人工智能领域人才培养,改造传统优势专业,鼓励高校新设人工智能专业。作为法国精英工程师学院,巴黎综合理工大学迅速做出响应。于2018年9月开设"人工智能与高级视觉计算"(Artificial Intelligence and Advanced Visual Computing)科学和技术硕士,进一步增强综合理工在人工智能领域的综合实力及吸引与培养该领域新的研究与创新人才。这个硕士项目由巴黎综合理工大学与法国国家信息与自动化研究所(INRIA)、法国国立高等先进技术学院(ENSTA ParisTech)和法国国立高等电信学院(télécom ParisTech)合作设立,谷歌(法国)为这个项目提供资助和实习机会。

"人工智能与高级视觉计算"是一个以数字科学及其最新应用研究为导向的课程,为期2年,以英语授课,专为高素质和面向国际的学生设计,每年招收30名学生。"人工智能和高级视觉计算"硕士课程为学生提供使用人工智能和视觉计算的相关课程。第1年课程包括统计学及其在数据分析中的应用,有关成像技术、计算机动画、机器学习、图像分析和统计等方面的课程。第2年涉及深入的机器学习课程,包括高维数据分析、计算机视觉、高级3D图形学、虚拟和增强现实、多模式交互、计算机视觉、自然语言和语音处理以及社会情感体现的会话代理等。

学校拥有20多个科研实验室,这些实验室大都与国家主要研究机构合作,如法国国家科学研究中心(CNRS)、原子能总署(CEA)、国家信息与自动化研究所(INRIA)、国家农业科学研究院(INRA)等。两年的研究课程包含10个月的实习期,学校通过其企业孵化器、国家研究实验室和国际合作单位,最大限度地提高学生和研究团队之间的交流合作机会,培养具有强大专业科学背景的未来科学家。

3. 国立高等先进技术学院

国立高等先进技术学院(École Nationale Supérieure de Techniques Avancées,简称ENSTA)成立于1741年,是法国历史最悠久的工程师学校之一。学校前身是法国海军学校,隶属于法国国防部,建校之初旨在培养服务于法国海军的机械、核、化学、电子等相关领域的工程师。2019年该校与巴黎综合理工大学(École polytechnique)、国立统计与经济管理学校(ENSAE Paris)、巴黎高等电信大学(Télécom Paris)和南巴黎高等电信学院(Télécom SudParis)四所学校合并成巴黎综合理工大学(联盟)(IP Paris),但保留各自学校的名称。这五所巴黎顶尖的工程师学校汇聚在一起,只为了一个共同的目标:创建世界一流的法国科学技术学院。除了五大创始机构本身的教育课程外,巴黎综合理工大学(联盟)还联合开发了其他15个硕士课程,涵盖了广泛的领域,包括物理学和生物学等传统科学学科,以及数字或可再生能源等当代主要学科。毕业生获得工程师文凭和全世界认可的欧洲硕士学位后,可获得广泛的就业机会,包括IT、深度技术、金融、能源、环境、运输、网络安全、纳米技术、人工智能、数据科学、机器人技术等领域。

在人工智能专业领域，国立高等先进技术学院和巴黎高等电信学院合作设计，在南巴黎高等电信学院的参与下，开发了人工智能硕士专业课程，结合机器人、人机交互、语言处理等专业技术要求和完整的科学领域，开设课程包括人工智能基础（如人工智能中的伦理和义务论、逻辑和符号人工智能、统计、概率图模型等）、人工智能的学习和优化（如深度学习、大规模统计学习、强化学习、机器人技术等）、交互人工智能（如自动语言处理、学习图像和物体识别、对自治系统的感知等）和真实案例研究（如科学和工业研讨会、公共线程项目、个人发展和实习搜索技术）等。此外，学生还需通过最后的 4 ~ 6 个月的实习与完成专业论文，拥有专业所需的设计和分析实验以评估 HRI（人机交互）系统的能力，使用相关架构的高级统计学习方法来解决人工智能问题以及基于软件库的神经网络和深度学习方法的实现能力。如今，国立高等先进技术学院已拓展到越来越多的先进科技领域，在法国高等教育和研究领域占据了突出的地位。

4. 里昂商学院

里昂商学院（École de Management Lyon，简称 EM Lyon）成立于 1872 年，法国著名的工程师学校，是全球最早得到 EQUIS、AACSB、AMBA 三大认证的 25 所国际顶级商学院之一。学院主校区位于法国第三大城市里昂，在巴黎和圣艾蒂安设有分校区，在中国与华东师范大学共建亚欧商学院（上海校区）。里昂商学院的使命在于为企业和个人提供创新及具有国际视野的管理培训，学院在创业创新管理方面的研究独树一帜，同时也注重将研究成果与企业的实践相结合，和国际企业保持长期密切的合作。

2018 年法国公布的法国人工智能发展战略提出要打造人工智能研发强国，并就全方位扶持人工智能发展提出多项具体措施，包括培养学科人才、建设良好的科研生态。为响应国家人工智能驱动战略和不断增长专业人才的广泛需求，里昂商学院研发了当下前景无限的数字化营销与大数据理学硕士（MSc in Digital Marketing & Data Science）、大数据科学与人工智能战略硕士（MSc in Data Science & Artificial Intelligence Strategy）、工程师和管理学硕士学位项目。

数字化营销与大数据理学硕士将商业研究、营销、数据分析和战略方面的强大学术背景与深入而具体的数字知识和数据驱动营销相结合，旨在培养学生在不断发展的人工智能驱动的生态系统中成为营销技术专家所需的新能力，并了解数字营销和人工智能的管理挑战。该项目学制为 18 个月，包括 4 ~ 6 个月的实习，全英文授课。目前，亚马逊、IBM、谷歌、TF1、Facebook、微软等众多知名公司已与法国里昂商学院展开合作，为学生提供毕业实习与就业机会。

大数据科学和人工智能战略硕士专业通过结合技术、战略和道德维度的综合学习方法，培养学生思考、设计和部署 AI 内嵌应用程序，填补 AI 领域缺乏能够结合商业和高等工程师教育的精英人才。该项目学制为 18 个月，包含 4 ~ 6 个月的实习，授课地点在法国巴黎校区和中国上海校区，通过在两个不同的国家学习，获得广阔的视野并与来自世界各地的同行建立有效协作的联系,同时在人工智能战略、批判性思维、商业头脑和企业家精神、有效沟通、团队合作等能力方面也得到锻炼。

(四)日本大数据与人工智能技术重点院校

与西方不同,欧洲和美国有许多大学拥有统计系,日本的大学中没有统计系,只有很少的研究机构与统计科学有关,因此,日本在大数据基础理论及数理统计等领域的人才多依托信息学科和数学学科。而在人工智能领域方面,日本一直处于领先的地位,尤其是在机器人的研究方面,多所重点大学都开设有专门的机器人专业。

1. 东京大学

东京大学作为日本最高学术殿堂和七所旧帝国大学之首,围绕大数据与人工智能领域主要在工学部情报理工学系下设有数理情报学和智能机械信息学等专业,在理学部信息科学系下的计算机科学专业也围绕大数据和深度学习开展相关教育研究。

数理情报学专业从数学和信息学的角度看待尖端科学技术领域的各种现象,建立和分析能够适应环境变化和技术创新的数学信息模型,以阐明信息结构,开展教育和研究,使其在各个领域的应用成为可能。主要研究内容包括数学信息、数学工程、数学建模、数值分析与模拟、数据结构与算法、信息安全、信息理论、数据压缩、统计科学、信息几何学、机器学习、数据挖掘、数据同化、数据科学、数学金融,复杂系统的数学、生物信息数学、社会信息数学、计算语言学、计算神经科学、数学脑科学等。

智能机械信息学专业旨在整合现实世界中形态、运动、结构和功能的信息学,创造性地构建与自然和人类和谐相处的智能机器信息系统。主要研究内容包括机电一体化、机器人、微纳米系统、虚拟现实、人机交互、人工智能、认知信息学、脑信息处理机、生命系统、系统生物信息学等。

计算机科学专业关于大数据和人工智能的主要研究内容包括计算理论、程序理论、数学理论、程序语言理论、软件工程、形式方法、分子计算、生命分子计算、机器学习和统计数据分析、自然语言处理与计算语言学、机器学习处理、统计机器学习、图像分析和空间信息学、计算语言学、推理和自然语言处理、组合优化和统计机器学习等。

2. 京都大学

京都大学没有独立的大数据或人工智能相关专业系设置,大数据人工智能人才培养主要依情报学科下的数理工程学和计算机科学开展。该校与许多公司展开研发合作,比如本田旗下子公司 Honda Research Institute Japan Co. Ltd 等,通过项目合作专门致力于推动 AI 研发进程和产业应用。

该校情报学科将信息学的理论和实践有机地结合起来,以数学和物理为基础,培养了解未知问题数理构造以及挑战尖端技术的专门人才。同时,由于数理工程学和计算机科学应用的广泛性,该学科人才培养非常重视各领域广阔视野拓展,相关课程体系从基础到应用,分别由智能情报学、社会情报学、尖端数理科学、系统科学等专业教师负责。

数理工程学方向，以作为数理科学的基础的数学和物理、作为系统工程学的基本领域的控制理论、测量数理方法的应用的操作研究等为中心，以数据科学和 AI 的基础的概率统计、信息编码理论、信息系统理论，以及系统优化理论、离散数学等相关内容构造课程体系。同时，考虑具体应用和实践，课程体系也包含了计算机、信息、通信的课程。数理工程学在重视工学基础和灵活构思的同时，承担着综合性工程学的作用，并以此形成相关人才的学习与创新能力。

计算机科学方向，旨在开展信息是什么和如何进行关于处理、传达、积累的教育、研究。具体来说，该方向主要是围绕信息和通信的理论、计算的理论、逻辑电路设计、计算算法的设计和分析、计算机硬件软件的构成原理和各种技术、计算机编程语言、声音图像信息处理、人工智能和知识工程、计算机网络与信息系统及其构筑法、媒体处理及各种应用等广泛领域的尖端技术方面，培养信息化社会的核心技术人员和研究人员。

另一方面，京都大学的机械理工学专业围绕人类和自然的共生目标，开展以智慧和知识为主题的研究和教育，并且培养有挑战性地设定课题并克服它的能力的领导者技术人员和研究人员。

3. 早稻田大学

早稻田大学（Waseda University），简称早大，是世界著名综合研究型学府。建立于 1882 年，原为东京专门学校。该校创始人大隈重信以“学问的独立”“知识的实际运用”以及“造就模范国民”为办校方针，主张自由探讨学术，提倡独创的钻石精神，培养具有实际应用知识，并在国际事务中具有广泛活动能力的人才。该校现设有大学本科和研究生院。一百多年来，为日本培养出众多的政界、经济界和文化界的著名人士。

早稻田大学对机器人的研究和制造已经有很高的科研水平，自 1964 年起，早稻田大学对各类机器人都有一定的探索，尤其以加藤一郎教授的实验室为领头羊，如今早稻田大学在人工智能和机器人两个领域，都取得了相当出色的成绩。该校大数据人才培养主要依托应用数理学科，人工智能人才培养主要依托情报工学学科的人工智能方向。

应用数理学科是基于工学实践应用而研究数学的学科，大致分为现象数理、统计数理、信息数理三个领域。研究大致分为两个方面，一方面是使用数学词汇描述现实现象，通过模型算法解决现实事物；另一方面是从现象发展数学理论，基于现实现象的研究分析，更新数学研究视点，进而进化数学理论，甚至创造新的数学。该学科人才培养分阶段进行，在经过 1 年的基干理工学部共通教育后，从第 2 年开始选修学科专业课程，第 3、4 年后的所有课程打通，由学生根据兴趣和理解自由选修。

情报工学学科以计算机和网络工学专业为基础，致力于信息科学、信息通信、信息工学的融合，以培养信息技术整体广泛的人才为目标。近年来，随着网络技术和计算机技术的迅速发展，从事信息通信技术的人才被要求应对世界竞争中日新月异的技术革新。为适应这种变革，信息理工学科以及情报理工、情报通信专业，逐渐发展出人工智能的重要研究方向，主要学习计算机原理及其背景的数学基础，以及从软件基础技术到人工智能等应用技术，通过从软件和硬件两方面综合学习尖端技术，并通过构建实际信息系统的实践，旨在培养实际能够亲手构建信息系统的人才。

4. 大阪大学

大阪大学(Osaka University，おおさかだいがく)是一所本部位于日本大阪府吹田市的日本顶尖、世界一流的研究型大学，近畿地方最高学府之一。作为一所研究型国立综合大学，也是日本旧制帝国大学之一，但与其他几所由政府直接创办，旨在培养政府官员、专家、学者、技术人员的帝国大学不同，大阪大学是由民间力量向政府申请创建的。大阪大学理科起源于1838年的“适塾”——日本明治时期规模较大的兰学千人塾，文科起源于1724年的西日本第一汉学塾怀德堂。大阪大学有三个校区，分别为“丰中校区”——文经与共通教育校区，“吹田校区”——理工校区，“箕面校区”——外语校区。另外在茨木市和中之岛设有大规模科学研究交流基地，本部在大阪府吹田市山田丘。大阪大学的科研能力在学界首屈一指，常有集团项目在这做科研，飞利浦的商用垂直照明项目就是2014年时在大阪大学展开的。与大阪大学的机器人研究一样，大阪大学的人工智能研究同样强大，在日本大学的工科中走在了最前列。

大阪大学的大数据与人工智能本科阶段教育主要依托工学部电子信息工程学专业，该专业在开展电信号、信息、电能传输、处理、控制技术教学的同时，还包括以计算机为中心的系统相关技术基础，开展智能网格、生命工程、机器人工程等相关研究。研究生教育主要设置在研究生院智能与功能创造工程系。该系于1997年4月改革设置。在教育方面，该系主导以项目式学习型训练为核心的教育创新计划，并将各种各样的新尝试引入教育课程。这些新的尝试已面向校内外以多种形式予以推广和发展。在研究方面，为了推进先导性教育研究，2004年在法制化的同时开始研究改革，2005年引入了领先的融合工程课程(一个专业、一个课程体系)，鼓励独立教授、助理教授以自由组合的形式开展跨学科的多样化融合项目研究，如机器人学和材料科学等。

在日本高校中，大阪大学智能机器人研究所具有较高知名度，该研究所的仿人机器人非常出名，在2014年5月5日，该所研制出一款智能机器人，具有极其逼真的机器人外形，能够完成点头、眨眼等动作，并可以进行简单的交谈。

(五)韩国大数据与人工智能技术重点院校

1. 汉阳大学

汉阳大学(한양대학교)是一所私立综合性大学，它的前身是1939年建立的东亚理工学院，1945年更名为建国技术学校，1948年更名为汉阳理工大学，1959年成为综合大学并更名为汉阳大学。该校为亚太国际贸易教育暨研究联盟(PACIBER)、亚太国际教育协会成员、韩国BK21工程卓越高校、AACSB认证大学之一。该校拥有首尔和ERICA两个校区，下设25所学院、107个系、18所研究生院及18个附属机构。

人工智能研究生院(인공지능학과)主要通过提供涵盖人工智能所有领域的系统

化、专业化的人工智能课程,并与国内外领先的人工智能研究机构进行密切交流,培养学生具备足够的理论和实践能力,从而成为未来的人工智能专家。该院被选定为2020年韩国科学与信息通信技术研究院人工智能支持项目的目标单位,该院目前开设的课程有:线性与非线性系统、人工智能论文研究、AI伦理、创造性自主研究、数理人工智能、自动驾驶技术论、深度学习基础、人工智能融合研讨、生物信息学高级编译器、自然语言处理、优化理论、脑工程概论、机器人学习、计算机视觉、深度学习系统研究、统计学习理论等。

2. 高丽大学

高丽大学人工智能系(인공지능학과)于2019年9月开设了第一个学期,属于韩国科学和信息通信技术部人工智能研究院项目的一部分,该系以培养引领人工智能创新技术发展的学术人才、引领全球产业发展的产业人才为目标。以深度学习、计算机视觉、自然语言处理、语音识别、大数据、神经网络等人工智能核心领域为研究范围,同时发展AI+X专业领域(医疗保健、金融、智能代理、游戏、自动驾驶、国防等)。该系本科开设的课程有:大脑和机器学习简介、数据结构、概率和随机过程、大脑和认知科学导论、脑与生物医学工程导论、生物物理学、生物信号处理、医学图像处理、工程数学、机器学习、自然语言处理、深度学习、信息论与推理学习、线性代数、数据挖掘、模式识别、计算机视觉、数值分析、机器人技术、人工智能与伦理、AI应用与理解。该系研究生阶段开设的课程有:线性代数、概率和统计、数据科学、高级计算机编程、人工智能座谈会、高级贝叶斯机器学习、游戏人工智能、金融人工智能、高级大数据、高级机器学习、高级深度学习、高级人工智能、代理人工智能、信息保护、高级神经网络、高级大数据分析、高级计算机视觉、神经网络应用与实践、大数据分析应用与实践、孵化器政策与法规等。该系还设有10个实验室,分别是:模式识别与机器学习实验室、统计机器学习实验室、数据智能实验室、智能神经影像实验室、认知系统实验室、机器智能实验室、医学人工智能实验室、机器人智能实验室、计算机视觉实验室、决策实验室。

3. 延世大学

延世大学(연세대학교)创建于1885年,前身是延禧大学和世博兰斯医科大学,是韩国公认最著名的三所大学之一,环太平洋大学联盟、东亚研究型大学协会成员。该校是韩国第一所实行交换留学生制度的大学,迄今为止已与包括清华大学、北京大学、香港大学、加州大学伯克利分校等世界400多所大学签订了留学生交换协议。2019年,延世大学在由英国《泰晤士高等教育》(*Times Higher Education*,简称THE)发布的2019THE世界大学影响力排名中位居第一。

人工智能系(인공지능학과)开设于2019年,目前有本科和研究生两个阶段,本科阶段目前开设的课程有:计算机编程、数据结构、离散结构、概率统计、人工智能概论、线性代数及其应用、算法分析、概率图模型、机器学习、分布式学习系统、大数据分析和建模、文本挖掘、数据挖掘、GPGPU编程、计算机展望、人工智能综合设计、预测和决策系统、自然语言处

理、AI 安全、数据模型和时间、AI 道德、HCI&AI 等。该系还设有 7 个实验室:视觉和学习实验室、Computational Intelligence&Photography 实验室、加速计算系统实验室、高性能计算平台实验室、对话智能实验室、大数据分析实验室、医学影像分析和视觉实验室。

4. 江南大学

江南大学(강남대학교)成立于 1946 年,是一所综合性私立大学,2003 年被韩国教育部评为优秀大学,2009 年被选定为"大专教育能力强化事业"支援大学,2019 年在韩国雇佣劳动部主办的"2019 年就业中的男女平等"评比活动中获优秀机构,连续五年承揽韩国首都圈专业化大学建设支持项目,连续四年被评选为韩国大学教育能力增强项目支持对象。

人工智能融合工程系(인공지능융합공학부)隶属于江南大学工程学院,成立于 2022 年,由人工智能专业、数据科学专业和工业管理工程专业组成,致力于培养在技术管理领域能够应对产业多样化需求的创造性融合人才。

人工智能专业主要以线性代数、统计学等数学基础知识和计算思维为基础,培养软件开发所必需的基本能力,进而强化人工智能、机器学习、深度学习的训练,以此培养人工智能领域各行业所需的核心能力人才。目前开设的课程有:Python 应用、线性代数、基础数据分析、人工智能、机器学习、深度学习、多媒体、数字图像处理、图像识别、语音识别、人工智能自然语言处理、顶点设计等。学生毕业后的就业方向主要为:图像识别、语音识别、自然语言处理、游戏、机器人等相关领域的开发人员、数据分析师、规划师等;韩国知名网站 Naver, Daum Kakao, Nexon, NCsoft 等的信息系统 AI 相关产品开发、服务及平台公司工程师;人工智能相关研究的研究员;IT 相关企业、谷歌、Facebook、亚马逊等海外 IT 公司职员等。

数据科学专业主要培养大数据采集、处理、存储、管理,以及分析利用相关数据的专家。目前开设的课程有:数据规划、数据处理、数据分析、数据可视化、数据利用等。学生毕业后的就业方向主要为:政府事业单位、国内外民营企业等数据采集/处理/分析/利用/存储/管理相关领域的数据分析专家、数据技术专家、数据可视化专家、数据架构专家、大数据专员、数据仓库经理、数据建模师、网络营销专员等。

5. 西江大学

西江大学(서강대학교)于 1960 年由美国教育传教士创立,是一所以天主教信仰和耶稣会教育为基础建立的私立教育机构,该校于 2020 年入选教育国际化能力认证体系优秀大学,就业率连续 3 年在理工科大学中排名第一,连续 8 年位居韩国标准协会韩国服务质量指数(KS-SQI)第一。

人工智能研究生院主要致力于通过提供人工智能核心技术研究、AI+X 融合各专业,以及专业培训课程,培养满足人工智能技术开发和应用需求的专业型人才。该研究生院主要提供以下三个方向的专业教育课程:AI 融合、数字人与娱乐、智能 AI。三个专业目前开设的课程有:AI 数学、人工智能的概率与统计、人工智能编程与数据处理、Signal Processingfor AI、基础信息论、大数据计算与实践、强化学习、神经网络、Deep Learning on Graphs、优化理论、计算机视觉、模式识别、数据挖掘、自然语言处理、人工智能的量子信息科学、统计机器学习、高级神经网络、计算智能优化、语音信号处理、基于 DNN 的语音对话系统开发与商业化、三维图像信息处理、自适应滤波器理论、智能视频信号处理、空间数据库系统、人工智能系统框架、基于人工智能的数字营销、医学影像系统、增强现实简介、金融情绪分析、媒体艺术理论与实践、高级人工智能顶点设计、AI 挑战练习等。

三、代表人物

1. 艾伦·麦席森·图灵

艾伦·麦席森·图灵(Alan Mathison Turing)于 1912 年 6 月 23 日出生于英国伦敦,于 1954 年 6 月 7 日逝世于柴郡威尔姆斯洛,英国数学家、逻辑学家,对数学、密码分析、逻辑、哲学和数学生物学以及后来命名为计算机科学、认知科学、人工智能和人工生命的新领域做出了重大贡献。

图灵是人工智能和现代认知科学的先驱,1950 年他发表论文《计算机器与智能》"(Computing Machinery and Intelligence)",为后来的人工智能科学提供了开创性的构思。他提出著名的"图灵测试",指出如果第三者无法辨别人类与人工智能机器反应的差别,则可以论断该机器具备人工智能。图灵的机器智能思想无疑是人工智能的直接起源之一。而且随着人工智能领域的深入研究,人们越来越认识到图灵思想的深刻性,它们如今仍然是人工智能的主要思想之一。

2. 约翰·麦卡锡

约翰·麦卡锡(John McCarthy,1927—2011 年),美国数学家和计算机科学家,是人工智能领域的先驱。麦卡锡在加利福尼亚理工学院获得数学学士学位(1948 年),并在普林斯顿大学获得数学博士学位(1951 年)。他曾在达特茅斯学院(1955—1958 年)、麻省理工学院(1958—1962 年)和斯坦福大学(1953—1955 年和 1962—2000 年)担任教授,并创建了斯坦福人工智能实验室(SAIL)。"人工智能"这个术语就是麦卡锡在 1955 年提出的。1971 年,麦卡锡获得图灵奖,1988 年获得京都奖,1990 年获得国家科学奖,2003 年获得富兰克林奖章。

3. 马文·明斯基

马文·明斯基(Marvin Minsky,1927—2016 年),美国数学家和计算机科学家,人工智能科学最著名的实践者之一。由于在人工智能领域的开创性工作,明斯基于 1969 年获得了计算机科学领域的最高荣誉图灵奖。

明斯基是美国国家工程院和美国国家科学院院士,也是美国艺术与科学院和电气与电子工程师研究所的研究员。除了图灵奖,他还获得了日本奖(1990 年)和富兰克林奖章(2001 年)。

4. 亚瑟·李·塞缪尔

亚瑟·李·塞缪尔(Arthur Lee Samuel,1901—1990 年)是美国计算机游戏和人工智能领域的先驱者。塞缪尔 1923 年本科毕业于恩波利亚学院,1926 年在麻省理工学院获得电气工程硕士学位,硕士毕业后塞缪尔继续在麻省理工学院任教,1946 年,塞缪尔在伊利诺伊大学担任电气工程系教授。1949 年,塞缪尔加入位于纽约的 IBM。1956 年,塞缪尔写出了跳棋程序,这是最早的机器学习程序之一,具备“自学习”能力。1959 年,塞缪尔创造了“机器学习”这个术语。1966 年,塞缪尔从 IBM 退休,并到斯坦福大学任教。

5. 约书亚·本吉奥

约书亚·本吉奥(Yoshua Bengio)同样是全球领先的人工智能专家之一,他以在深度学习方面的开创性工作而闻名,与杰弗里·辛顿和杨立昆一起获得 2018 年图灵奖。本吉奥是蒙特利尔大学的全职教授,蒙特利尔学习算法研究所(MILA)创始人和科学主任。他以高级研究员的身份联合指导了 CIFAR 机器与大脑学习项目,并担任 IVADO 的科学总监。

2019 年,他被授予久负盛名的基拉姆奖,并于 2021 年成为世界上被引用第二多的计算机科学家。他是伦敦皇家学会(Royal Society of London)和加拿大皇家学会(Royal Society of Canada)的会员、法国荣誉军团(Legion of Honor)骑士和加拿大骑士团(Order of Canada)军官。

6. 杰弗里·辛顿

杰弗里·辛顿(Geoffrey Hinton)是加拿大认知心理学家和计算机科学家,因在人工神经网络方面的杰出成就而著名。辛顿在剑桥大学获得实验心理学学士学位,在爱丁堡大学获得人工智能博士学位。自 2013 年以来,一直在谷歌(Google Brain)和多伦多大学工作。2018 年因作为“深度学习领域的三大先驱之一”获得图灵奖,被彭博社选为 2017 年改变全球商业格局的 50 人。

7. 德米特里·波斯佩洛夫

德米特里·波斯佩洛夫(Дмитрий Поспелов,1932—2019 年),苏联/俄罗斯技术科学博士,教授,一直在苏联人工智能研究的学术组织建设方面发挥着关键作用。

8. 弗拉基米尔·戈罗杰茨基

弗拉基米尔·戈罗杰茨基(Владимир Городецкий,1937—),苏联/俄罗斯科学家,技术科学博士,教授,俄罗斯联邦荣誉科学家,人工智能问题专家,俄罗斯人工智能协会成员。

9. 塞德里克·维拉尼

塞德里克·维拉尼(Cédric Villani),法国数学家,法兰西科学院院士,从事数学分析领域的研究工作,主要专长在数学物理、气体和等离子体研究等方面,在朗道阻尼和玻尔兹曼方程、最优输运理论和黎曼几何领域做出了重大贡献。

塞德里克·维拉尼1973年出生于法国布里夫-拉-基尔拉德小镇(Brive-la-Gaillarde),1998年获得巴黎第九大学博士学位,2000年担任巴黎高等师范学校教授,2008年荣获"欧洲数学会奖"(European Mathematical Society Prize),2009年担任庞加莱研究所(Institut Henri Poincaré)主任,同年获得"费马奖"(Fermat Prize),2010年因证明玻尔兹曼方程的非线性朗道阻尼和收敛于平衡态获得"菲尔兹奖"(Fields Medal)。"菲尔兹奖"每四年颁发一次,只颁给40岁以下的青年数学家,被视为数学界的最高荣誉,也被称为"数学家的诺贝尔奖"。2015年出版著作《一个定理的诞生》(*Birth of a Theorem: A mathematical adventure*)。

此外,塞德里克·维拉尼于2017年当选法国议会议员,由于他的双重身份,塞德里克·维拉尼一直致力于科学与社会的关系。2018年,塞德里克·维拉尼受法国总理菲利普委托,提交了关于法国人工智能发展战略研究报告,对法国人工智能现状、挑战和未来发展战略进行了深入研究与阐述。报告中指出,法国的数学、信息科学、物理、化学、医学等单学科研究实力均非常强,但是跨学科研究实力相对不足。此外,法国科研力量分散在各类高校、研究机构中,各研究主体间亟待加强合作。为吸引全球顶尖人工智能专家加盟法国,维拉尼报告建议,为公立大学和研究所人工智能专业年轻毕业生提供至少为目前两倍的起薪,扩大人工智能专业研究生的招生规模,吸引优秀学生,扩充公立大学和研究所的人工智能研究队伍等。根据维拉尼报告,法国政府开始积极采取措施,加快法国人工智能发展,在欧盟率先推出国家人工智能发展战略目标,提出一系列发展人工智能的举措,包括加强人才培养、建立国际科研中心、支持初创企业发展等。

10. 约瑟夫·斯发基斯

约瑟夫·斯发基斯(Joseph Sifakis)1946年出生于希腊,毕业于法国格勒诺布尔大学(Université de Grenoble)计算机系,获有工程师博士学位和法国格勒诺布尔一大(UJF)国家博士生学位。后一直留在法国学习、工作和生活。他是法国国家科研中心(CNRS)的研究总监,法国国家科研中心2001年银质奖章的获得者,也是国际著名嵌入式系统研究中心Verimag实验室的创始人,欧洲嵌入式系统项目European Network of Excellence ARTIST2科学协调人。因在模型检验(Model-Checking)领域的杰出贡献,他与卡内基梅隆大学爱德蒙·克拉克教授(Edmund Clarke)、得克萨斯大学奥斯汀分校艾伦·爱默生教授(Allen Emerson)共享了2007年度的图灵奖(Turing Award),成为法国第一位获此殊荣的科学家。模型检验理论基础是1981年由约瑟夫·斯发基斯在法国、爱德蒙·克拉克和艾伦·爱默生在美国分别独立提出的。模型检验在工业检测方面有诸多应用,如芯片检测、通信协议、外部设备主控软件、嵌入式系统(如在飞机、火车、火箭、卫星或移动电话)以及安全算法等。

约瑟夫·斯发基斯还是欧洲"卓越网络"(Network of Excellence)嵌入式系统设计研究联盟"ARTIST2 Embedded Systems Design"技术协调人,主要对35个欧洲研究小组的研究进行协调,以便对用于具有高性能和高可靠性的嵌入式系统设计的理论和实际应用成果进行开发。

11. 杨立昆

杨立昆(Yann LeCun),法国人工智能领域科学家,2018 年图灵奖(Turing Award)得主。现任美国工程院院士、Facebook 人工智能研究院院长、纽约大学终身教授,其创立的卷积网络模型,被广泛地应用于计算机视觉和语音识别领域,也因此被称为“卷积神经网络之父”。他也与杰弗里·辛顿(Geoffrey Hinton)、约书亚·本吉奥(Yoshua Bengio)被称为“人工智能深度学习三巨头”,共同获得 2018 年图灵奖,以表彰他们为当前人工智能的繁荣发展所奠定的基础。

杨立昆于 1960 年出生于法国巴黎,1983 年获得法国高等电子与电工技术工程师学校(ESIEE Paris)电子工程学士学位,1987 年获得巴黎第六大学(Université Paris VI 或 Université Pierre et Marie Curie,又名皮埃尔和玛丽·居里大学)计算机科学博士学位,同年,成为多伦多大学杰弗里·辛顿实验室的博士后研究员。1998 年杨立昆开发了 LeNet5,制作了被杰弗里·辛顿称为“机器学习界的果蝇”的经典数据集 MNIST。2003 年加入纽约大学,2012 年创建“纽约大学数据科学中心”并担任主任。2013 年与约书亚·本吉奥创建“机器学习展示国际大会”(International Conference on Learning Representations)并共同担任主席。同年,被任命为 Facebook 人工智能研究总监。2015—2016 年,他在巴黎法兰西工学院做客座教授。同时他还与他人一起担任着加拿大机器与大脑程序学习深度研究所的主席,他还是 2014 年 IEEE(电气与电子工程师协会)神经网络先驱奖获奖者,2015 年 IEEE PAMI 杰出研究员奖获奖者,2018 年的图灵奖获奖者,他是继约瑟夫·斯发基斯于 2007 年获得此奖项后的第二位法国人。

12. 康夫国吉

康夫国吉(KUNIYOSHI Yasuo),东京大学下一代人工智能研究中心主任,东京大学研究生院信息科学与技术研究科教授,专业领域主要为基于身体性的认知的创造和发展、仿人机器人和仿生机器人以及人工智能的研究等。1991 年康夫国吉获得东京大学博士学位,并加入日本通产省 AIST 电工实验室。1996—1997 年,他是麻省理工学院人工智能实验室的访问学者。2001 年,他被任命为东京大学副教授,2005 年被任命为正教授,自 2012 年起担任 RIKEN BSI-Toyota 协作中心主任,自 2016 年起担任东京大学下一代人工智能研究中心主任。先后发表 500 多篇技术论文,撰写或编辑 22 本专著,获得 IJCAI(国际人工智能学会)杰出论文奖、大川出版奖、“东京技术论坛 21”金奖、RSJ 最佳论文奖等奖项。他是日本机器人学会的会员,也是 IEEE、日本科学委员会(附属机构)、日本人工智能学会、日本信息处理学会和成员。主要著作包括《机器人智能》《拥有身体的智慧》《身体与系统》《精神艺术智能》《智力之谜》等。

13. 杉山将

杉山将(Masashi Sugiyama),东京大学教授,日本大数据领域泰斗级学者,研究专业为机器学习与数据挖掘的理论、算法和应用。2007 年获得 IBM 学者奖,以表彰其在机器学习领域非平稳性方面做出的贡献。2011 年获得日本信息处理协会颁发的 Nagao 特别研究员奖,以及日本文部科学省颁发的青年科学家奖,以表彰其对机器学习密度比范型的贡献。主要著作包括《统计强化学习:现代机器学习方法》《概率与统计》《异常变化检测》等。

14. 石黑浩

石黑浩(Shi Jinhao),智能信息学家,日本机械人工程师,ATR 智能影像研究所特别研究室负责人。1991 年获日本大阪大学工学博士,长期从事双足机械人的研究工作。他的大阪团队(Team OSAKA)由工业界和学术界组成。2004—2007 年连续4 年在机器人世界杯(ロボカップ世界大会)足球竞技项目上取得胜利。

15. 松原仁

松原仁(Matsubara Hitoshi),日本公立函馆未来大学系统信息科学教授,2014—2016 年担任日本人工智能学会会长。1986 年 3 月,获东京大学工程博士学位,同年加入工商部工业技术院电子技术综合研究所,信息处理社会游戏信息学研究协会成立后,担任协会执行秘书,主审历任。1986 年获得第一回电脑将棋协会奖 CSA 写作奖,长期担任机器人世界杯赛日本委员会专务理事及会长。

第三节　大数据与人工智能技术学术交流

一、学术期刊

1.《人工智能》

《人工智能》(*Artificial Intelligence*,简称 AIJ)由爱思维尔(Elsevier)出版,主要发表关于人工智能方面的论文,包括但不限于认知和人工智能、自动推理和推理、基于案例的推理、常识推理、计算机视觉、约束处理、道德人工智能、启发式搜索、人机界面、智能机器人、知识表示、机器学习、多智能体系统、自然语言处理、计划和行动,以及不确定性下的推理。除了常规论文,该杂志还接受研究笔记、研究领域评论、立场论文和书评。国际刊号:ISSN 0004-3702。

2.《IEEE 模式分析与机器智能》

《IEEE 模式分析与机器智能》(*IEEE Transactions on Pattern Analysis and Machine In-*

telligence)是由电气与电子工程师协会(IEEE)出版的月刊,它涵盖了计算机视觉和图像理解、模式分析和识别、机器智能、机器学习、搜索技术、文档和笔迹分析、医学图像分析、视频和图像序列分析、基于内容的图像和视频检索以及人脸和手势识别。根据期刊引证报告,2020 年该期刊的影响因子为 16.389。国际刊号:ISSN 0162-8828。

3.《机器学习研究杂志》

《机器学习研究杂志》(*Journal of Machine Learning Research*,简称 JMLR)成立于 2000 年,是一本同行评议的开放获取科学期刊,内容主要涵盖机器学习,为机器学习所有领域的高质量学术文章的出版提供国际论坛。所有在《机器学习研究杂志》上发表的论文都可以在网上免费获得。国际刊号:ISSN 1532-4435。

4.《国际计算机视觉杂志》

《国际计算机视觉杂志》(*International Journal of Computer Vision*,简称 IJCV)是详细介绍计算机视觉领域发展的双月刊。其发表内容主要包括以下方面:①计算机视觉的数学、物理和计算方面:图像形成、处理、分析和解释,机器学习技术,统计方法,传感器。②应用:基于图像的渲染,计算机图形学,机器人技术,照片解读,图像检索,视频分析和注释,多媒体等。③与人类感知的联系:人类视觉的计算和建筑方面。

另外,该杂志还刊登书评、立场论文、主要科学人物的社论,以及其他在线材料,如静态图像、视频序列、数据集和软件等。国际刊号:ISSN 1532-4435。

5.俄罗斯《人工智能问题》

《人工智能问题》(*Информационные ресурсы России*)发表工程物理—数学科学副博士学位、博士学位论文的主要科学成果;向世界科学界通报人工智能领域的研究成果;发表关于该杂志主题的科学文章和评论。

期刊主题和专业:人工智能发展的哲学和方法论方面及概念,人工智能系统的数学建模,人工智能系统的工具性基础和技术原理,智力系统的系统分析、控制和信息处理的原则,机器人、机电一体化和机器人系统,智能语音技术,自然语言文本的计算机处理和语义搜索,智能界面和图像识别、数字图像处理系统,信息保护的方法和系统,神经元网络和神经元网络技术,认知心理学,认知系统和技术,人工智能算法中的生物启发方法,人工智能系统的标准化和质量管理,人工智能的新闻、历史,人工智能领域的会议报告(科学活动、报告和材料)。国际刊号:ISSN 2413-7383。

6.《日本人工智能学会杂志》

《日本人工智能学会杂志》(*Journal of Japanese Society for Artificial Intelligence*)由日本人工智能学会主办,该期刊主要围绕人工智能基本问题研究、知识基础系统研究、语言语音理解和对话处理研究、先进的学习科学和工学研究等领域。国际刊号:ISSN 1346-8030(电子),ISSN 1346-0714(印刷)。

7.《日本的电子与通信》

《日本的电子与通信》(*ECJ*)由日本电气工程师学会主办,SCI 源刊。该期刊围绕人工智能领域主要关注控制理论、通信、密码学、机器人、传感器和执行器、微型机械、图像分析和信号分析等研究。国际刊号:ISSN 1942-9533。

8.《信息处理杂志》

《信息处理杂志》(*Journal of Information Processing*)由日本信息处理学会(IPSJ)主办,该期刊聚焦大数据与人工智能领域,主要关注人工智能、文本识别、语言处理、图像分析、传感器等领域。国际刊号:ISSN 1882-6652。

9.《日本运筹学会论文志》

《日本运筹学会论文志》(*Journal of the Operations Research Society of Japan*)由日本运筹学会主办,是日本运筹学会编辑的机关刊物,于 1957 年创刊,季刊,该期刊主要刊载运筹学领域的理论和应用方面的研究论文,文章多用日文或英文发表,并均附有两种文字的内容简介。国际刊号:ISSN 0453-4514。

10.《日本计算机统计学》

《日本计算机统计学》(*Bulletin of the Computational Statistics of Japan*)由日本计算机统计学会主办,该期刊主要聚焦数理统计、数据挖掘、算法模型及应用等研究。国际刊号:ISSN 2189-9789(电子),ISSN 0914-8930(印刷)。

11.《人工智能研究》

《人工智能研究》(인공지능연구)是由韩国流通学会和韩国人工智能协会于 2013 年共同创刊的人工智能领域学术期刊,简称 KJAI。该期刊发刊语言为英语,每年 6 月 30 日和 12 月 30 日各发刊一次,截至目前共发表了 52 篇相关学术论文(2022 年 3 月数据)。发行周期 6 个月,国际刊号:ISSN 2508-7894。

12.《人工智能人文研究》

《人工智能人文研究》(인공지능인문학연구)是由韩国中央大学人文研究中心于 2018 年 4 月创刊的人文学科领域学术期刊,简称 JAIH。该期刊发刊语言为韩语和英语,每年 4 月 30 日、8 月 31 日和 12 月 31 日各发刊一次,截至目前共发表了 58 篇相关学术论文(2022 年 3 月数据)。发行周期 4 个月,国际刊号:ISSN 2635-4691。

13.《人工智能与大数据研究》

《人工智能与大数据研究》(인공지능&빅데이터연구)是由韩国湖南大学人工智能大数据研究中心于 2000 年 12 月创刊的人工智能领域学术期刊,简称 JAIBR。该期刊发刊语言为韩语和英语,每年 6 月 30 日和 12 月 30 日各发刊一次。发行周期 6 个月,国际刊号:ISSN 2508-2388。

二、学术会议

1. IEEE 国际计算机视觉与模式识别会议

IEEE 国际计算机视觉与模式识别会议(IEEE Conference on Computer Vision and Pattern Recognition,简称 CVPR)是电气与电子工程师协会(IEEE)举办的关于计算机视觉和模式识别的年度会议,被认为是该领域最重要的会议之一。第一届会议于 1983 年在华盛顿举办,此后每年都在美国本土举行。会议一般在六月举行,而举办地通常情况下是在美国的西部、中部和东部地区之间循环。

2. 神经信息处理系统进展大会

神经信息处理系统大会(Conference and Workshop on Neural Information Processing Systems,简称 NeurIPS)是关于机器学习和计算神经科学的国际会议。该会议固定在每年 12 月举行,由 NIPS 基金会主办,是机器学习领域的顶级会议。在中国计算机学会的国际学术会议排名中,该会议为人工智能领域的 A 类会议。

3. 国际计算机视觉大会

国际计算机视觉大会(IEEE International Conference on Computer Vision,简称 ICCV)同样由 IEEE 主办,与国际计算机视觉与模式识别会议(CVPR)和欧洲计算机视觉会议(ECCV)并称计算机视觉方向的三大顶级会议,在业内具有极高的评价。ICCV 在世界范围内每两年召开一次。会议旨在汇集顶尖的学术科学家、研究人员和研究学者,交流和分享他们在计算机视觉等方面的经验和研究成果。为研究人员、从业者和教育工作者提供了一个重要的跨学科平台,以展示和讨论计算机视觉领域的最新创新、趋势和关注点,以及遇到的实际挑战和采用的解决方案。

4. 国际机器学习大会

国际机器学习大会(International Conference on Machine Learning,简称 ICML)是由国际机器学习学会(IMLS)主办的年度机器学习国际顶级会议,是致力于推进人工智能分支机器学习的专业人士的主要聚会。ICML 在全球范围内享有盛誉,它在人工智能、统计和数据科学等相关领域以及机器视觉、计算生物学、语音识别和机器人技术等重要应用领域展示和发布机器学习各个方面的前沿研究。ICML 是世界上发展最快的人工智能会议之一。其参与者背景广泛,包括学术和工业研究人员、企业家、工程师等。

5. 欧洲计算机视觉国际会议

欧洲计算机视觉国际会议(European Conference on Computer Vision,简称 ECCV)是一个两年一度的研究会议,被认为是计算机视觉领域的顶级会议之一,与 CVPR 和 ICCV 并列。每次会议在全球范围录用论文 300 篇左右,主要的录用论文都来自美国、欧洲等顶尖实验室及研究所。

6. 俄罗斯"人工智能之旅"

"人工智能之旅"（AI Journey）是由俄罗斯和国际领先公司主办的一系列人工智能和数据分析活动，这些公司是人工智能技术发展和应用的领导者。

7. 大数据和人工智能国际会议

大数据和人工智能国际会议（Big Data Days）重点是大数据、高负荷、数据处理和分析以及机器学习等领域的技术报告。该会议将开发者、IT 专业人士和用户聚集在一起，分享经验，讨论有关使用案例和商业应用的最佳做法和成功经验。该活动旨在提供教育、信息和激励，由对大数据和数据探索充满热情的人组织。

8. 神经网络国际研讨会

神经网络国际研讨会（International Symposium on Neural Networks，简称 ISNN）是国际人工神经网络和智能计算领域有一定影响力和知名度的学术会议之一，该国际学术研讨会的第一届会议（ISNN2004）于 2004 年联合发起，此后每年举行一届。2020 年神经网络国际研讨会于 7 月 10 ~ 12 日在俄罗斯莫斯科举行，由斯科尔科沃科学技术学院主办。会议主题为智能系统、智能计算、认知科学、神经网络建模、人脑成像、图像和信号处理、模式识别、数据挖掘等。

9. 日本信息网络科学学会

由日本通信协会"NetSci 研究组"和 NOLTA 协会"复杂通信科学研究专家委员会（CCS）"共同主办的定期研讨会，智能环境和传感器网络研究组（ASN 研究组）作为赞助加入。

10. 日本电子、信息和通信工程师学会年会规划研讨会

由日本通信协会"NetSci 研究组"、信息网络研究专家委员会（IN）、智能环境与传感器网络研究专家委员会（ASN）和 NOLTA 协会"复杂通信科学研究专家委员会（CCS）"共同主办的定期研讨会，主要围绕通信、网络、计算机科学和复杂系统等领域以及信息网络未来发展等问题为顶尖研究人员提供研讨交流平台。

11. 韩国人工智能伦理大会

韩国人工智能伦理大会（한국인공지능윤리대전）是韩国唯一以人工智能伦理为主题的会议，目前已经成功举办过两届。第二届人工伦理大会于 2021 年 9 月 1 日 ~ 3 日举行，此次会议由韩国人工智能伦理协会（KAIEA）主办，韩国中央大学、韩国东西大学和韩国东国大学参与承办，以"Practical AI Ethics（实用的 AI 伦理）"为主题，内容涉及当今全球最大的人工智能伦理问题，如"人工智能偏见""自动驾驶法律问题""以人为本的人工智能"等，来自澳大利亚新南威尔士大学的 Toby Walsh 教授、加拿大阿尔伯塔大学的 Jonathan Schaefer 教授、伯克利大学的 Thomas Gilbert 博士等 3 位外国学者在此次大会上做了专题讲座。

三、其他信息

作为人工智能领域的领导者，美国密集出台了多份人工智能战略文件，根据美国人工智能计划（The National Artificial Intelligence Initiative）官方网站，其战略文件既有国家层面战略文件，也有联邦政府各部门出台的战略文件。国家层面的战略为整个联邦机构提供指导，包括联邦对人工智能研发的投资计划，以及联邦参与人工智能技术标准的计划。各部门和机构的战略计划描述了各联邦机构将如何根据各部门或机构的任务、能力、权限和预算来实现国家战略目标。这些文件共同构成了整个联邦政府人工智能发展战略框架，以确保美国在人工智能领域继续发挥领导作用。以下是美国人工智能计划（The National Artificial Intelligence Initiative）官方网站公开的国家层面人工智能战略文件。

·《联邦政府数据战略：2021 年行动计划》（2021 年 10 月）

·《国家人工智能安全委员会最终报告》（2021 年 3 月）

·《联邦政府数据战略：2020 年行动计划》（2020 年 5 月）

·《美国人工智能计划：首个年度报告》（2020 年 3 月）

·《美国在人工智能领域的领导地位：联邦政府参与制定技术标准和相关工具的计划》（2019 年 8 月）

·《国家人工智能研究和发展战略计划：2019 更新版》（2019 年 6 月）

·《绘制成功之路：美国 STEM 教育战略》（2018 年 12 月）

俄罗斯在大数据、区块链、人工智能等新一代信息技术领域具有一定的技术储备，并正在拓展其应用领域。

1. 大数据

俄罗斯总统普京在 2018 年度国情咨文中指出，俄罗斯应当成为大数据存储领域的领先者。波士顿咨询公司（BCG）数据显示，自 2015 年以来，俄罗斯大数据市场以年均 12% 的速度增长，2019 年市场规模约为 450 亿卢布。俄罗斯大数据协会（АБД）预测，2024 年前，俄罗斯大数据市场将呈现爆炸性增长，2024 年市场规模将达到 3 000 亿卢布。大数据的应用将赋能各行业发展，未来 5 年内通过使用和处理大数据，有望使俄罗斯大部分行业的增加值得到大幅提升。目前，在大数据领域，俄罗斯面临的主要问题：①人才短缺，尚需 6 000 名“数据科学家”，为此需要国家重构高等教育系统，进行数据人才培养；②需要融资支持，特别是政府层面的风险投资、项目融资和补贴。

2. 区块链

2017 年 8 月俄罗斯成立加密货币和区块链协会（РАКИБ），并在各地区设立分支机构。在这些地区分支机构的推动下,区块链技术试点项目在15个地区启动。此外,加密货币和区块链协会也正在制定用以评估实施ICO公司可靠性的标准体系,这将是世界上第一个对实施ICO公司的可靠性进行评估的统一标准。2019年8月斯科尔科沃基金会和"Waves"公司开设了专业的非营利性区块链中心,中心将帮助大型企业和政府机构引入分布式记账技术。俄罗斯区块链领域人才培养也提上日程。托木斯克国立控制系统和无线电电子大学及俄罗斯普列汉诺夫经济大学正筹备区块链技术专业设置。

3. 云服务

当前,俄罗斯云服务市场发展呈现以下发展趋势:①主要市场参与者加快合并重组;②服务产品种类持续增加;③云服务产品的成熟度不断提高;④在地区客户(包括各地区权力执行机构、学校和医疗机构等)需求增加的背景下,云服务大型供应商逐渐加大在各地区布局。目前,俄罗斯已经成为云服务的出口国:在"软件即服务"板块,俄国内云提供商营收额的5.1%来自外国客户,约为24亿卢布;在"基础设施即服务"板块,外国客户提供营收额的2.2%,约为3.8亿卢布。据预测,2018—2023年俄罗斯公有云服务市场的年均增长率为20%,2023年市场规模将达到1 420亿卢布。

4. 人工智能

为促进人工智能技术应用,2019年5月俄罗斯设立人工智能标准化技术委员会,管理与人工智能技术应用相关的技术法规问题。俄罗斯企业对人工智能应用方案持积极态度,在研发中使用人工智能技术的占41%;在与客户合作中使用人工智能技术的占32%;在客户服务中使用人工智能技术的占31%。"人工智能时代的商业领袖"(Business Leaders in the Age of AI)调查显示,30%的俄罗斯企业高管积极应用人工智能,而世界平均水平为22.3%,法国仅有10%。对于俄罗斯人工智能领域的未来发展,超过90%的俄罗斯受访专家认为,人工智能将在2019—2024年影响经济增长、劳动生产率、创新发展和就业。对于阻碍俄罗斯人工智能发展的因素,专家认为,主要挑战是数据管理(收集、分析和解读)、相关专家不足且职业技能有待提高、现有业务模式亟待改变等。

5. 展览会

各国还以技术应用和产品推广为主旨举办了各类展览会。

(1)法国里昂物联网展览会。法国里昂物联网展览会(SIDO Lyon)是一年一届的欧洲领先的物联网、人工智能、机器人领域的贸易展览会和商务会议。作为法国的先驱,里昂物联网展览会自2015年以来一直在整合物联网行业,打破行业和技术领域之间的障碍,帮助工业和服务公司实现互联、自主和智能项目。自2019年以来,它已成为欧洲物联网、人工智能、XR和机器人技术融合的标杆B2B盛会,面向战略创新和业务运营决策者所有专业人士的开放式会议。

多年来,里昂物联网展览会打破各技术领域之间的障碍,将生态系统整合在一起,支持企业将其日益智能化的互联和自主项目变为现实,把这项活动提高到一个新的水平。

里昂物联网展览会聚集了全球参展商的前沿技术，包括网络安全、区块链以及人工智能和大数据，吸引创新与技术负责人、IT 总监、开发人员和初创公司、汽车、运营商、技术提供商、投资者、风险投资等。2022 年“战略创新和业务运营决策者 B2B 会议”在法国里昂和巴黎两个城市举办，由 450 位物联网、人工智能、机器人和 XR 专家组成。

（2）欧洲云技术展览会。欧洲云技术展览会（Cloud Expo Europe）是一个专注于数据中心、云计算、安全、区块链、大数据和人工智能以及物联网的活动，由 CLOSERSTILL MEDIA 举办，举办周期为一年一届。欧洲云技术展览会不局限于贸易展，它还涵盖了会议、展览、网络中心、系列研讨会、媒体热点和新产品发布平台等众多活动。

展会范围包括云计算类：建造云端计算环境的安全解决方案，云端计算安全解决方案，适合中小企业的云端运算解决方案等。大数据管理类：通用技术、高速数据处理引擎、数据储存、数据删除、分析、非构造分析、数据分析工具、虚拟化工具、大数据管理解决方案，以及知识系统—人工智能类等。2022 年“欧洲云技术展览会”在法国巴黎凡尔赛门世博会举办。

（3）未来智能展会。未来智能展会（Future Intelligence）是通过数据和人工智能为人类服务的创新专业展览，展会包含 IT、基于知识的系统—人工智能、研发、移动、运输、健康、航空、国防、汽车等行业领域。展区包括基于知识的系统—人工智能、用于决策和管理的工具和服务、工程科学—研发、汽车工程—系统和组件、航空 —空间、物流—运输—搬运—存储、防御—武器、技术和设备、医疗和外科。2022 年未来智能展会在法国图卢兹 MEETT 会展中心和会议中心举办。

（4）ATEC 法国大会智能交通会议。ATEC 法国大会智能交通会议是一年一届的汇聚智能移动领域参与者的大会和展览。展区包括物流—运输—搬运—仓储、土木工程—城市规划、电信网络、卡车和多用途车辆、铁路建设、基于知识的系统人工智能。2022 年“ATEC 法国大会智能交通会议”在法国蒙鲁日钟楼举办。

（5）日本人工智能展。日本人工智能展（AI EXPO）是目前日本最大的人工智能专业展会，始自 2017 年日本政府发布的《下一代人工智能战略》。展会由日本励展博览公司（Reed Japan）主办，每年约有 200 家展商、超过 5 万名观众参加展会。展会的重点包括四个方面：人工智能技术与制造领域的深度结合，人工智能在 IT 领域的应用，大数据智能应用解决方案和通用基础设施，新型机器人研究等。

（6）韩国人工智能展。韩国人工智能展（AI EXPO KOREA）是韩国目前规模最大的人工智能展览，自 2019 年以来，每年有超过 2 万人参观，涵盖了从数据服务、AI 解决方案、AI+X 融合服务和业务基础设施等人工智能产业的全部生态系统。2022 年的韩国人工智能展于 4 月 13 ~ 15 日进行，由韩国人工智能协会、首尔展览株式会社和韩国人工智能报联合主办，约 350 家公司展出 400 多个展位。

第四节 大数据与人工智能技术专业术语

大数据与人工智能方面的专业术语非常多，我们根据使用频率，经过筛选，给出了如下比较常用的、多语种对照的大数据与人工智能技术专业术语表，供大家学习参考。

表5：多语种对照大数据与人工智能技术专业术语表

	汉语	英语	俄语	日语	韩语	法语
1	人工智能	artificial intelligence (AI)	Искусственный интеллект	人工智能/アーティフィシャル・インテリジェンス（エーアイ）	인공지능	IA (Intelligence artificielle)
2	人工神经网络	artificial neural network (ANN)	Искусственная нейронная сеть	人工ニューラルネットワーク	인공 신경망	RNA (Réseau de neurones artificiels)
3	聊天机器人	chatbot	Чатботы	チャットボット	채팅 로봇	chatbots
4	算法	algorithm	Алгоритмы	アルゴリズム	알고리즘	algorithme
5	遗传算法	genetic algorithms	Генетические алгоритмы	遺伝的アルゴリズム	유전연산법	algorithme génétique
6	文化算法	cultural algorithms	Культурные алгоритмы	文化的アルゴリズム	문화알고리즘	algorithme culturel
7	自主计算	autonomic computing	Автономные вычисления	オートノミック・コンピューティング	자율 컴퓨팅	informatique autonome
8	认知计算	cognitive computing	Когнитивные вычисления	コグニティブ・コンピューティング	인지 컴퓨팅	informatique cognitive
9	基因	gene	ген	ジーン、遺伝子	유전자	gène
10	数据挖掘	data mining	Сбор данных	データマイニング	데이터 마이닝	exploration de données
11	数据科学	data science	Наука данных	データサイエンス	데이터 과학	science des données
12	决策树	decision tree	Древо решений	決定木；ディシジョンツリー	디시전트리	arbre de décision
13	深度学习	deep learning	Глубокое обучение	ディープラーニング/深層学習	딥러닝	apprentissage profond

续表 5

	汉语	英语	俄语	日语	韩语	法语
14	混合智能	hybrid intelligence	Гибридный интеллект	ハイブリッド・インテリジェンス	하이브리드인텔리전스	intelligence hybride
15	卷积神经网络	convolutional neural network (CNN)	Сверточная нейронная сеть	畳み込みニューラルネットワーク	합성곱 신경망	réseau neuronal convolutif(RNC)
16	递归神经网络	recurrent neural network(RNN)	Рекуррентная нейронная сеть	回帰型ニューラルネットワーク	재귀 신경망	réseau neuronal récurrent(RNR)
17	脉冲神经网络	spiking neuron networks(SNN)	Чиповые нейронные сети	スパイク・ニューラルネットワーク	스파이킹 신경망	réseaux de neurones pulsés(RNP)
18	逻辑编程	logic programming	Логическое программирование	論理プログラミング	논리형 프로그래밍	programmation logique
19	机器智能	machine intelligence	Машинный интеллект	機械知能/マシン・インテリジェンス	기계 지능	intelligence de la machine
20	机器学习	machine learning	Машинное обучение	機械学習	기계 학습	apprentissage automatique
21	机器感知	machine perception	Машинное восприятие	機械知覚	기계 지각	perception de la machine
22	自然语言处理	natural language processing	Обработка естественного языка	自然言語処理	자연 언어 처리	traitement du langage naturel
23	监督学习	supervised learning	Контролируемое обучение	教師あり学習	지도 학습	apprentissage supervisé
24	群体行为	swarm behavior	Ромое поведение	集団行動/群れ行動	군집 행동	comportement en essaim
25	无监督学学习	unsupervised learning	Неповторимое обучение	教師なし学習	자율 학습	apprentissage non supervisé
26	自适应交叉	adaptive crossover	Адаптивный кроссовер	アダプティブ・クロスオーバー；適応型リーダーシップ	적응형 크로스오버	croisement adaptatif
27	自适应变异	adaptivemutation	Адаптивная мутация	適応的突然変異	유도적 돌연변이	mutation adaptative
28	个体编码	coding	кодирование	コーディング	코딩	codage
29	解码	decode	декодировать	デコード	해독	décoder
30	聚类	clustering	Кластеризация	クラスタリング	클러스터 기법	clustering
31	聚类分析	cluster analysis	Анализ кластера	クラスター分析	집락 분석	analyse par clustering

续表 5

	汉语	英语	俄语	日语	韩语	法语
32	进化策略	evolution strategy (ES)	Стратегия эволюции	進化戦略	진화전략	SE (Stratégie d'évolution)
33	进化算法	evolution algorithms (EA)	Эволюция алгоритмы	進化的アルゴリズム	진화알고리즘	AE (Algorithmes d'évolution)
34	启发式搜索技术	heuristic search techniques	Эвристический поиск	ヒューリスティック検索テクニック	경험적 검색테크닉	technique de recherche heuristique
35	初始群体	initial population	начальная популяция	初期集団	초기 집단	population initiale
36	类脑计算	brain-like computing	Вычисления подобной мозги	脳型コンピューティング;ブレインコンピューティング	뇌와 같은 컴퓨팅	informatique de type cérébral
37	背包问题	knapsack problem	Задача Knapsack	ナップサック問題	배낭 문제	problème de sac à dos
38	线性尺度变换	linear scaling	Линейное масштабирование	線形尺度/線形スケーリング	선형 눈금	mise à l' échelle linéaire
39	局部搜索	local searching	Местный поиск	ローカル検索	국지 탐색	recherche locale
40	知识工程	knowledge engineering	Инженерия знаний	知識工学	지식 공학	ingénierie des connaissances
41	马尔科夫链	Markov chain	Марковская цепь	マルコフ連鎖	마르코프 연쇄	chaîne de Markov
42	配对	mating	спаривание	接合	짝짓기	accouplement
43	配对规则	mating rule	Правило спаривания	マチング・ルール	짝짓기 규칙	règle d'accouplement
44	多模态函数	multimodal function	Мультимодальная функция	多峰性関数	다모드 함수	fonction multimodale
45	多参数编码	multiparameter encoding	Многопараметрическое кодирование	マルチパラメーター・エンコーディング	다중파라미터 인코딩	encodage multiparamètre
46	变异	mutation	мутация	突然変異	돌연변이	mutation
47	变异算子	mutation operator	Мутационный оператор	突然変異演算子	돌연변이 연산자	opérateur de mutation
48	变异概率	mutation rate	Скорость мутации	突然変異率	돌연변이율	taux de mutation

续表5

	汉语	英语	俄语	日语	韩语	法语
49	目标函数	object function	Функция объекта	目的関数	목적 함수	fonction objetif
50	最优化	optimization	оптимизация	最適化	최적화	optimisation
51	多倍体	polyploid	Полиплоид	多倍体	배수체	polyploïde
52	群体多样性	population diversity	Разнообразность населения	集団多様性	개체군 다양성	diversité de la population
53	预选择	preselection	превышение	事前選択	사전 선택	présélection
54	概率算法	probabilistic algorithms	Вероятностные алгоритмы	確率的アルゴリズム	확률론적 알고리즘	algorithm probabiliste
55	模式定理	scheme theorem	Теорема схемы	スキーマ定理	체계 정리	théorème du schéma
56	共享函数	sharing function	Общаяфункция	共有関数	분배함수	fonction de partage
57	基本变异	simple mutation	Простая мутация	単純な突然変異	단순 돌연변이	mutation simple
58	终止条件	termination conditions	Условия прекращения	終了条件	종료 조건	conditions de résiliation
59	在线性能	on-line performance	Онлайн представление	オンライン・パフォーマンス/オンライン性能	온 라인 성능	performance en ligne
60	离线性能	off-line performance	Представление не онлайн	オフライン・パフォーマンス/オフライン性能	오프라인 성능	performance hors ligne

参考文献

[1]王超.国际网络安全产业发展现状及经验启示[J].网信军民融合,2021(6):4.

[2]王姗姗,徐雷,张曼君.浅析网络安全发展趋势[J].通信世界,2022(2):3.

[3]杨耀云,王玲.浅析英国政府第五代移动通信技术发展战略[J].全球科技经济瞭望,2018,33(10):6.

[4]万雅静.计算机文化基础 Windows 7+Office 2010[M].北京:机械工业出版社,2016.

[5]韩文艳,熊永兰,张志强.美国信息通信产业近20年发展态势分析及启示[J].世界科技研究与发展,2021,43(2):20.

[6]陈俊勇,党亚民.全球导航卫星系统的新进展[J].测绘科学,2005,30(2):9-12.

[7]朱尧辰.编码论和密码学进展[J].国外科技新书评介,2009(4):1.

[8]林健,郑丽娜.美国人工智能专业发展分析及对新兴工科专业建设的启示[J].高等工程教育研究,2020(4):14.

[9]王友发.国内外人工智能的研究热点对比与前沿挖掘[J].计算机工程与应用,2021(57):46-53.

[10]尹玟燮.韩国人工智能规制现状研究[J].栗鹏飞,王淼,译.上海政法学院学报,2018(6):91-102.

[11]张钹,朱军,苏航.迈向第三代人工智能[J].中国科学:信息科学,2020,50(9):1281-1302.

[12]徐婧,吴浩,唐川.人工智能在国防领域的应用与进展[J].飞航导弹,2021(3):87-92.

[13]宁津生,陈俊勇,李德仁,等.测绘学概论[M].武汉:武汉大学出版社,2016.

[14]国家测绘地理信息局测绘.测绘地理信息科技发展"十三五"规划[Z].2016-10-18.

[15]全国科学技术名词审定委员会测绘学名词审定委员会.测绘学名词(第四版)[M].北京:测绘出版社,2020.

[16]张勇敢,章伟飞,张森洪.1~6G移动通信系统发展综述[J].信息与电脑,2020(17):157-160.

[17]彭震中.俄罗斯的测绘机构及其职能[N].中国测绘报,2008-05-13.

[18]白鸥.俄罗斯国家测绘发展综述[J].测绘文摘,2004(3):7-11.

[19]佀长刚,佀宏刚,刘忠.俄罗斯国家导航水文地理研究所技术能力浅析[J].现代国企研究,2016(8):173-174.

[20]白鸥,李欣.浅析俄罗斯测绘部门对发展 GLONASS 的贡献[J].测绘技术装备季刊,2010,12(4):38-41.

[21] В. В. Ященко. Введение в криптографию[M]. Москва:Издательство МЦНМО,2012.

[22] А. И. Музыкантский, В. В. Фурин. Лекции по криптографии[C]. Москва:Издательство МЦНМО,2013.

[23] 刘刚. 俄罗斯网络安全组织体系探析[J]. 国际研究参考,2021(1):24-29.

[24] 刘杨钺. 在断网与建网间:俄罗斯网络安全战略部署[J]. 保密工作,2020(4):60-62.

[25] 华盾,封帅. 弱市场模式的曲折成长:俄罗斯人工智能产业发展探微[J]. 俄罗斯东欧中亚研究,2020(3):98-158.

[26] 牛丽红. 俄罗斯网络空间安全战略探析[M]. 北京:知识产权出版社,2021.

[27] 袁科,刘琦,吕述望,等. 俄罗斯密码服务体系[J]. 信息安全与通信保密,2008(12):109-112.

[28] 王舒毅. 日本网络安全战略:发展、特点及借鉴[J]. 中国行政管理,2015(1):152-156.

[29] 江天骄. 美日网络安全合作机制论析[J]. 国际展望,2020(6):127-145.

[30] 翟京生,陈洪云,马兰. 国内外海洋测绘技术体系的比较与思考[J]. 测绘通报,2004(1):5-7,40.

[31] 张岩. 筑波科学城:日本的"头脑城"[J]. 宁波经济,2020(8):48-49.

[32] 谈祥柏. 密码与运筹:日本暗号研究简介[J]. 自然杂志,1986,9(12):903-906.

[33] 王秋丽. 日本 29 种电子政府推荐密码概述[J]. 信息安全与通信保密,2003(12):69-71.

[34] 张国英,何元娇. 人工智能知识体系及学科综述[J]. 计算机教育,2010(8):4.

[35] 李家治,汪云九,涂序彦,等. 人工智能国外研究情况综述[J]. 自动化学报,1979(1):14.

[36] 李德仁,王密. 高分辨率光学卫星测绘技术综述[J]. 航天返回与遥感,2020,41(2):11.

[37] 唐新明,谢俊峰. 高分辨率遥感卫星测绘关键技术研究综述[C]// 2011 中国卫星应用大会. 2011 中国卫星应用大会会议文集. [出版者不详],2011:10.

[38] 李宏涛. 中国移动电子渠道发展措施研究[D]. 北京:北京邮电大学,2008.

[39] 朱红,刘维佳,张爱兵. 光学遥感立体测绘技术综述及发展趋势[J]. 现代雷达,2014,36(6):7.

[40] 李泽民. 现代信息和通信综述[M]. 北京:科学技术文献出版社,2000.

[41] 孟凡淇. 计算机网络安全技术综述[J]. 无线互联科技,2014(9):1.

[42] 牛淑佳. 基于云计算的密码技术综述[J]. 电子技术与软件工程,2021(9):4.

[43] 黄刘生,田苗苗,黄河. 大数据隐私保护密码技术研究综述[J]. 软件学报,2015,26(4):945-959.